Living Language™

INGLÉS
ALL THE WAY™

THE LIVING LANGUAGE™ SERIES

Living Language™ Basic Courses, Revised & Updated
Spanish*   Japanese*
French*   Russian
German*   Portuguese (Brazilian)
Italian*   Portuguese (Continental)
Inglés/English for Spanish Speakers

Living Language™ Intermediate Courses
Spanish 2/In-Tense™   French 2/In-Tense™
German 2/In-Tense™   Italian 2/In-Tense™

Living Language™ Advanced Courses
Spanish   French

Living Language All the Way™
Spanish*   Spanish 2*
French*   French 2*
German*   German 2*
Italian*   Italian 2*
Russian* (1997)   Russian 2* (1997)
Japanese*   Japanese 2* (1997)
Inglés/English for Spanish Speakers*
Inglés/English for Spanish Speakers 2 (1997)

Living Language™ Children's Courses
Spanish   French

Living Language™ Conversational English
for Chinese Speakers   for Korean Speakers
for Japanese Speakers   for Spanish Speakers
for Russian Speakers

Living Language™ Fast & Easy
Spanish   Italian   Portuguese
French   Russian   Czech
German   Polish   Hungarian
Japanese   Korean   Mandarin Chinese
Arabic   Hebrew   Inglés/English for Spanish Speakers

Living Language™ Speak Up!® Accent Elimination Courses
Spanish   American Regional
Asian, Indian and Middle Eastern

Living Language Traveltalk™
Spanish   Italian   Portuguese
French   Russian
German   Japanese

LIVING LANGUAGE MULTIMEDIA™ TriplePlay Plus!
Spanish   German   Japanese
French   Italian   Hebrew
English

LIVING LANGUAGE MULTIMEDIA™ Your Way
Spanish   French

LIVING LANGUAGE MULTIMEDIA™ Let's Talk
Spanish   French   English
German   Italian

* Also available on Cassette and Compact Disc

Living Language™

INGLÉS
ALL THE WAY™

Escrito por
Javier Galván

Pasadena City College
Community Skills Center
ESL Department

Rancho Santiago College
Department of Modern Languages

Redactado por
Helga Schier, Ph.D.

CROWN PUBLISHERS, INC., NEW YORK

Dedicado a mis padres, Evelia y Matías.
A pesar de la distancia,
los llevo siempre a mi lado.

And to my wife Maya,
for her unconditional love and support.

Copyright © 1996 by Crown Publishers, Inc.

All rights reserved. No part of this book may be reproduced
or transmitted in any form or by any means, electronic or
mechanical, including photocopying, recording, or by any
information storage and retrieval system, without
permission in writing from the publisher.

Published by Crown Publishers, Inc., 201 East 50th Street,
New York, New York 10022. Member of the Crown Publishing Group.

Random House, Inc. New York, Toronto, London, Sydney, Auckland
http://www.fodors.com/

CROWN is a trademark of Crown Publishers, Inc.

Printed in the United States of America

Library of Congress Cataloging-in-Publication Data
is available upon request.

ISBN 0-517-88282-5

10 9 8 7 6 5 4 3 2 1

First Edition

ACKNOWLEDGMENTS

Many people have contributed to the development of this book. First of all, I wish to thank the editorial staff at Living Language. Helga Schier and Julie Lewis were right by my side every step of the way. Maya Alvarez and Debbie Gill provided me with their sound judgment and knowledge. I also wish to thank doctors Ramón Araluce and James Crayton for their interest and understanding and my friends and family for allowing me to use their names in the text. Special thanks also to Janet Langon and Pat Rigg for their helpful comments. Without the help and assistance of all these people this book would not have become a reality.

LISTA DE MATERIAS

INTRODUCCIÓN	1
TABLA DE PRONUNCIACIÓN	5

LESSON 1: *Introductions.* Presentaciones.   8
  A. *Dialogue* (Diálogo): *At work.* En el trabajo.   8
  B. *Pronunciation* (Pronunciación)   9
  C. *Grammar and Usage* (Gramática y usos):
    1. Pronombres personales de sujeto 2. El verbo *to be*
    3. Contracciónes afirmativas con *to be* 4. La negación
    con *to be* 5. El orden de palabras en oraciónes
    declarativas   10
  D. *Vocabulary* (Vocabulario)   13
    Exercises (Ejercicios)   15
    Cultural Note (Nota Cultural)   16
    Answers (Respuestas)   16

LESSON 2: *Family relationships.* Parentescos.   17
  A. *Dialogue* (Diálogo): *At a party.* En una fiesta.   17
  B. *Pronunciation* (Pronunciación)   18
  C. *Grammar and Usage* (Gramática y usos): 1. El verbo *to have* 2. Adjetivos posesivos 3. Adjetivos y pronombres demostrativos 4. Preguntas y respuestas del tipo *yes/no* con el verbo *to be* 5. Preguntas *wh* con el verbo *to be*
    6. Los números: 1–20   19
  D. *Vocabulary* (Vocabulario)   25
    Exercises (Ejercicios)   27
    Cultural Note (Nota Cultural)   29
    Answers (Respuestas)   29

LESSON 3: *Asking for information.* Pidiendo información.   30
  A. *Dialogue* (Diálogo): *Where are my keys?* ¿Dónde están mis llaves?   30
  B. *Pronunciation* (Pronunciación)   31
  C. *Grammar and Usage* (Gramática y usos):
    1. Preposiciones de lugar 2. Los artículos 3. El plural
    de los sustantivos 4. Conjugaciones verbales   32
  D. *Vocabulary* (Vocabulario)   38
    Exercises (Ejercicios)   40
    Cultural Note (Nota Cultural)   41
    Answers (Respuestas)   42

LESSON 4: *Clothing, colors, and sizes.* Ropa, colores y tamaños.   43
  A. *Dialogue* (Diálogo): *In a department store.* En una tienda.   43
  B. *Pronunciation* (Pronunciación)   44
  C. *Grammar and Usage* (Gramática y Usos): 1. El adjetivo

2. Plurales irregulares 3. Verbos 4. Colores 5. Los números: 20–1.000 6. El dinero	45
D. *Vocabulary* (Vocabulario)	50
Exercises (Ejercicios)	51
Cultural Note (Nota cultural)	52
Answers (Respuestas)	53

LESSON 5: *The weather, seasons, months, and days.* El tiempo, las estaciones, los meses y los días. 54
- A. *Dialogue* (Diálogo): *At a coffee shop.* En un café. 54
- B. *Pronunciation* (Pronunciación) 55
- C. *Grammar and Usage* (Gramática y usos): 1. El tiempo 2. Los verbos *to rain* y *to snow* 3. Grados Fahrenheit 4. Las estaciones 5. Los meses del año 6. Los días de la semana 56
- D. *Vocabulary* (Vocabulario) 60
- *Exercises* (Ejercicios) 62
- *Cultural Note* (Nota Cultural) 63
- *Answers* (Respuestas) 63

First review (Primer repaso) 64

LESSON 6: *Time.* La hora. 67
- A. *Dialogue: Late for a date.* Tarde para una cita. 67
- B. *Pronunciation* 68
- C. *Grammar and Usage:* 1. La hora 2. Las preposiciones del tiempo 3. "¿A qué hora?" y "¿cuándo?" 4. El verbo *to be* en el pasado 5. Expresiones de tiempo en el pasado 69
- D. *Vocabulary* 74
- *Exercises* 75
- *Cultural Note* 76
- *Answers* 77

LESSON 7: *Daily activities.* Actividades diarias. 78
- A. *Dialogue: The morning jog in New York.* Haciendo ejercicio por la mañana en Nueva York. 78
- B. *Pronunciation* 79
- C. *Grammar and Usage:* 1. La negación con los verbos principales 2. Preguntas del tipo *yes/no* con los verbos principales 3. Respuestas completas y cortas con el verbo *to do* 4. Preguntas *wh* con los verbos principales 5. Preguntas con *how* 6. Adverbios de frecuencia 80
- D. *Vocabulary* 85
- *Exercises* 86
- *Cultural Note* 88
- *Answers* 88

LESSON 8: *Ongoing activities.* Actividades en progreso.   89
  A. *Dialogue: Running into friends.* Un encuentro casual.   89
  B. *Pronunciation*   90
  C. *Grammar and Usage:* 1. El presente continuo 2. Preguntas con el presente continuo 3. El presente simple vs. el presente continuo 4. Expresiones de futuro con el presente continuo 5. La ortografía del presente continuo 6. Los números: de 1.000 en adelante   91
  D. *Vocabulary*   95
  Exercises   96
  Cultural Note   97
  Answers   98

LESSON 9: *Sports.* Los deportes.   99
  A. *Dialogue: Football.* Fútbol americano.   99
  B. *Pronunciation*   100
  C. *Grammar and Usage:* 1. El verbo modal *can* 2. Otros verbos modales 3. Los verbos *to know how to* vs. *can* 4. El verbo *to play*   101
  D. *Vocabulary*   104
  Exercises   105
  Cultural Note   106
  Answers   106

LESSON 10: *Likes and dislikes.* Gustos.   107
  A. *Dialogue: Dining out.* La cena en un restaurante.   107
  B. *Pronunciation*   108
  C. *Grammar and Usage:* 1. Los verbos *to like, to need,* y *to want* 2. El contraste entre *to want, to need,* y *should* 3. La cortesía: *would like* 4. El contraste entre *to like, would like* y *to want*   110
  D. *Vocabulary*   113
  Exercises   114
  Cultural Note   115
  Answers   116

Second review   117

READING 1 (Lectura 1): *A meal for a special evening*   120

LESSON 11: *Health.* La salud.   121
  A. *Dialogue: The doctor's office.* El consultorio médico.   121
  B. *Grammar and Usage:* 1. Hay: *there + to be* 2. Describir problemas de salud 3. Los números

ordinales 4. Los mandatos en imperativo 5. Los usos de
la palabra *right* 123
  C. *Vocabulary* 128
    Exercises 130
    Cultural Note 131
    Answers 131

LESSON 12: *Banking.* En el banco. 132
  A. *Dialogue: Opening a bank account.* Abriendo una
cuenta bancaria. 132
  B. *Grammar and Usage:* 1. Sustantivos posesivos
2. Pronombres posesivos 3. El pronombre interrogativo
whose 4. Preguntas con *which* 133
  C. *Vocabulary* 136
    Exercises 137
    Cultural Note 139
    Answers 139

LESSON 13: *Shopping for food.* Comprando alimentos. 140
  A. *Dialogue: At the supermarket.* En el supermercado. 140
  B. *Grammar and Usage:* 1. Sustantivos contables y no
contables 2. *Some* y *any* 3. *Much, many,* y *a lot of*
4. Otras expresiones de cantidad 141
  C. *Vocabulary* 147
    Exercises 148
    Cultural Note 149
    Answers 150

LESSON 14: *Looking for an apartment.* Buscando apartamento. 151
  A. *Dialogue: Responding to the classified ads.* En respuesta
a un anuncio clasificado. 151
  B. *Grammar and Usage:* 1. El pasado simple 2. La
ortografía en el pasado simple 3. La pronunciación en
el pasado simple 4. Palabras que denotan el pasado 152
  C. *Vocabulary* 158
    Exercises 159
    Cultural Note 160
    Answers 161

LESSON 15: *Moving to another city.* Mudarse a otra ciudad. 162
  A. *Dialogue: New in town.* Nuevo en la ciudad. 162
  B. *Grammar and Usage:* 1. Verbos irregulares en el
pasado 2. *Some/any/no/every* + *one/body/thing/where*
3. Adverbios 4. Expresiones para mudarse 163
  C. *Vocabulary* 168
    Exercises 168

Cultural Note	169
Answers	170

Third review — 171

LESSON 16: *Looking for a job.* Buscando trabajo. — 174
  A. *Dialogue: A job interview.* Una entrevista de trabajo. — 174
  B. *Grammar and Usage:* 1. El objeto directo
  2. Pronombres de objeto 3. *Who* como objeto directo
  4. *All, whole, entire* 5. Expresiones idiomáticas en la
  oficina — 175
  C. *Vocabulary* — 179
  Exercises — 181
  Cultural Note — 182
  Answers — 182

LESSON 17: *The holiday season.* La temporada de fiestas. — 183
  A. *Dialogue: Planning for the holidays.* Planeando los días
  de fiesta. — 183
  B. *Grammar and Usage:* 1. El objeto indirecto
  2. Pronombres de objeto indirecto 3. *Whom* como
  objeto indirecto 4. Sugerencias con *let's*
  5. Preposiciones — 184
  C. *Vocabulary* — 188
  Exercises — 189
  Cultural Note — 190
  Answers — 190

LESSON 18: *Traveling.* De viaje. — 191
  A. *Dialogue: Our next vacation.* Nuestras próximas
  vacaciones. — 191
  B. *Grammar and Usage:* 1. El tiempo futuro 2. El futuro
  con *to be going to* 3. El futuro con *will* 4. *Will* vs. *to be
  going to* 5. Palabras para expresar el futuro
  6. Expresiones idiomáticas con el verbo *to go* — 192
  C. *Vocabulary* — 197
  Exercises — 197
  Cultural Note — 199
  Answers — 199

LESSON 19: *Hobbies.* Pasatiempos. — 200
  A. *Dialogue: Love thy neighbors.* Llevarse bien con los
  vecinos. — 200
  B. *Grammar and Usage:* 1. El gerundio 2. Gerundio vs.
  infinitivo 3. Expresiones idiomáticas con el verbo *to
  take* — 201
  C. *Vocabulary* — 204
  Exercises — 205
  Cultural Note — 206
  Answers — 206

LESSON 20: *American culture and television.* La cultura
    estadounidense y la televisión.   207
    A. *Dialogue: Lunch break.* El descanso para almorzar.   207
    B. *Grammar and Usage:* 1. El uso del infinitivo
       2. Adjetivos de emoción   208
    C. *Vocabulary*   211
       Exercises   212
       Cultural Note   213
       Answers   213

Fourth review   214

READING 2: *A Surprise Birthday Party*   216

LESSON 21: *U.S. Federal agencies.* Agencias federales
    de los EE.UU.   217
    A. *Dialogue: At the post office.* En la oficina de correos. 217
    B. *Grammar and Usage:* 1. Preguntas al final de la oración
       2. Sustantivos compuestos 3. Expresiones para estar de
       acuerdo   218
    C. *Vocabulary*   221
       Exercises   222
       Cultural Note   224
       Answers   224

LESSON 22: *Education.* La educación.   225
    A. *Dialogue: A new school.* Una escuela nueva.   225
    B. *Grammar and Usage:* 1. Verbos reflexivos
       2. Pronombres reflexivos 3. Pronombres reflexivos vs.
       pronombres recíprocos 4. Adjetivos con preposiciones   226
    C. *Vocabulary*   229
       Exercises   230
       Cultural Note   231
       Answers   232

LESSON 23: *Ceremonies.* Ceremonias.   233
    A. *Dialogue: At a wedding reception.* En la recepción de
       una boda.   233
    B. *Grammar and Usage:* 1. Adverbios de concordancia
       2. Expresión de opiniones 3. *So* + adjetivo o adverbio
       4. Expresiones idiomáticas   234
    C. *Vocabulary*   238
       Exercises   239
       Cultural Note   240
       Answers   241

LESSON 24: *Renting a car.* Alquilando un coche. 242
  A. *Dialogue: At a car rental agency.* En una agencia para
    alquilar coches. 242
  B. *Grammar and Usage:* 1. *One* 2. Adjetivos comparativos
    3. Adjetivos superlativos 4. Adjetivos irregulares 5. La
    estructura de las oraciones comparativas y superlativas 243
  C. *Vocabulary* 248
    Exercises 249
    Cultural Note 251
    Answers 251

LESSON 25: *Urban life.* La vida urbana. 252
  A. *Dialogue: The inner city.* El ghetto. 252
  B. *Grammar and Usage:* 1. El pasado continuo 2. Acciones
    habituales en el pasado: *I used to* 3. La expresión de
    acciones habituales con *would* 4. Expresiones de
    emergencia 253
  C. *Vocabulary* 256
    Exercises 257
    Cultural Note 258
    Answers 259

Fifth review 260

LESSON 26: *Traffic.* El tráfico. 263
  A. *Dialogue: In a traffic jam on the freeway.* En un
    embotellamiento de tráfico en la autopista. 263
  B. *Grammar and Usage:* 1. Comparaciones con adverbios
    2. Comparaciones con sustantivos 3. *Must vs. mustn't/*
    have to vs. don't have to 4. *What about/how about?* 264
  C. *Vocabulary* 267
    Exercises 268
    Cultural Note 270
    Answers 270

LESSON 27: *In the hotel.* En el hotel. 271
  A. *Dialogue: On the phone.* Hablando por teléfono. 271
  B. *Grammar and Usage:* 1. Pedidos corteses 2. Para
    ofrecer ayuda 3. Verbos con preposiciones 272
  C. *Vocabulary* 275
    Exercises 276
    Cultural Note 277
    Answers 277

LESSON 28. *Getting things fixed.* Lograr que arreglen las cosas. 278
   A. *Dialogue: On the phone with the landlord.* Hablando por teléfono con el dueño del edificio. 278
   B. *Grammar and Usage:* 1. El presente perfecto 2. *How long?* 279
   C. *Vocabulary* 282
      Exercises 283
      Cultural Note 285
      Answers 285

LESSON 29: *Settling down.* Sentar cabeza. 286
   A. *Dialogue: At a bachelor party.* En una despedida de soltero. 286
   B. *Grammar and Usage:* 1. El presente perfecto vs. el pasado simple 2. *Just* y *recently* 3. Pedir explicaciones 4. Expresiones idiomáticas para eventos sociales 287
   C. *Vocabulary* 290
      Exercises 291
      Cultural Note 292
      Answers 292

LESSON 30: *Household chores.* Quehaceres domésticos. 293
   A. *Dialogue: At the dinner table.* En una cena. 293
   B. *Grammar and Usage:* 1. El presente perfecto continuo 2. El presente perfecto vs. el presente perfecto continuo 3. El presente continuo vs. el presente perfecto continuo 4. Expresiones de tiempo 294
   C. *Vocabulary* 298
      Exercises 298
      Cultural Note 300
      Answers 300

Sixth review 301

READING 3: *A Trip to California* 304

LESSON 31: *Summer in the U.S.A.* El verano en los EE.UU. 305
   A. *Dialogue: At a barbecue.* En una parrillada. 305
   B. *Grammar and Usage:* 1. Cláusulas y pronombres relativos 2. Cláusulas relativas con sujetos 3. Cláusulas relativas con objetos 4. Cláusulas relativas con posesivos 306
   C. *Vocabulary* 309
      Exercises 310
      Cultural Note 311
      Answers 311

LESSON 32: *Politics and democracy.* Política y democracia. 312
   A. *Dialogue: Discussing politics.* Hablar de política. 312
   B. *Grammar and Usage:* 1. *Where* y *when* como pronombres relativos 2. Cláusulas restrictivas y no restrictivas y su puntuación 3. El uso de *to, too* y *two* 313
   C. *Vocabulary* 315
      Exercises 316
      Cultural Note 318
      Answers 318

LESSON 33: *Traveling abroad.* Viajar al extranjero. 319
   A. *Dialogue: At a travel agency.* En una agencia de viajes. 319
   B. *Grammar and Usage:* 1. Los verbos modales: tiempos y alternativas 2. *Would rather* 3. *Supposed to/have got to/had better* 320
   C. *Vocabulary* 324
      Exercises 325
      Cultural Note 326
      Answers 326

LESSON 34: *The media and communications.* Los medios de comunicación. 327
   A. *Dialogue: Fighting over the remote control.* Una discusión por el control remoto. 327
   B. *Grammar and Usage:* 1. El pasado perfecto 2. El pasado perfecto continuo 3. El pasado simple vs. el pasado perfecto 4. La unión de ideas 328
   C. *Vocabulary* 333
      Exercises 334
      Cultural Note 335
      Answers 336

LESSON 35: *Bargaining.* Regateando. 337
   A. *Dialogue: A yard sale.* Una venta frente a la casa. 337
   B. *Grammar and Usage:* 1. El futuro continuo 2. El futuro perfecto 3. El futuro perfecto continuo 4. Expresiones idiomáticas para negociar 338
   C. *Vocabulary* 340
      Exercises 340
      Cultural Note 342
      Answers 342

Seventh review 343

LESSON 36: *Cultural events.* Eventos culturales. 345
   A. *Dialogue: Thanksgiving.* El día de acción de gracias. 345
   B. *Grammar and Usage:* 1. Oraciones pasivas
      2. Alternativas a las cláusulas relativas 3. Las
      estructuras causativas 346
   C. *Vocabulary* 349
      Exercises 349
      Cultural Note 351
      Answers 351

LESSON 37: *Services.* Servicios. 352
   A. *Dialogue: My car broke down.* Se me descompuso el coche. 352
   B. *Grammar and Usage:* 1. Las oraciones con *if* para presentar condiciones 2. Generalizaciones
      3. Probabilidad 4. *Been vs. being* 353
   C. *Vocabulary* 355
      Exercises 356
      Cultural Note 357
      Answers 357

LESSON 38: *Music.* La música. 358
   A. *Dialogue: At a night club.* En un club nocturno. 358
   B. *Grammar and Usage:* 1. Cláusulas con *if* para presentar condiciones hipotéticas en el presente 2. Cláusulas con *if* para presentar condiciones hipotéticas en el pasado 3. La omisión de *if* y el orden de palabras 4. Expresar deseos 359
   C. *Vocabulary* 362
      Exercises 363
      Cultural Note 364
      Answers 364

LESSON 39: *Cultural diversity in the U.S.* La diversidad cultural en los EE.UU. 365
   A. *Dialogue: Heritage.* La herencia. 365
   B. *Grammar and Usage:* 1. La manera de reportar lo dicho 2. Preguntas indirectas 366
   C. *Vocabulary* 369
      Exercises 370
      Cultural Note 371
      Answers 371

LESSON 40: *The Hollywood craze.* La fascinación con Hollywood. 372
   A. *Dialogue: The tabloids.* La prensa sensacionalista. 372
   B. *Grammar and Usage:* 1. El subjuntivo 2. *Because vs. because of* 3. Expresiones idiomáticas 373

C. *Vocabulary*		375
Exercises		376
Cultural Note		377
Answers		377

Eighth review   378

READING 4: *Going to a Baseball Game*   381

APPENDIXES *(Apéndices)*   382
   A. *Glossary of countries* (Glosario de naciones)   382
   B. *Grammar summary* (Resumen de gramática)   384
   C. *Irregular verbs* (Verbos irregulares)   397
   D. *Writing Letters* (Cómo escribir cartas)   400

GLOSSARY *(Glosario)*   407
   English-Spanish (Inglés-Español)   407
   Spanish-English (Español-Inglés)   418

INDEX *(Indice)*   429

INTRODUCCIÓN

Living Language™ *Inglés All the Way*™ es una manera práctica y agradable de aprender inglés. El curso completo incluye este texto y ocho horas de grabaciones. Sin embargo, si usted ya sabe pronunciar el inglés puede usar el libro solo.

Con *Inglés All the Way*™, usted hablará inglés desde el principio. Cada lección empieza con un diálogo acerca de situaciones comunes que es muy posible que ocurran en casa o en el extranjero. Aprenderá las expresiones más comunes y útiles para usarlas en conversaciones diarias.

Las estructuras gramaticales principales aparecen incluídas en el diálogo y después se explican claramente en una sección separada. Las lecciones aumentan en dificultad y se apoyan en las anteriores. El material que ya ha estudiado se "recicla," o se usa otra vez, en las secciones posteriores mientras que usted aprende palabras, frases y formas gramaticales nuevas. Este método le ayuda a mejorar su habilidad en la lengua al mismo tiempo que puede perfeccionar el material que ha aprendido previamente.

Además, las notas breves en temas culturales le ayudarán a entender mejor a las personas de habla inglesa.

LOS MATERIALES DEL CURSO

EL MANUAL

El libro *Inglés All the Way*™ contiene cuarenta lecciones, ocho repasos y cuatro secciones de lectura. Las secciones de repaso aparecen después de cada cinco lecciones y las de lectura después de cada diez lecciones. Lea y estudie cada lección antes de escucharla en las grabaciones.

DIALOGUE (DIÁLOGO): Cada lección empieza con un diálogo que presenta una situación realista en un lugar de los Estados Unidos. Después del diálogo, sigue una traducción en español coloquial. Es cierto que hay varios dialectos y acentos regionales, pero a través de este curso vamos a usar la gramática y el vocabulario de la norma estadounidense.

PRONUNCIATION (PRONUNCIACIÓN): En las lecciones 1 a 10, aprenderá la pronunciación correcta de las vocales, los diptongos, las consonantes y las combinaciones de consonantes.

GRAMMAR AND USAGE (GRAMÁTICA Y USO): Esta sección explica los puntos principales de gramática que se cubren en la lección. El título de cada tema corresponde al nombre presentado en la lista de materias.

VOCABULARY (VOCABULARIO): En esta sección, usted puede repasar las palabras y expresiones del diálogo y además aprender vocabulario adicional.

EXERCISES (EJERCICIOS): Estos ejercicios prueban el dominio que usted tiene del vocabulario y las estructuras esenciales. Puede revisar las respuestas en la sección de *ANSWERS* (Respuestas). Además, casi todas las lecciones presentan actividades sugeridas, tales como llamar a un hotel en su ciudad para hacer preguntas acerca de cuartos disponibles y lo que cuestan. Esto le permite practicar el inglés en contexto. Estos ejercicios son prácticos y pueden tener resultados diferentes en situaciones variadas. Por lo tanto, no ofrecemos respuestas específicas para estos tipos de ejercicios.

CULTURAL NOTE (NOTA CULTURAL): Estas notas breves acerca de varias costumbres estadounidenses ponen la lengua en un contexto cultural. El conocimiento cultural le ayudará a enriquecer su entendimiento del inglés y su habilidad para comunicarse de manera efectiva.

REVIEW (REPASO): Las secciones de repaso aparecen después de cada cinco lecciones. Estas secciones tienen un formato similar al de los ejercicios, pero incorporan material de todas las lecciones que ha estudiado hasta ese punto.

READING PASSAGES (LECTURAS): Los cuatro pasajes de lectura no aparecen traducidos al español. Sin embargo, el material cubierto en las lecciones anteriores y las notas de vocabulario le ayudarán a inferir el significado. Es muy similar a una situación en la cual usted lee un periódico en el extranjero.

APPENDIXES (APÉNDICES): Hay cuatro apéndices: un glosario de países y nacionalidades, un resumen de gramática, una lista de verbos irregulares, y una sección para escribir cartas.

GLOSSARY (GLOSARIO): Asegúrese de usar el glosario (inglés-español y español-inglés) que se encuentra al final de este manual para buscar y revisar el significado y la conotación de las palabras.

INDEX (INDICE): El manual termina con un índice de todos los puntos de gramática que se han cubierto en las lecciones.

Los apédices, el glosario y el índice hacen de este manual una excelente fuente de referencia y estudio para el futuro.

LAS GRABACIONES (SERIES A y B)

Este curso contiene ocho horas de práctica auditiva. Hay dos series de grabaciones que se complementan una a la otra: la primera está diseñada para usarse con el manual, mientras que la segunda se puede usar sin el texto. Al escuchar e imitar a los hablantes nativos, usted podrá mejorar su pronunciación y comprensión mientras aprende a usar frases y estructuras nuevas.

LAS GRABACIONES QUE SE USAN CON EL MANUAL (SERIE A)

Este grupo de grabaciones le provee cuatro horas de práctica auditiva sólo en inglés y presenta la traducción en el manual. Estas grabaciones incluyen el diálogo de cada sección, la sección de vocabulario y algunas partes de la sección de gramática. Todas las palabras y expresiones que están grabadas aparecen en **negritas** en el manual.

Primero, escuchará a hablantes nativos del inglés leyendo el diálogo completo a un ritmo normal de conversación y sin interrupciones. Después, tendrá la oportunidad de escuchar el diálogo por segunda vez y repetir cada frase en las pausas que se proveen para este propósito.

Después, escuche con cuidado para aprender los sonidos en las secciones de pronunciación. Al repetir lo que dicen los hablantes nativos, usted podrá dominar los sonidos gradualmente. Después, usted tendrá la oportunidad de practicar algunas de las formas gramaticales más importantes en la sección de *Grammar and usage*.

Finalmente, los hablantes nativos modelarán el vocabulario más importante y común para que usted lo repita en las pausas designadas para ello.

Después de estudiar cada lección y practicar con la serie A, puede continuar con el segundo grupo de grabaciones (Serie B). Usted puede usar estas grabaciones en cualquier lugar: al conducir, hacer ejercicio o trabajar en casa.

GRABACIONES PARA USAR EN CUALQUIER LUGAR (SERIE B)

Estas grabaciones le ofrecen cuatro horas de práctica auditiva en inglés y en español. Debido a que estas grabaciones son bilingües, la Serie B se puede usar sin el manual, en cualquier lugar que sea conveniente para aprender.

Las 40 lecciones en la Serie B corresponden a las del texto. Un narrador bilingüe lo guiará a través de las cuatro secciones de cada lección.

La primera sección presenta las frases más importantes del diálogo original. Primero escuchará el diálogo a un ritmo normal de conversación. Después lo va a escuchar otra vez, frase por frase, con la traducción al español y las pausas para que usted repita después de los hablantes nativos del inglés.

La segunda sección sirve para revisar y ampliar el vocabulario en el diálogo. Algunas expresiones adicionales muestran la manera en que las palabras se pueden usar en otros contextos. Una vez más, tendrá tiempo para repetir las frases en inglés.

En la tercera sección, podrá explorar las estructuras gramaticales más importantes de la lección. Después de un rápido repaso de las reglas, usted podrá practicar con frases y oraciones ilustradas.

Los ejercicios en la última sección incorporan lo que ha aprendido y le ayudan a producir sus propias oraciones en inglés. Usted va a participar en conversaciones breves, responder preguntas, transformar oraciones y de vez en cuando traducir del español al inglés. Después de responder, escuchará a un hablante nativo decir la respuesta correcta.

La aproximación interactiva de este grupo de grabaciones le enseñará a hablar, entender y *pensar* en inglés.

Bueno, es hora de empezar . . .

TABLA DE PRONUNCIACIÓN

Esta tabla de pronunciación es útil como guía de referencia. Las reglas de pronunciación del inglés aparecen explicadas con detalle en las primeras diez lecciones del manual.

CONSONANTES

Algunas letras en inglés tienen varias formas de pronunciación. Los sonidos proporcionados en español son sólo una aproximación.

Letra en inglés	Sonido aproximado en español	Símbolo fonético	Ejemplo
b	bonita	[b]	boy
c (antes de *a,o,u*)	cama	[k]	cat
(antes de *e,i*)	cena	[s]	cereal
d	dedo	[d]	David
f	fútbol	[f]	fine
g (antes de *a,o,u*)	gato	[g]	game
(antes de *e,i*)	entre "ch" y "y"	[dʒ]	German
h (como una *j* suave)	gente	[h]	home
j	ya (entre *"ch"* y *"y"*)	[dʒ]	jacket
k (antes de *n*)	cama	[k]	keep
	(es muda)		known
l	limón	[l]	life
m	madre	[m]	month
n	nada	[n]	never
p	pobre	[p]	stop
qu	cual	[kw]	quickly
r		[ɹ]	rum
s (principio o final de sílaba)	siempre	[s]	same
(entre vocales)	como un "zumbido"	[z]	rose
(antes de *-ure*)	¡shhh!	[ʃ]	sure
t (principio o final de sílaba)	tarea	[t]	tip, respect
(antes de *-tion*)	¡shhh!	[ʃ]	reception
(antes de *-ure*)	mucho	[tʃ]	mature
v	vino	[v]	verbal
w	huevo	[w]	welcome

Letra en inglés		Sonido aproximado en español	Símbolo fonético	Ejemplo
y	(principio de palabra)	ya (muy suave)	[j]	yellow
z		como un "zumbido"	[z]	zoo

COMBINACIÓN DE CONSONANTES

Letra en inglés		Sonido aproximado en español	Símbolo fonético	Ejemplo
ch		mucho	[tʃ]	check
dge		ya (entre "ch" y "y")	[dʒ]	knowledge
gh	(final de sílaba)	faro (es muda)	[f]	laugh dough, eight
	(principio de palabra)	gato	[g]	ghost
ll	(como la "l" española)	diálogo	[l]	villa
ph		teléfono	[f]	telephone
sh		¡shhh!	[ʃ]	shoes
th	(en verbos, sustantivos, etc.)	zona (partes de España)	[θ]	thanks
	(en artículos la pronombres, etc.)	lado	[ð]	the
wh	(antes de o)	jugo	[h]	whose
	(antes de a, i, e)	whiskey	[w]	white, where

VOCALES

En inglés existen solamente cinco letras vocales pero hay una gran variedad de sonidos vocálicos.

Letra en inglés		Sonido aproximado en español	Símbolo fonético	Ejemplo
a		a en arco	[ɑ]	car
		e	[ɛ]	many
	(antes de consonante + e final)	ei en peine	[eɪ]	late
e		entre "a" y "e"	[æ]	thanks
		e en estar	[ɛ]	let
	(final de monosílabo)	i en cinco	[i]	he, be
	(antes de w)	iu en diurno	[ju]	few, new
	(final de palabra)	(muda)		fine, live
i		i (pero más relajada)	[ɪ]	sister
	(final de sílaba)	ai en vaina	[aɪ]	hi
		i en niño	[i]	marine

o (entre consonantes) (después de *d, t*)	a en h<u>a</u>bla	[ɑ]	n<u>o</u>t
	<u>u</u> en <u>u</u>so	[u]	t<u>o</u>, d<u>o</u>
	<u>au</u> en L<u>au</u>ra	[aʊ]	h<u>ow</u>
(final de palabra)	<u>o</u> alargada "ou"	[oʊ]	hell<u>o</u>
u (antes de consonante + *e* final)	<u>iu</u> en d<u>iu</u>rno	[ju]	exc<u>u</u>se
	<u>u</u> en p<u>u</u>lso (más relajada)	[ʊ]	p<u>u</u>t
	<u>u</u> en p<u>u</u>lso	[u]	att<u>i</u>t<u>u</u>de
	a (pero más relajada)	[ʌ]	<u>u</u>nder
y (final de palabra después de consonante)	<u>ai</u> en v<u>ai</u>na	[aɪ]	m<u>y</u>, b<u>y</u>

COMBINACIÓNES DE VOCALES

Letra en inglés	Sonido aproximado en español	Símbolo fonético	Ejemplo
ai (entre consonantes)	<u>ei</u> en p<u>ei</u>ne	[eɪ]	r<u>ai</u>n
au	similar a la <u>a</u> en b<u>a</u>ta	[ɑ]	c<u>au</u>se
ea (antes de *t, d*)	<u>i</u> en r<u>i</u>val	[i]	<u>ea</u>t, r<u>ea</u>d
	<u>ei</u> en r<u>ey</u>	[eɪ]	gr<u>ea</u>t
	<u>e</u> en <u>e</u>rror	[ɛ]	sw<u>ea</u>ter
ee (después de consonante)	<u>i</u> en n<u>i</u>ño	[i]	s<u>ee</u>, b<u>ee</u>
ei	<u>i</u> en n<u>i</u>ño	[i]	n<u>ei</u>ther
	<u>ei</u> en p<u>ei</u>ne	[eɪ]	<u>ei</u>ght
ie	<u>i</u> en n<u>i</u>ño	[i]	f<u>ie</u>ld
	<u>ai</u> en v<u>ai</u>na	[aɪ]	p<u>ie</u>
oa (entre consonante y *t* final)	<u>o</u> (pero más alargada)	[oʊ]	c<u>oa</u>t
oo	<u>u</u> en p<u>u</u>lso	[u]	f<u>oo</u>d
	<u>u</u> en p<u>u</u>lso pero más relajada	[ʊ]	g<u>oo</u>d
ou	<u>u</u> en p<u>u</u>lso	[u]	y<u>ou</u>
	<u>au</u> en L<u>au</u>ra	[aʊ]	r<u>ou</u>nd
ou	a (pero más relajada)	[ʌ]	t<u>ou</u>gh

Además, algunas vocales en inglés se pronuncian de manera muy relajada y neutra, especialmente en las sílabas que no tienen énfasis. Este sonido se le conoce en inglés como "*schwa*" y no tiene un equivalente exacto en español. Es como una "a" española pero mucho más relajada.

fr<u>o</u>m, t<u>o</u>night, <u>a</u>bout

LESSON 1
INTRODUCTIONS. Presentaciones.

A. DIALOGUE (Diálogo)

AT WORK.

JOHN: **Hi, Teresa.**

TERESA: **Good morning, John. How are you?**

JOHN: **I'm fine, thanks. And you?**

TERESA: **Not bad. John, this is Andrés, our new colleague.**

JOHN: **Oh hi! Pleased to meet you!**

ANDRÉS: **Nice to meet you, too.**

TERESA: **Andrés is the new maintenance supervisor.**

JOHN: **I see. Welcome aboard. Where are you from?**

ANDRÉS: **I'm from Mexico.**

JOHN: **Really?**

ANDRÉS: **Yes. I'm from Mexico City.**

JOHN: **That's an interesting city. Well, it's nice meeting you, Andrés. See you later.**

TERESA: **Bye.**

ANDRÉS: **Bye.**

EN EL TRABAJO.

JOHN: ¡Hola, Teresa!

TERESA: Buenos días, John. ¿Cómo estás?

JOHN: Muy bien, gracias. ¿Y tú?

TERESA: Más o menos. John, te presento a Andrés, nuestro nuevo colega.

JOHN: Ah, hola. ¡Mucho gusto!

ANDRÉS: ¡Es un placer conocerlo, también!

TERESA: Andrés es el nuevo supervisor de mantenimiento.

JOHN: Bien. Bienvenido. ¿De dónde es usted?

ANDRÉS: Soy de México.

JOHN: ¿De veras?

ANDRÉS: Sí. Soy de la ciudad de México.

JOHN: Esa ciudad es muy interesante. Pues, es un placer conocerlo Andrés. Hasta luego.

TERESA: Adiós.

ANDRÉS: Adiós.

B. PRONUNCIATION (Pronunciación)

VOCALES.

El idioma inglés ofrece una variedad numerosa de sonidos vocálicos. A pesar de que existen únicamente 5 símbolos gráficos, cada letra tiene varios sonidos. Algunas variantes comunes son:

a	como la "a" en arco	[a]	**are, bar, car**
e	muy parecida a la "e" en estar pero un poco más relajada.	[ɛ]	**well, let**
i	un poco parecida a la "i" en misa pero más relajada	[ɪ]	**is, it**
o	un poco parecida a la "o" en hola pero más alargada	[oʊ]	**hello**
u	como el diptongo "iu" en diurno	[ju]	**congratulations**

CONSONANTES.

La consonante "h" no es muda en inglés.

h	muy parecida a la "j" suave en Japón en algunas variantes de español. Haga la forma de la vocal siguiente y permita que escape el aire. (No se usan las cuerdas vocales.)	[h]	**hi, hello**

CONSONANTES FINALES.

En inglés existen muchas palabras que terminan en consonante. El fenómeno existe en español pero en menor escala. Es aconsejable entonces poner atención a esta particularidad del inglés y pronunciar todas las consonantes finales con cuidado.

goo<u>d</u>, mornin<u>g</u>, thank<u>s</u>, superviso<u>r</u>, mee<u>t</u>, friend<u>s</u>

C. GRAMMAR AND USAGE (Gramática y usos)

1. PRONOMBRES PERSONALES DE SUJETO. *PERSONAL SUBJECT PRONOUNS.*

En inglés es absolutamente necesario emplear el pronombre personal para aclarar quién es la persona que ejecuta la acción del verbo.

I	yo
you	tú, usted
he	él
she	ella
it	
we	nosotros/as
you	ustedes, vosotros/as
they	ellos/as

El pronombre *I*, correspondiente a la primera persona del singular, siempre se escribe con mayúscula.

I am fine.
　Estoy bien.

I am from Mexico.
　Soy de México.

En inglés el pronombre *you* equivale al singular "tú" o "usted" y al plural "ustedes" o "vosotros." No existe ninguna distinción entre la forma formal y la informal.

How are you?　　　　　¿Cómo estás?
　　　　　　　　　　　　¿Cómo está usted?
　　　　　　　　　　　　¿Cómo están ustedes?
　　　　　　　　　　　　¿Cómo estáis vosotros?

Cuando el pronombre *it* se emplea al principio de la oración como sujeto, éste no tiene equivalente en español. Puede o no referirse a un sujeto concreto.

It is nice to meet you.
Es un placer conocerlo.

How is the weather?—It is nice.
¿Cómo es el clima?—Es agradable.

El pronombre *they* corresponde al género gramatical masculino y al femenino: "ellos" y "ellas."

They are students. Ellos son estudiantes.
Ellas son estudiantes.

2. EL VERBO *TO BE*. *THE VERB "TO BE."*

El verbo *to be* tiene como equivalentes en español a los verbos "ser" y "estar." Puede indicar nacionalidad u origen, profesión, sitio (lugar), estado emocional y anímico, estado psicológico, etc. Note también que la forma infinitiva del verbo se forma anteponiendo la preposición *to* para formar *to be*. Su conjugación en el presente de indicativo es:

I am	yo soy/estoy
you are	tú eres/estás, usted es/está
he/she is	él/ella es/está
it is	es/está
we are	nosotros/as somos/estamos
you are	ustedes son/están, vosotros/as sois/estáis
they are	ellos/as son/están

I am from the United States.
Yo soy de los Estados Unidos.

We are students.
Somos estudiantes.

They are happy.
Ellos están contentos.

Mary is at work.
Mary está en el trabajo.

He is a supervisor.
El es supervisor.

Note que en inglés se usa el artículo indefinido *a* o *an* antes de una profesión.

3. CONTRACCIÓNES AFIRMATIVAS CON *TO BE*. *CONTRACTIONS WITH "TO BE" IN THE AFFIRMATIVE.*

La contracción se refiere a una situación cuando dos palabras se unen en una sola. La contracción gramatical entre el pronombre sujeto y el verbo *to be* se usa en la conversación y también en la escritura. El símbolo gráfico que se utiliza en medio de una contracción se llama *apostrophe* (apóstrofo): ' .

PRONOMBRE	+	TO BE	CONTRACCIÓN
I	+	am	I'm
you	+	are	you're
he/she/it	+	is	he's/she's/it's
we	+	are	we're
you	+	are	you're
they	+	are	they're

I'm fine, thanks.
Estoy bien, gracias.

She's a doctor.
Ella es doctora.

He's from Argentina.
El es de Argentina.

4. LA NEGACIÓN CON *TO BE*. *NEGATION WITH "TO BE."*

La negación del verbo *to be* es: *to be* + *not*:

I am not a supervisor.
Yo no soy supervisor.

She is not from Canada.
Ella no es de Canadá.

They are not our colleagues.
Ellos no son nuestros colegas.

La negación del verbo *to be* tiene dos posibilidades de contracción:

A	B
I'm not	—
you aren't	*you're not*
he isn't/she isn't/it isn't	*he's not/she's not/it's not*
we aren't	*we're not*
you aren't	*you're not*
they aren't	*they're not*

Note que la primera persona *I* sólo tiene un tipo de contracción.

John's not the supervisor.
John isn't the supervisor.
John no es el supervisor.

She's not my friend.
She isn't my friend.
Ella no es mi amiga.

We're not from Canada.
We aren't from Canada.
No somos de Canadá.

5. EL ORDEN DE PALABRAS EN ORACIÓNES DECLARATIVAS. *WORD ORDER IN STATEMENTS.*

El orden de los constituyentes principales de una oración es igual que en español. Es decir, la oración tiene que seguir el orden: sujeto, verbo y objeto.

Andrés is the new maintenance supervisor.
Andrés es el nuevo supervisor de mantenimiento.

This job is interesting.
Este trabajo es interesante.

John's not from Mexico City.
John no es de la ciudad de México.

D. VOCABULARY (Vocabulario)

GREETINGS AND EXPRESSIONS
(Saludos y expresiones)

hi	hola (informal)
hello	hola
good morning	buenos días
thank you	gracias
Nice to meet you.	¡Mucho gusto!
Pleased to meet you.	Encantado en conocerlo.
I see.	Ya veo, qué bien.
See you later.	Hasta luego.
welcome	bienvenido
welcome aboard	bienvenido (a una compañía)
How are you?	¿Cómo estás?/¿Cómo está?
	¿Cómo están?/¿Cómo estáis?

NOUNS (Sustantivos)

maintenance	mantenimiento
supervisor	supervisor
colleague	colega
student	estudiante
friend	amigo/a
job	trabajo
work	trabajo

VERBS (Verbos)

to be	ser/estar
to see	ver
to meet	conocer
to want	querer

ADJECTIVES (Adjetivos)

new	nuevo/a
interesting	interesante
bad	mal, malo/a

OTHER USEFUL WORDS (Otras palabras útiles)

a	un, una
and	y
not	no
this	este, esta, esto
that	ese, esa, eso
our	nuestro/a, nuestros/as
from	de
where	donde
really	de veras, realmente
right	derecho, bien
(good) bye	adiós

EXERCISES (EJERCICIOS)

A. *Complete the following sentences. Use the correct form of the verb "to be."* (Complete las siguientes oraciones. Use la forma correcta del verbo *to be*.)

EXAMPLE: *You <u>are</u> a teacher.*

1. *John _____ an American.*
2. *Carlos and Andrés _____ from Mexico.*
3. *I _____ the new supervisor.*
4. *You _____ students.*
5. *Peter and Mary _____ at work.*
6. *Ann _____ an architect.*
7. *They _____ Cuban.*
8. *She _____ a doctor.*
9. *I _____ from the United States.*
10. *He _____ from Argentina.*

B. *Fill in the blanks. Use personal subject pronouns and contractions.* (Llene el espacio en blanco. Use pronombres personales de sujeto y contracciones gramaticales.)

EXAMPLE: *Claudia is a student. <u>She's</u> a student.*

1. *I am an actor. _____ an actor.*
2. *John is an architect. _____ an architect.*
3. *Mary is a supervisor. _____ a supervisor.*
4. *You are a good friend. _____ a good friend.*
5. *Peter and Mary are at work. _____ at work.*
6. *Mark is a doctor. _____ a doctor.*
7. *Victor and I are students. _____ students.*
8. *Carlos is from Mexico. _____ from Mexico.*
9. *John and Andrés are friends. _____ friends.*
10. *Peter and I are from Canada. _____ from Canada.*

C. *Translate the following sentences into English.* (Traduzca las siguientes oraciones al inglés.)

1. John no es el supervisor.
2. El es nuestro nuevo colega.
3. Andrés no es mi amigo.
4. ¿Es usted arquitecto?
5. Carlos es de Panamá.

D. *Complete the following dialogue.* (Complete el siguiente diálogo.)

Sharon: Hi Emily, how are _____?
Emily: _____ fine, and you?
Sharon: OK.
Emily: Where are _____ from?
Sharon: I'm from Colombia. And you?
Emily: _____ from Minnesota.

E. *Suggested activities.* (Otras actividades sugeridas.)
1. Trate de presentarse a una persona que hable inglés. Asegúrese de averiguar su nombre y de dónde es.
2. Escriba una breve descripción de sí mismo.

CULTURAL NOTE (Nota cultural)

En los Estados Unidos es muy común saludarse de manera informal entre conocidos. El saludo *hi* o *hello* se utiliza con mucha frecuencia. Sin embargo, en situaciones más formales no se usa mucho la expresión *hi*. Además, se acostumbra muy poco el apretón de manos *(to shake hands)* en el saludo, excepto cuando se conoce a alguien por primera vez o en situaciones de negocios.

Otra práctica que no es muy común en este país (en comparación con varias tradiciones hispanas) es abrazarse o darse un beso en la mejilla. La interjección *oh* en inglés equivale a la expresión "ah" en español. Los angloparlantes emplean dicha interjección para expresar sorpresa en la mayoría de los casos.

En los Estados Unidos es común emplear la palabra *America* para referirse al país. También se utiliza el gentilicio *American* (americano) para referirse a un ciudadano estadounidense, ya que no existe otra forma de decirlo más que *U.S. citizen*. Por otro lado, el inglés de los Estados Unidos usa varias palabras para referirse a las personas de origen latinoamericano, tales como *Hispanic, Latin American, Mexican-American, Latino/a, Chicano/a,* etc. Claro que cuando se trata de etiquetas culturales, siempre hay alguna discusión acerca de cuál es la más apropiada.

ANSWERS (RESPUESTAS)

A. 1. *is* 2. *are* 3. *am* 4. *are* 5. *are* 6. *is* 7. *are* 8. *is* 9. *am* 10. *is*
B. 1. *I'm* 2. *He's* 3. *She's* 4. *You're* 5. *They're* 6. *He's* 7. *We're* 8. *He's* 9. *They're* 10. *We're*
C. 1. John isn't the supervisor. 2. He's our new colleague. 3. Andrés isn't my friend. 4. Are you an architect? 5. Carlos is from Panama.
D. 1. *you* 2. *I'm* 3. *you* 4. *I'm*

LESSON 2
FAMILY RELATIONSHIPS. Parentescos.

A. DIALOGUE (Diálogo)

AT A PARTY.

PETER: **Hello!**

LINDA: **Hi Peter, come on in.**

PETER: **Thanks. Where's everyone else?**

LINDA: **My sister and her husband are in the kitchen. Two or three other people are in the kitchen, too.**

PETER: **This is a very nice apartment.**

LINDA: **Thanks. My parents own it.**

PETER: **I see. Is this a picture of your parents over here?**

LINDA: **Yes, this is my entire family.**

PETER: **Who's who?**

LINDA: **Well, these are my parents, Linda and Joseph.**

PETER: **And who's this?**

LINDA: **This is my brother Thomas. I also have a sister but she's not in the picture. She's here tonight.**

PETER: **And who's the little girl?**

LINDA: **Well, that's me, of course.**

PETER: **Really? You still have the same beautiful smile!**

LINDA: **What a sweet thing to say!**

PETER: **Well, that's the kind of guy I am.**

EN UNA FIESTA.

PETER: ¡Hola!

LINDA: Hola Peter. Entra.

PETER: Gracias. ¿Dónde están todos los demás?

LINDA: Mi hermana y su esposo están en la cocina. Otras dos o tres personas están en la cocina tambien.

PETER: Este es un apartamento muy bonito.

LINDA: Gracias. Es de mis padres.

PETER: Ya veo. ¿Es ésa una foto de tus padres?

LINDA: Sí, ésta es toda mi familia. *toda mi Familia*

PETER: ¿Quién es quién?

LINDA: Estos son mis padres, Linda y Joseph.

PETER: ¿Y quién es esté?

LINDA: Este es mi hermano Thomas. También tengo una hermana pero ella no está en la foto. Ella vino esta noche.

PETER: Y ¿quién es la niña?

LINDA: Pues soy yo, por supuesto.

PETER: ¿De veras? ¡Todavía tienes la misma sonrisa tan hermosa!

LINDA: ¡Tú dices cosas tan dulces!

PETER: Pues, así soy yo.

B. PRONUNCIATION (Pronunciación)

VOCALES.

La letra "a" se puede pronunciar de muchas maneras diferentes.

a	como la "a" española en arco	[a]	**are, car**
	entre la "a" y la "e" española	[æ]	**thanks**
	parecida a la "e" española	[ɛ]	**any, many**
	como el diptongo "ei" en p*ei*ne	[ei]	**hate, same**

Muchas veces cuando se añade "e" a una palabra, el sonido de la vocal "a" se alarga al diptongo "ei": **hat/hate** **fat/fate**

CONSONANTES.

En inglés es absolutamente necesario diferenciar entre la "b" labial y la "v" labiodental. De lo contrario el interlocutor no comprenderá lo que se trata de decir.

b	similar a la "b" española en <u>b</u>eso	[b]	**<u>b</u>ig, <u>b</u>ut**
v	Ponga los dientes superiores junto al labio inferior. Es parecido a la manera en que se pronuncia la "f" pero se usan las cuerdas vocales y escapa menos aire.	[v]	**<u>v</u>ery, ha<u>v</u>e**

El sonido *th* en inglés corresponde a la "d" española cuando se usa con palabras de función: artículos, pronombres, etc. En otros casos tiene el sonido de "z," tal como se pronuncia en algunas regiones de España. Esta última pronunciación se usa con todas las demás palabras de contenido: verbos, sustantivos, etc. Si no se conocen estos sonidos, entonces ponga la lengua entre los dientes superiores e inferiores y deje salir el aire.

th	la<u>d</u>o (artículos, pronombres, etc.)	[ð]	**<u>th</u>e, <u>th</u>is**
	<u>z</u>apato (verbos, sustantivos, etc.)	[θ]	**<u>th</u>anks, ba<u>th</u>**

C. GRAMMAR AND USAGE
   (Gramática y usos)

1. EL VERBO *TO HAVE*. THE VERB "TO HAVE."

El verbo *to have* (tener) es un verbo con características únicas. A diferencia de la mayoría de los verbos, su conjugación en el presente indicativo es irregular.

I have	yo tengo
you have	tú tienes/Ud. tiene
he has	él tiene
she has	ella tiene
it has	tiene
we have	nosotros/as tenemos
you have	ustedes tienen/vosotros tenéis
they have	ellos/as tienen

You have a beautiful smile.
Tienes una bella sonrisa.

Peter has a nice apartment.
Peter tiene un apartamento muy bonito.

My brother has two jobs.
Mi hermano tiene dos trabajos.

They have a nice kitchen.
Ellos tienen una cocina muy bonita.

2. ADJETIVOS POSESIVOS. *POSSESSIVE ADJECTIVES.*

Los adjetivos posesivos se anteponen a los sustantivos y, como su nombre lo indica, denotan posesión. Vea a continuación los adjetivos posesivos y la manera en que se usan. Note que los adjetivos posesivos no concuerdan en número ni hacen distinción de género. Por ejemplo:

my sister   mi hermana
my sisters   mis hermanas
her brother   su hermano
her parents   sus padres

PRONOMBRES DE SUJETO			ADJETIVO POSESIVO
yo	*I* →	*my*	mi
tú, usted	*you* →	*your*	tu (informal)
			su (formal)
él	*he* →	*his*	su (de él)
ella	*she* →	*her*	su (de ella)
	it →	*its*	su
nosotros/as	*we* →	*our*	nuestro/a/os/as
ustedes, vosotros	*you* →	*your*	su, vuestro/a
ellos/ellas	*they* →	*their*	su (de ellos/as)

I have a sister. Her name is Sandra.
Tengo una hermana. Su nombre es Sandra.

We have a big house. Our house has four bedrooms.
Nosotros tenemos una casa grande. Nuestra casa tiene cuatro habitaciones.

You have a small apartment. Your apartment has two bedrooms.
Tú tienes un apartamento pequeño. Tu apartamento tiene dos habitaciones.

3. ADJETIVOS Y PRONOMBRES DEMOSTRATIVOS. DEMONSTRATIVE PRONOUNS AND ADJECTIVES.

SINGULAR	*this*	este, estas, éste, ésta
	that	ese, esa, ése, ésa
PLURAL	*these*	estos, estas, éstos, éstas
	those	esos, esas, ésos, ésas

a. Adjetivos demostrativos

Los adjetivos demostrativos se utilizan para señalar personas o cosas y deben concordar en número con el sustantivo.

This picture is nice but these pictures are beautiful.
Esta foto es bonita, pero estas fotos son hermosas.

El uso de *this* y *these* implica cercanía al objeto o persona en cuestión, mientras que el empleo de *that* y *those* implica distancia o lejanía.

This room is big. That room is small.
Este cuarto es grande. Ese cuarto es pequeño.

b. Pronombres demostrativos

Los pronombres demostrativos también concuerdan en número con las cosas que representan. Es preciso notar que en inglés, los adjetivos y los pronombres no hacen distinción en género gramatical. Por ejemplo:

This is my father.	Este es mi padre.
That is my mother.	Esa es mi madre.
These are my sisters.	Estas son mis hermanas.
Those are my brothers.	Esos son mis hermanos.

That puede hacer contracción con *is* de la siguiente forma: *that* + *is* = *that's*.

That's my bedroom.   Ese es mi dormitorio.

That's se traduce literalmente como "ése es" o "ésa es." Sin embargo, al emplearlo para señalar personas no tiene equivalente en español, ya que la oración "Esa es mi hermana" puede ser interpretada de manera despectiva. En inglés, por el contrario, es muy normal este uso de *that* + *is*.

That's my aunt.	Ella es mi tía.
That's my son.	El es mi hijo.

4. PREGUNTAS Y RESPUESTAS DEL TIPO *YES/NO* CON EL VERBO *TO BE*. *YES/NO QUESTIONS AND ANSWERS WITH "TO BE."*

En los ejemplos anteriores se ha observado ya el orden general de palabras en la oración: el sujeto primero, y el verbo segundo (SVO.) Al formular la interrogación, se hace una inversión como puede ocurrir en español. Es decir, el verbo pasa a encabezar la oración, seguido del sujeto. Compare:

S   V
They are my brothers.
Ellos son mis hermanos.

V   S
Are they your brothers?
¿Son ellos tus hermanos?

S   V
Carlos is in the living room.
Carlos está en la sala.

V   S
Is Carlos in the living room?
¿Está Carlos en la sala?

Al responder se tiene la opción de proveer una respuesta larga o una corta. Compare:

Is he your grandfather?
¿Es él tu abuelo?

Yes, he's my grandfather.
Sí, él es mi abuelo.
Yes, he is.
Sí.

Are you in this picture?
¿Estás tú en esta fotografía?

Yes, I'm in that picture.
Sí, estoy en esa foto.
Yes, I am.
Sí.

Is that the bedroom?
¿Es ésa la habitación?

Yes, it's the bedroom.
Sí, ésa es la habitación.
Yes, it is.
Sí.

Is he in the kitchen?
¿Está él en la cocina?

No, he's not in the kitchen.
No, no está en la cocina.
No, he's not.
No.

Are they your parents?
¿Son ellos tus padres?

No, they're not my parents.
No, no son mis padres.
No, they aren't.
No.

Note que en las respuestas cortas afirmativas **no** se usan las contracciones.

5. PREGUNTAS *WH* CON EL VERBO *TO BE*.
WH QUESTIONS WITH THE VERB "TO BE."

Se llaman preguntas *wh* porque casi todas las palabras interrogativas empiezan con las letras *"wh."* Como en español, se utilizan para pedir información específica. Además, en inglés es muy común utilizar contracciones con la palabra interrogativa y *is*.

What is?	*What's?*	¿Qué es?
Who is?	*Who's?*	¿Quién es?
When is?	*When's?*	¿Cuándo es?
Where is?	*Where's?*	¿Dónde está?

a. *what* (qué)

What se emplea en general para interrogaciones equivalentes a la palabra interrogativa "qué." Normalmente pide una respuesta en forma de una explicación o definición.

What's this?
   ¿Qué es esto?
It's a picture of my family.
   Es una foto de mi familia.
What are those things?
   ¿Qué son esas cosas?
Those are pictures.
   Esas son fotografías.

What también equivale a "cuál" o "cómo" en interrogaciones.

What's your name?
   ¿Cómo se llama?
My name is Linda.
   Me llamo Linda.
What's the capital of Argentina?
   ¿Cuál es la capital de Argentina?
It is Buenos Aires.
   Es Buenos Aires.

b. *Who* (quién)

Se usa *who* con preguntas singulares y plurales con "quién" y "quiénes."

Who's that boy?
   ¿Quién es ese muchacho?
That's my brother.
   Es mi hermano.

Who are the people in the picture?
¿Quiénes son las personas en la fotografía?

They're my brothers and sisters.
Son mis hermanos y hermanas.

   c. *Where* (dónde)

El pronombre interrogativo *where* (dónde) se utiliza para interrogaciones concernientes a lugar y a ubicación.

Where's your husband?
¿Dónde está tu esposo?

He's in the living room.
Está en la sala.

Where are your parents?
¿Dónde están tus padres?

They are in the kitchen.
Están en la cocina.

   d. *When* (cuándo)

When se usa para preguntar cuándo ocurre alguna acción.

When's your birthday?
¿Cuándo es tu cumpleaños?

When are you in the office?
¿Cuándo estás en la oficina?

   e. *Why* (por qué)

Why se usa para preguntar la razón por la que ocurre una acción.

Why are you here?
¿Por qué estás aquí?

Why is my father-in-law at this party?
¿Por qué está mi suegro en esta fiesta?

   f. *How* (cómo)

Aunque la palabra interrogativa *how* no empieza con *wh*, también es parte de las palabras interrogativas. Se usa para preguntar acerca de la manera en que ocurre una acción.

How are you?
¿Cómo estás?

How do you say "house" in Spanish?
¿Cómo se dice "house" en español?

6. LOS NÚMEROS: 1–20. NUMBERS: 1–20.

one	1	eleven	11
two	2	twelve	12
three	3	thirteen	13
four	4	fourteen	14
five	5	fifteen	15
six	6	sixteen	16
seven	7	seventeen	17
eight	8	eighteen	18
nine	9	nineteen	19
ten	10	twenty	20

I have four cousins.
   Tengo cuatro primos.

We have three sisters.
   Tenemos tres hermanas.

My brother wants two boys and one girl.
   Mi hermano quiere dos niños y una niña.

One plus six is seven.
   $1 + 6 = 7$

Eight minus five is three.
   $8 - 5 = 3$

Three times five is fifteen.
   $3 \times 5 = 15$

Ten divided by two is five.
   $10 \div 2 = 5$

D. VOCABULARY (Vocabulario)

FAMILY RELATIONSHIPS (Parentescos)

family	familia
father	padre
dad	papá
mother	madre
mom	mamá
parents	padres
husband	esposo
wife	esposa
child	niño
kid	niño

son	hijo
daughter	hija
brother	hermano
sister	hermana
grandparents	abuelos
grandfather	abuelo
grandmother	abuela
uncle	tío
aunt	tía
niece	sobrina
nephew	sobrino
cousin	primo, prima
brother-in-law	cuñado
sister-in-law	cuñada
father-in-law	suegro
mother-in-law	suegra

NOUNS (Sustantivos)

birthday	cumpleaños
girl	chica, niña
name	nombre
party	fiesta
picture	pintura, fotografía
smile	sonrisa
apartment	apartamento
house	casa
bathroom	baño
bedroom	habitación
living room	sala
kitchen	cocina

VERBS (Verbos)

to own	ser dueño de algo
to have	tener
to show	mostrar
to say	decir

ADJECTIVES (Adjetivos)

little	pequeño/a
beautiful	hermoso/a
old	viejo/a
sweet	dulce

OTHER USEFUL WORDS AND EXPRESSIONS
(Otras palabras y expresiones útiles)

here	aquí, acá
other	otro/a
but	pero
let me	déjame
many	muchos
still	todavía
same	mismo/a
too	también, demasiado
today	hoy
Good evening.	Buenas noches.
Let's see.	Vamos a ver.
Come on! Let's go.	¡Vamos!
What?	¿Qué?
Who?	¿Quién, Quienes?
Why?	¿Por qué?
When?	¿Cuándo?
Where?	¿Dónde?
How?	¿Cómo?

EXERCISES (EJERCICIOS):

A. *Complete the following sentences using possessive adjectives.* (Complete las siguientes oraciones. Use adjetivos posesivos.)

EXAMPLE: *John and Pam have a daughter. <u>Her</u> name is Sue.*

1. *I have two sisters. _____ names are Wendy and Claudia.*
2. *Melissa and I have a son. _____ name is Peter.*
3. *We have an apartment. _____ apartment is big.*
4. *Mary and John have a car. _____ car is red.*
5. *My sister has a blue house. _____ house is very big.*
6. *Charles has two pictures. _____ pictures are very old.*
7. *Mary has a brother. _____ name is Fred.*

B. *Complete the sentences. Use the appropriate demonstrative pronouns.* (Complete las siguientes oraciones. Use los pronombres demostrativos.)

EXAMPLE: <u>*This*</u> *is my sister. (This/These)*
         <u>*These*</u> *are my brothers. (This/These)*

1. *_____ is my book. (This/That)*
   _____ is your book. (This/That)
2. *_____ are my parents. (This/These)*
   _____ are your parents. (That/Those)

3. _____ is your picture. (This/That)
   _____ are my pictures. (That/Those)
4. _____ is my father. (This/That)
   _____ are her sisters. (This/These)
5. _____ is my brother. (This/That)
   _____ are your brothers. (That/Those)

C. Complete the sentences in the following dialogue. Use: what, who, this, that, these, those, my, your, his, her, our, their. (Complete las oraciones en el siguiente dialogo. Use: qué, quién, éste o ésta, ése o ésa, éstos o éstas, ésos o ésas, mi, tu, su, nuestro.)

EXAMPLE: Peter: Who is this?
Linda: That's my sister-in-law.

Peter: __(1)__ is her name?
Linda: __(2)__ name is Elizabeth.
Peter: And __(3)__ are these kids?
Linda: These are __(4)__ nephews.
Peter: __(5)__ are their names?
Linda: __(6)__ names are John and Charles.
Peter: And __(7)__ is this?
Linda: __(8)__ is my niece.
Peter: What is __(9)__ name?
Linda: Her name is Mary. She is __(10)__ favorite niece.

D. Fill in the blanks. Use the verb "to have."
(Llene los espacios en blanco. Use el verbo *to have*.)

EXAMPLE: Caroline <u>has</u> three daughters.

1. You _____ three sisters.
2. My uncle _____ two jobs.
3. My grandparents _____ a blue house.
4. Mr. and Mrs. Johnson _____ ten nephews.
5. Linda _____ a beautiful apartment in New York.
6. The hospital _____ three cardiologists.
7. Tony and John _____ a brother.
8. I _____ three daughters.
9. They _____ a cousin from Colombia.
10. My sister _____ a motorcycle.

E. Form questions with the verb "to be." (Haga preguntas con el verbo *to be*.)

EXAMPLE: Yes, I am from Canada. <u>Are you from Canada</u>?

1. Yes, I am Mexican.
2. Yes, John is my father-in-law.
3. Yes, Mary is in the office.
4. Yes, Peter is glad to see his family.
5. Yes, Mark is a supervisor.

F. *Form "wh" questions.* (Haga preguntas de tipo "wh.")

EXAMPLE: Bob is <u>in the office</u>. <u>Where is Bob?</u>

1. The picture is <u>on the table</u>.
2. <u>Everyone</u> is at the party.
3. <u>Jennifer</u> is my sister.
4. The party is <u>today</u>.
5. That's <u>a beautiful picture</u>.

G. *Suggested activities.* (Otras actividades sugeridas.)

1. Esbrica una carta a un amigo y pregúntele cosas a cerca de la familia.
2. Hágale preguntas a un amigo/a que hable inglés acerca de su familia.

CULTURAL NOTE (Nota cultural)

En los Estados Unidos el empleo de la palabra *family* (familia) muchas veces se limita a la familia nuclear. Es decir, casi siempre su empleo se limita al padre, la madre y los hijos. Para referirse a los demás familiares se usa la palabra *relatives* (familiares). De manera que cuando un estadounidense dice *my family* (mi familia) es posible que no está incluyendo a sus tíos, abuelos, etc., como es costumbre en el mundo hispano-parlante. Por otro lado, la familia nuclear en este país tiende a dispersarse por toda la nación. Esto se debe en parte a que el ciudadano estadounidense tiende a movilizarse de acuerdo a las ofertas de empleo. El país es muy grande, y esto muchas veces causa que las personas se puedan encontrar muy distantes de sus padres, hermanos y todos los demás.

ANSWERS (RESPUESTAS)

A. 1. *Their* 2. *His* 3. *Our* 4. *Their* 5. *Her* 6. *His* 7. *His*
B. 1. *This-That* 2. *These-Those* 3. *This-Those* 4. *This-These*
 5. *This-Those*
C. 1. *What* 2. *Her* 3. *who* 4. *my* 5. *What* 6. *Their* 7. *who*
 8. *This* 9. *her* 10. *my*
D. 1. *have* 2. *has* 3. *have* 4. *have* 5. *has* 6. *has* 7. *have*
 8. *have* 9. *have* 10. *has*
E. 1. *Are you Mexican?* 2. *Is John your father-in-law?* 3. *Is Mary in the office?*
 4. *Is Peter glad to see his family?* 5. *Is Mark a supervisor?*
F. 1. *Where's the picture?* 2. *Who's at the party?* 3. *Who's your sister?*
 4. *When is the party?* 5. *What's that?*

LESSON 3
ASKING FOR INFORMATION. Pidiendo información.

A. DIALOGUE (Diálogo)

Where are my keys?

CHIN: Mom, where are my blue pants?
MRS. HUANG: Check in your room.
CHIN: No, they're not there.
MRS. HUANG: Then look on the ironing board.
CHIN: OK. Here they are! Mom!
MRS. HUANG: Yes, Chin, what is it now?
CHIN: Sorry, but I can't[1] find my sneakers.
MRS. HUANG: I'm sure you know where they are. Just think for a minute.
CHIN: Oh! Now I see them. I guess you're right.
MRS. HUANG: Of course I am. I'm your mother.
CHIN: Well, then tell me where my car keys are.
MRS. HUANG: How about in your coat pocket?
CHIN: No!
MRS. HUANG: Maybe they're in your gym bag.
CHIN: Great! They're here. Thanks, Mom. See you later!
MRS. HUANG: Bye! Someday he's going to[2] lose his head!

¿Dónde están mis llaves?

CHIN: ¿Mamá, dónde están mis pantalones azules?
MRS. HUANG: Revisa en tu cuarto.
CHIN: No, no están allí.
MRS. HUANG: Entonces mira en la mesa de planchar.

---

[1] *Can* (poder) y otros verbos modales aparecen en la lección 9.
[2] *To be going to* y el tiempo futuro aparecen en la lección 18.

CHIN: Está bien. ¡Ah, aquí están! ¡Mamá!

MRS. HUANG: Sí, Chin. ¿Qué pasa ahora?

CHIN: Lo siento, pero no encuentro mis tenis.

MRS. HUANG: Estoy segura que sabes donde están. Trata de pensar por un minuto.

CHIN: ¡Ah, aquí están! Tienes razón.

MRS. HUANG: Claro que tengo razón. Soy tu madre.

CHIN: Entonces, ¿sabes dónde están las llaves del coche?

MRS. HUANG: ¿Qué tal en el bolsillo de tu abrigo?

CHIN: No.

MRS. HUANG: Tal vez en tu bolsa deportiva.

CHIN: Bien, aquí están. Gracias mamá. Hasta luego.

MRS. HUANG: ¡Adiós! ¡Algún día va a perder la cabeza!

B. PRONUNCIATION (Pronunciación)

VOCALES.

Recuerde que, en inglés, las vocales tienen algunas variantes.

e	como la "e" española pero más relajada	[ɛ]	w<u>e</u>ll, l<u>e</u>t
	como la "i" española en n<u>i</u>ño	[i]	h<u>e</u>, b<u>e</u>
	a veces no se pronuncia en posición final		fin<u>e</u>, sur<u>e</u>
	seguido por la "w" se pronuncia como la "u" española o como "y" + "u"	[u], [ju]	n<u>ew</u>, f<u>ew</u>

A veces, cuando se añade "e" a una palabra, el sonido de la vocal "e" se alarga y suena como "i": *pet/Pete*.

CONSONANTES.

| w | la aproximación más cercana es "hu" como en "hueso," "huevo" | [w] | <u>w</u>elcome |

k	idéntica a la "c + a, o, u" como en "cabeza, como" o a la "q + ue, ui" en "queso" o "quizás"	[k]	**k**eys, **k**ilo
c	como la "k" antes de (a, o, u)	[k]	**c**ar, **c**old
	como la "s" antes de (e, i)	[s]	**c**enter

COMBINACIÓN DE CONSONANTES.

En inglés, la consonante "k" es muda cuando va seguida de *"n."*

kn   **k**now   (saber)   **k**nee   (rodilla)

En la combinación "gn" al final de palabra, la "g" es muda.

gn   si**g**n   (firmar)   ali**g**n   (alinear)

Excepción:
signify (significar)

C. GRAMMAR AND USAGE
(Gramática y usos)

1. PREPOSICIONES DE LUGAR. *PREPOSITIONS OF PLACE.*

Para indicar el lugar en que se encuentran personas, animales o cosas es necesario utilizar preposiciones. A continuación presentamos algunas de las preposiciones más comunes:

at	a, en
in	en, dentro
on	sobre, en
next to	al lado, junto a
above	encima de
under	debajo de, bajo

a. *At* y *in*

Ambas preposiciones se traducen muchas veces como "en." Sin embargo, *at* usualmente indica lugar en general, mientras que *in* indica "dentro." Veamos su posición:

Your pants are in the closet.
    Tus pantalones están en el armario.
He is at the university.
    El está en la universidad.

Compare las siguientes dos oraciones:

Linda is in her office.
Linda is at the office.
Linda está en la oficina.

In significa que Linda está directamente en el cuarto de la oficina. *At* significa que ella está en el trabajo, pero también puede estar en otro cuarto y no necesariamente en la oficina.

Note que al referirse a países y ciudades sólo se puede usar *in* y no se usa *at*.

I am in Chicago right now.
Ahora estoy en Chicago.

We are in Argentina.
Estamos en Argentina.

Como en español, en algunos casos no es necesario el artículo *the* (el, la, los, las) entre la preposición y el sustantivo.

Mrs. Huang is at home.
La señora Huang está en casa.

They are at work.
Ellos están en el trabajo.

Estas dos preposiciones también tienen algunos usos idiomáticos:

Mary is in the hospital. (Está enferma.)
Mary está en el hospital.

Mary is at the hospital. (Está visitando a alguien.)
Mary está en (anda por) el hospital.

b. *In* y *on*

In y *on* indican lugar o posición y se pueden traducir como "en," pero *on* corresponde también a la preposición "sobre" o "encima."
Compare:

The keys are in the car.
Las llaves están en el coche.

The keys are on the car.
Las llaves están encima del coche.

Your car keys are on the table.
Las llaves de tu coche están en la mesa.

Your pants are on the ironing board.
Tus pantalones están sobre la mesa de planchar.

c. *Above* y *under* (arriba, debajo)

Estas dos preposiciones indican la posición de algo arriba o debajo de un objeto.

My keys are under the coat.
Las llaves están debajo del abrigo.

Your bedroom is on the second floor above the kitchen.
Tu habitación está en el segundo piso, arriba de la cocina.

Her sneakers are under the bed.
Sus tenis están debajo de la cama.

d. *Next to* (al lado de, junto a)

Esta preposición indica cercanía de un objeto a otro. Específicamente, indica que un objeto se encuentra al lado de otro objeto.

Your sneakers are next to the door.
Tus tenis están junto a la puerta.

My house is next to yours.
Mi casa está al lado de la tuya.

2. LOS ARTÍCULOS. *ARTICLES.*

a. El artículo indefinido. *The indefinite article.*

El artículo indefinido *a* equivale a "un" y "una." Se utiliza únicamente en el singular. Además, no existe ninguna distinción de género. El artículo *a* se utiliza cuando la palabra que le sigue comienza con un sonido de consonante:

a room	un cuarto
a mother	una mamá
a key	una llave
a closet	un armario
a horse	un caballo

El artículo *a* cambia a *an* cuando le sigue un sonido vocálico. Esto se hace para evitar la cacofonía.

an iron	una plancha
an apartment	un apartamento
an article	un artículo
an animal	un animal
an idea	una idea

Cuando una palabra empieza con una "h" muda, se usa *an*.

an hour una hora
an honest man un hombre honesto

Estos artículos se pronuncian con un *schwa* [ə], un sonido muy relajado.

b. El artículo definido. *The definite article.*

El artículo definido *the* (el, la, los, las) es invariable. Es decir que su forma es la misma para el singular y el plural. Tampoco hay distinción de género.

The gym bag is on the chair.
La bolsa deportiva está sobre la silla.

The book is on the desk.
El libro está sobre el escritorio.

The keys are in the kitchen.
Las llaves están en la cocina.

The sneakers are in the bedroom.
Los tenis están en el dormitorio.

3. EL PLURAL DE LOS SUSTANTIVOS.[3]
THE PLURAL OF NOUNS.

En general, el plural de los sustantivos se forma añadiendo una "s" al final de la palabra, con algunas excepciones o pequeñas modificaciones.

Grupo A:

Los siguientes sustantivos forman su plural añadiendo la "s."

SINGULAR		PLURAL	
car	coche	*cars*	coches
closet	armario	*closets*	armarios
boy	muchacho	*boys*	muchachos
key	llave	*keys*	llaves
pocket	bolsillo	*pockets*	bolsillos
room	cuarto	*rooms*	cuartos

[3] En esta lección se tratan únicamente los sustantivos regulares. Los sustantivos con plural irregular aparecen en la lección 4.

Grupo B:

Cuando la letra final del sustantivo es consonante + "y" en el singular, la letra "y" cambia a "i" y se le añade "es" en el plural.

SINGULAR		PLURAL	
library	biblioteca	*libraries*	bibliotecas
city	ciudad	*cities*	ciudades
baby	bebé	*babies*	bebés

Grupo C:

Cuando la palabra termina en "fe" en el singular, al formar el plural se cambia la "f" por una "v" y se añade "s." Cuando termina en "f," ésta cambia a "v" y se le añade "es."

SINGULAR		PLURAL	
wife	esposa	*wives*	esposas
knife	cuchillo	*knives*	cuchillos
leaf	hoja (de árbol)	*leaves*	hojas
thief	ladrón	*thieves*	ladrones

Sin embargo, hay excepciones:

chief	jefe	*chiefs*	jefes
roof	tejado	*roofs*	tejados

Grupo D:

Cuando las letras finales del sustantivo son "ch, sh, ss, x" en el singular, al formar el plural se añade "es."

SINGULAR		PLURAL	
dish	plato	*dishes*	platos
class	clase	*classes*	clases
box	caja	*boxes*	cajas
church	iglesia	*churches*	iglesias

Grupo E:

Cuando la letra final del sustantivo es consonante + "o" en el singular, al formar el plural se añade "es" pero no se pronuncia la "e":

SINGULAR		PLURAL	
potato	patata/papa	*potatoes*	patatas
tomato	tomate	*tomatoes*	tomates

Cuando los sustantivos singulares regulares terminan en vocal, se les añade la "s" para hacerlos plurales. La "s" se pronuncia como "z" como en

toes, roses.

Cuando terminan en ciertos consonantes (los de grupo D), se les añade "es" que se pronuncia "ez:"

glasses, dishes, matches.

La "s" final se pronuncia como "s" después de aquellos sonidos que son consonantes sordas como "p, t, k, f."

cups, desks, cats, students, groups, books

La "s" final se pronuncia como "z" después de los otros consonantes:

webs, lids, bags, cars, pals

4. CONJUGACIONES VERBALES. *VERB CONJUGATIONS.*

En general, hay muy poca conjugación de verbos en inglés. Los verbos en el presente indicativo hacen un pequeño cambio. A la gran mayoría se les añade "s" para conjugar la tercera persona del singular (he, she, it).

TO KNOW	SABER O CONOCER
I know	yo sé/conozco
you know	tú sabes/conoces
he/she/it knows	él, ella, usted sabe/conoce
we know	nosotros/as sabemos/conocemos
you know	ustedes, vosotros/as saben, sabéis/conocen, conoceís
they know	ellos, ellas saben/conocen

TO EAT	COMER
I eat	yo como
you eat	tú comes
he/she/it eats	él, ella, usted come
we eat	nosotros/as comemos
you eat	ustedes, vosotros/as comen, coméis
they eat	ellos, ellas comen

I know where my sneakers are.
  Yo sé donde están mis tenis.

Chin knows my mother.
   Chin conoce a mi mamá.

Peter eats a lot of potatoes.
   Peter come muchas patatas.

La mayoría de los verbos responden a la misma modalidad. Por ejemplo: el verbo *to work* (trabajar), *to live* (vivir) y muchos más.

She works a lot.
   Ella trabaja mucho.

Bill lives in Houston
   John vive en Houston.

D. VOCABULARY (Vocabulario)

NOUNS (Sustantivos)

key	llave
car	coche, carro
ironing board	mesa de planchar
table	mesa
desk	escritorio
chair	silla
door	puerta
coat	abrigo
pocket	bolsillo (de abrigo, camisa)
shirt	camisa
gym bag	bolsa deportiva
sneakers	zapatos tenis
closet	armario
pants	pantalones
knife	cuchillo
thief	ladrón
leaf	hoja (de árbol)
match	fósforo, cerillo
church	iglesia
library	biblioteca
dish	plato
box	caja
university	universidad
school	escuela
office	oficina

book	libro
potato	papa, patata
tomato	tomate
head	cabeza
accident	accidente
hour	hora
city	ciudad
baby	bebé

VERBS (Verbos)

to check	revisar
to find	encontrar
to wear	vestir, usar
to lose	perder
to know	saber, conocer
to live	vivir
to guess	adivinar
to see	ver, mirar
can	poder

ARTICLES AND PREPOSITIONS (Artículos y preposiciones)

the	el, la, los, las
at	en, a
in	en
on	sobre, en
above	arriba
under	bajo, debajo
next	junto a, al lado de

OTHER USEFUL WORDS AND EXPRESSIONS (Otras palabras y expresiones útiles)

now	ahora
(I'm) sorry	lo siento
of course	por supuesto, claro
maybe	tal vez

EXERCISES (EJERCICIOS)

A. *Respond to the following questions. Use the subject pronoun and the correct preposition.* (Responda a las siguientes preguntas. Use la preposición y pronombres correctos.)

EJEMPLO: *Where is Mary? (hospital) She's <u>at</u> the hospital.*

1. *Where is Ms. Huang? (home)*
2. *Where are the books? (desk)*
3. *Where is Chen? (school)*
4. *Where's your mom? (work)*
5. *Where are your keys? (pocket)*
6. *Where's Linda? (kitchen)*
7. *Where's the ironing board? (the living room)*
8. *Where are your sneakers? (closet)*
9. *Where's my gym bag? (chair)*
10. *Where's my mom? (her bedroom)*

B. *Complete the following sentences. Use the plural form of the following nouns.* (Complete las siguientes oraciones. Seleccione uno de los siguientes sustantivos y use el *plural*.)

baby	box	potato	glass
dog	orange	sport	city

EXAMPLE: *The Smiths are very busy. They have two <u>babies</u>.*

1. *Tomatoes are fruit, but _____ are vegetables.*
2. *I have two _____ of chocolates.*
3. *I drink three _____ of water every day.*
4. *Mr. Jones likes animals. He has two beautiful _____.*
5. *I watch basketball on television because I like _____.*
6. *_____ are orange and round. They are delicious.*
7. *New York and Chicago are important _____ in the US.*

C. *Complete the following sentences with the appropriate indefinite article.* (Complete las siguientes oraciones con el artículo indefinido apropiado.)

EXAMPLE: *Charles is <u>a</u> good boy.*

1. *I have _____ idea.*
2. *Chin has _____ nice car.*
3. *Susan likes fruit. She eats _____ orange every morning.*
4. *Mr. Huang is _____ architect.*
5. *There is _____ gym bag in the closet.*
6. *I want _____ coat.*
7. *Mrs. Huang is _____ engineer.*

8. *John has* _____ *box of chocolates.*
9. *My teacher is* _____ *nice person.*
10. *Peter has* _____ *big house.*

D. Fill in the blanks. Choose the correct form of the verb "to have," "to know," "to eat," or "to like." (Llene los espacios en blanco con uno de los verbos *to have, to know, to eat,* o *to like*.)

EXAMPLE: *Paul eats cereal every day.*

1. *John* _____ *to visit New York because it is a nice city.*
2. *I* _____ *cereal and oranges every morning.*
3. *Carlos* _____ *a lot of money in the bank.*
4. *Mr. Huang* _____ *a lot about architecture.*
5. *I* _____ *a black car.*

E. Translate the following sentences. (Traduzca las siguientes oraciones.)

1. *Where are the keys?*
2. *The keys are on the table.*
3. *The sneakers are in the closet.*
4. *Where is the house key?*
5. *The bag is in your room.*

F. Suggested activities. (Otras actividades sugeridas.)

1. Haga un dibujo de su apartamento y describa la posición de sus muebles.
2. Llame a un amigo/a y pregúntele lo que tiene en sus armarios y en los gabinetes de la cocina.

CULTURAL NOTE (Nota cultural)

En los Estados Unidos no es extraño ver a adolescentes conduciendo automóviles, especialmente a muchos adolescentes de clase media. En la cultura americana, el automóvil es uno de los componentes que despierta interés y fascinación en la gente desde muy temprana edad. En general, la ley de tránsito permite que se otorguen permisos de conducir a los adolescentes cuando cumplen diez y seis años. Por supuesto que existen muchas restricciones, pero no es algo imposible de lograr, ya que existen muchas escuelas privadas para aprender a conducir. Inclusive, algunas escuelas secundarias proveen estos tipos de clases para los adolescentes. Además, existen varias ciudades y suburbios que han sido diseñados para usarse con el coche, ya que varios de estos lugares no tienen un sistema de transporte público muy bien definido. Por lo tanto, la gente depende mucho de los coches.

ANSWERS (RESPUESTAS)

A. 1. *She's at home.* 2. *They're on the desk.* 3. *He's at school.* 4. *She's at work.* 5. *They're in my pocket.* 6. *She's in the kitchen.* 7. *It's in the living room.* 8. *They're in the closet.* 9. *It's on the chair.* 10. *She's in her bedroom.*
B. 1. *potatoes* 2. *boxes* 3. *glasses* 4. *dogs* 5. *sports* 6. *Oranges* 7. *cities*
C. 1. *an* 2. *a* 3. *an* 4. *an* 5. *a* 6. *a* 7. *an* 8. *a* 9. *a* 10. *a*
D. 1. *likes* 2. *eat* 3. *has* 4. *knows* 5. *have*
E. 1. *¿Dónde están las llaves?* 2. *Las llaves están en la mesa.* 3. *Los tenis están en el armario.* 4. *¿Dónde está la llave de la casa?* 5. *La bolsa está en tu cuarto.*

LESSON 4
CLOTHING, COLORS, AND SIZES.   Ropa, colores y tamaños.

A. DIALOGUE (Diálogo)

IN A DEPARTMENT STORE.

SHARON: **Oh, I love the clothes in this store, but they cost way too much.**

PAT: **I know, but I need a dress for Robin and Mike's wedding. What do you think of this one?**

SHARON: **Now, that is gorgeous, and you look great in blue.**

PAT: **But I like this red one too.**

SHARON: **Well, try both of them on.**

PAT: **Is there a size 10 in blue?**

SHARON: **Yes, right here. The fitting rooms are around the corner, by the children's department.**

A little later.

SHARON: **I like the blue.**

PAT: **And it's comfortable too. Is it too short, though?**

SHARON: **No. You look beautiful, really.**

PAT: **Thanks. Excuse me, how much is this dress?**

CLERK: **You're lucky. All women's fashions are on sale today. Let's see . . . this dress is 25% off.**

PAT: **I'm convinced. I even have shoes to match.**

SHARON: **That's reason enough right there.**

EN UNA TIENDA.

SHARON: Ah, me encanta la ropa en esta tienda, pero todo es carísimo.

PAT: Lo sé, pero necesito un vestido para la boda de Robin y Mike. ¿Qué te parece éste?

SHARON: Está precioso, y tú te ves muy bien de azul.

PAT: Pero me gusta este rojo también.

SHARON: Pues pruébate los dos.

PAT: ¿Hay uno de la talla 10 en azul?

SHARON: Sí, aquí hay uno. Los vestidores están al voltear la esquina, junto al departamento de niños.

Un poco después.

SHARON: Me gusta el azul.

PAT: Y es muy cómodo también. ¿Pero no crees que es muy corto?

SHARON: No, te ves muy bien, de verdad.

PAT: Gracias. Perdón, ¿cuánto cuesta este vestido?

CLERK: Tiene suerte. Toda la ropa de mujer está en oferta hoy. Este vestido tiene un 25% de descuento.

[dependiente]

PAT: Estoy convencida. Hasta tengo unos zapatos que combinan con el vestido.

SHARON: Eso ya es suficiente razón para comprarlo.

B. PRONUNCIATION (Pronunciación)

VOCALES.

Mencionamos anteriormente que las letras pueden tener varios sonidos.

i	como la "i" española pero más relajada (inicial o entre consonante)	[ɪ]	**it, sister**
	como el diptongo "ai" en vaina (después de consonante y al final de sílaba)	[aɪ]	**hi, like, fine**
	como la "i" española	[i]	**machine**

Muchas veces, cuando se añade "e" a una palabra, el sonido de la vocal "i" se alarga y suena como el diptongo "ai" como en   **pin, pine**

CONSONANTES.

r	se puede pronunciar con la punta de la lengua elevada y doblada hacia atrás sin tocar el paladar	[ɹ]	**red, right**
s	en general es el mismo sonido que la "s" española (inicial o final de sílaba)	[s]	**sun, dress**
	es sonora cuando está entre vocales; es parecida a un zumbido	[z]	**rose, these**
	sin embargo, a veces se pronuncia como "sshhh" cuando se pide silencio	[ʃ]	**sure**

COMBINACIÓN DE CONSONANTES.

sh	Se pronuncia como cuando se pide silencio "sshhh."	[ʃ]	**Sharon, shoes**

C. GRAMMAR AND USAGE (Gramática y usos)

1. EL ADJETIVO. *THE ADJECTIVE.*

El adjetivo en inglés tiene la misma función que el adjetivo en español: la de calificar o describir al sustantivo. La diferencia fundamental consiste en que el adjetivo inglés es invariable. Es decir, no hay distinción de número o género. Además, el adjetivo generalmente se antepone al sustantivo.

	ADJETIVO	SUSTANTIVO	
Mary wears a	*red*	*dress.*	Mary lleva un vestido rojo.
I have a	*pretty*	*hat.*	Tengo un sombrero bonito.
It is an	*elegant*	*coat.*	Es un abrigo elegante.
She wears	*ugly*	*blouses.*	Ella usa blusas feas.
Sharon has	*nice*	*clothes.*	Sharon tiene ropa bonita.
Linda hates	*silk*	*skirts.*	Linda odia las faldas de seda.

Con algunos verbos como *to be* y *to look* (con el significado de parecer, verse), el adjetivo aparece en posición posterior al verbo. Los verbos sirven para enlazar a los sustantivos y los adjetivos.

This dress is gorgeous.
    Este vestido es hermoso.

That skirt is too short.
    Esa falda es demasiado corta.

This blouse looks old.
    Esta blusa parece vieja.

Mary looks beautiful tonight.
    Esta noche Mary se ve bonita.

2. PLURALES IRREGULARES. *IRREGULAR PLURALS.*

El plural de ciertos sustantivos no puede formarse con la "s." Estos tienen formas irregulares. Pero algunos de ellos siguen patrones. Algunos ejemplos son:

    a. Algunos sustantivos siguen el patrón *oo* → *ee* para formar el plural.

foot	→ *feet*	pie/pies
tooth	→ *teeth*	diente/dientes
goose	→ *geese*	ganso/gansos

Both of my feet hurt.
    Me duelen los dos pies.

The dentist cleans my teeth.
    El dentista me limpia los dientes.

    b. Otros tienen la misma forma en singular y en plural:

shrimp	camarón(es)
deer	venado(s)
sheep	oveja(s)
fish	pescado(s)

There are 30 sheep on the farm.
    Hay 30 ovejas en la granja.

I like to eat shrimp.
    Me gusta comer camarones.

    c. Hay otros que no siguen un patrón:

woman	→ *women*	mujer/es
man	→ *men*	hombre/s
child	→ *children*	niño/s

Excuse me. Are these jackets for women?
   Disculpe, ¿estas chaquetas son de mujer?

My children wear elegant clothes on Sundays.
   Mis niños visten ropa elegante los domingos.

Men's shoes are very expensive.
   Los zapatos de hombre son muy caros.

3. VERBOS. *VERBS.*

a. Verbos que terminan en "y." *Verbs ending in "y."*

A estos verbos se les añade "s" en la tercera persona del singular si la "y" va precedida de vocal. Por ejemplo, *to buy*:

to buy (comprar)   *he buys* (él compra)
                              she buys (ella compra)

I buy clothes every three months.
   Compro ropa cada tres meses.

My mother buys clothes every summer.
   Mi mamá compra ropa cada verano.

Los verbos que terminan en "y" precedida de consonante hacen otro cambio en la tercera persona del singular: la "y" se cambia por una "i" y después se añade "es." Por ejemplo:

to study (estudiar)   *he studies* (él estudia)
to try (tratar)   *she tries* (ella trata)

Recuerde que *to try on* significa probarse una prenda de vestir.

Sharon tries on a red dress.
   Sharon se prueba un vestido rojo.

I want to try on a shirt.
   Quiero probarme una camisa.

Pat tries on a silk skirt.
   Pat se prueba una falda de seda.

b. *To go* (ir)

El verbo *to go* (ir) tiene un pequeño cambio adicional en la tercera persona del singular. Para conjugarlo se le añade "es":

she goes, he goes, it goes.

Peter goes to New York every year.
Peter va a Nueva York todos los años.

My husband goes to the doctor frequently.
Mi esposo va al doctor con frecuencia.

Sharon goes to the stores on weekends.
Sharon va a las tiendas en los fines de semana.

c. *To cost* (costar)

El verbo *to cost* (costar) solamente se utiliza en la tercera persona del singular y del plural:

it costs, they cost.

The black dress is on sale. It costs $119.00.
El vestido negro está en oferta. Cuesta $119.00.

The skirts are not on sale. They cost $169.99.
Las faldas no están en oferta. Cuestan $169.99.

4. COLORES. *COLORS.*

blue	azul
white	blanco
red	rojo
green	verde
yellow	amarillo
black	negro
gray	gris
pink	rosa, rosado
brown	café, marrón, castaño
orange	anaranjado
purple	morado, púrpura

Sharon has brown hair.
Sharon tiene pelo castaño.

Doctors wear white.
Los doctores llevan ropa blanca.

My favorite color is green.
Mi color favorito es el verde.

I have a gray coat.
Tengo un abrigo gris.

5. LOS NÚMEROS: 20–1.000. *NUMBERS: 20–1,000.*

twenty	20	two hundred	200
twenty-one	21	two hundred and ten	210
thirty	30	three hundred	300
thirty-one	31	three hundred and twenty	320
forty	40	four hundred	400
forty-two	42	four hundred and thirty	430
fifty	50	five hundred	500
fifty-three	53	five hundred and forty	540
sixty	60	six hundred	600
sixty-four	64	six hundred and fifty	650
seventy	70	seven hundred	700
seventy-five	75	seven hundred and sixty	760
eighty	80	eight hundred	800
eighty-six	86	eight hundred and seventy	870
ninety	90	nine hundred	900
ninety-seven	97	nine hundred and eighty	980
a/one hundred	100	a/one thousand	1,000

This shirt costs eighty dollars.
   Esta camisa cuesta ochenta dólares.

That's not an expensive blouse. It costs twenty-five dollars.
   Esa no es una blusa cara. Cuesta veinticinco dólares.

These boots are on sale for one hundred and twenty dollars.
   Estas botas están en oferta por ciento veinte dólares.

These shoes are expensive. They cost two hundred dollars.
   Estos zapatos son caros. Cuestan doscientos dólares.

The dress is twenty-five percent off.
   El vestido tiene un veinticinco por ciento de descuento.

6. EL DINERO. *MONEY.*

El sistema monetario de los Estados Unidos está basado en el dólar estadounidense. Cada dólar tiene 100 centavos. Hay varias monedas y billetes que son muy comunes y son de las siguientes denominaciones.

   El dinero de los EE.UU. incluye las siguientes monedas:

penny	1 centavo
nickel	5 centavos
dime	10 centavos
quarter	25 centavos
half dollar	50 centavos

También hay monedas de un dólar pero no soy muy comunes. El dinero de los EE.UU. tiene billetes de 1, 2, 5, 10, 20, 50 y 100 dólares. Hay otras denominaciones más altas, también. Todos son de color verde.

D. VOCABULARY (Vocabulario)

NOUNS (Sustantivos)

dress	vestido
shoe	zapato
pants	pantalones de vestir
skirt	falda
blouse	blusa
clothes	ropa
shirt	camisa
fashion	moda
size	talla, tamaño
reason	razón
silk	seda
fitting room	vestidor
corner	esquina
store	tienda, almacén
wedding	boda

VERBS (Verbos)

to cost	costar
to wear	vestir/llevar puesto
to try	tratar
to try on	probarse (ropa)
to go	ir
to match	combinar (ropa)
to think	pensar
to compare	comparar
to look (good/bad)	verse (bien/mal)
to excuse	disculpar (perdón)
to prefer	preferir
to buy	comprar

ADJECTIVES (Adjetivos)

gorgeous	precioso/a
beautiful	hermoso/a
pretty	bonito/a
ugly	feo/a
big	grande
small	pequeño/a
long	largo/a
short	corto/a
favorite	favorito/a
cheap	barato/a
expensive	caro/a
particular	particular
convinced	convencido/a

OTHER USEFUL WORDS (Otras palabras útiles)

sure	claro, seguro
around	alrededor
very	muy

EXERCISES (EJERCICIOS)

A. *Rewrite the sentences using the opposite adjective.*
(Reescriba las oraciones con el adjetivo opuesto.)

EXAMPLE: *They have a <u>beautiful</u> house. <u>They have an ugly house.</u>*

1. *Her skirt is too long.*
2. *Sharon has a big cat.*
3. *Peter wears cheap shoes.*
4. *They need to buy a small car.*
5. *This is an expensive jacket.*

B. *Rewrite the following sentences in the plural.*
(Cambie las siguientes oraciones al plural.)

EXAMPLE: *My <u>foot</u> is cold. <u>My feet are cold.</u>*

1. *The <u>woman</u> looks beautiful.*
2. *John has a blue <u>fish</u>.*
3. *A <u>man</u> wears a brown jacket.*
4. *The <u>child</u> prefers a red <u>shirt</u>.*
5. *Her <u>tooth</u> is small.*

C. *Choose the correct form of the verb "to cost" and write out the prices in the blanks.* (Escriba la forma correcta del verbo *to cost* y añada los precios en los espacios en blanco.)

EXAMPLE: *This round hat costs forty dollars ($40.00).*

1. *The dress is on sale. It _____ ($98.00).*
2. *These pants are cheap. They _____ ($35.00).*
3. *His shoes are very expensive. They _____ ($89.00).*
4. *That's a pretty jacket. But it _____ ($158.00).*
5. *These shoes cost fifty dollars, but my suit _____ ($275.00).*

D. *Use the correct form of the following verbs to complete the sentences.* (Use la forma correcta de los verbos para completar las oraciones.)

EXAMPLE: *Peter wears black pants every day.*

to wear	to buy	to cost	to prefer	to go

1. *This dress is expensive. It _____ $300.00.*
2. *Lynda _____ to the mall on Saturdays.*
3. *My children _____ a uniform to school.*
4. *I _____ all my clothes in a department store.*
5. *John doesn't like elegant shoes. He _____ tennis shoes.*

E. *Suggested Activities.* (Otras actividades sugeridas.)

1. Llame por teléfono a una tienda de ropa local y pregunta si tienen algunos artículos en descuento y si aceptan tarjetas de crédito.
2. Vaya a una tienda de ropa para niños. Pretenda no saber mucho de ese tipo de ropa. Esto le servirá para hacer muchas preguntas a la persona que le ayude.

CULTURAL NOTE (Nota cultural)

En los Estados Unidos, el número de centros comerciales *(malls)* ha aumentado de manera increíble. En estos se encuentran tiendas que se especializan en todo tipo de mercaderías y además los grandes almacenes llamados *department stores*. Aquí se puede encontrar todo tipo de mercaderías, a tal punto que los pequeños comerciantes tienden a desaparecer debido a que no le pueden hacer frente a la competencia que representan empresas del tamaño de los almacenes en cuestión. Además, en los grandes centros comerciales no sólo se encuentra todo tipo de tiendas, sino también cines y restaurantes. Por lo general, los centros comerciales y la mayoría de las tiendas abren también en los fines de semana. Por lo tanto, es posible ir a un solo lugar para hacer las compras, comer e ir al cine. Esta práctica, sin embargo, es mucho más común en los suburbios de las grandes ciudades que en las ciudades mismas.

ANSWERS (RESPUESTAS)

A. 1. *Her skirt is too short.* 2. *Sharon has a small cat.* 3. *Peter wears expensive shoes.* 4. *They need to buy a big car.* 5. *This is a cheap jacket.*
B. 1. *The women look beautiful.* 2. *John has blue fish.* 3. *Men wear brown jackets.* 4. *Children prefer red shirts.* 5. *Her teeth are small.*
C. 1. *It costs ninety-eight dollars.* 2. *They cost thirty-five dollars.* 3. *They cost eighty-nine dollars.* 4. *But it costs one hundred and fifty-eight dollars.* 5. *But my suit costs two hundred and seventy-five dollars.*
D. 1. *costs* 2. *goes* 3. *wear* 4. *buy* 5. *prefers/wears*

LESSON 5
THE WEATHER, SEASONS, MONTHS, AND DAYS.
El tiempo, las estaciones, los meses y los días.

A. DIALOGUE (Diálogo)

AT A COFFEE SHOP.

JIM: I need some hot coffee. I'm so cold!

AN: I know. I think my feet are frozen.

WAITRESS: Are you ready to order?

JIM: Yes, some coffee, please.

AN: Tea with lemon for me, please.

WAITRESS: Cream and sugar with your coffee, sir?

JIM: Yes, please.

WAITRESS: Just a minute.

JIM: What's the weather forecast for today?

AN: Chance of snow and temperatures in the teens until Tuesday. Oh no! How can you stand Boston winters?

JIM: Good question. I bet you miss Vietnam. What's the weather like there now?

AN: Around 70°. It's warm in January, but it rains a lot.

JIM: Well, I prefer rain to snow and ice.

WAITRESS: Here's your coffee and tea. I hope it warms you up!

EN UN CAFÉ.

JIM: Necesito café. Tengo mucho frío.

AN: Lo sé. Creo que mis pies están congelados.

MESERA: ¿Están listos para ordenar?

JIM: Sí, un café, por favor.

AN: Para mí un té con limón, por favor.

MESERA: ¿Crema y azúcar para el café, señor?

JIM: Sí, por favor.

MESERA: Lo traigo en un minuto.

JIM: ¿Cuál es el pronóstico del tiempo para hoy?

AN: Puede nevar. La temperatura estará entre diez y veinte grados hasta el martes. ¡Oh no! ¿Cómo puedes soportar los inviernos en Boston?

JIM: Buena pregunta. Te apuesto que extrañas Vietnam. ¿Qué tiempo hace allá ahora?

AN: En los 70°. Es caluroso en enero pero llueve mucho. *nieve – snow*

JIM: Prefiero la lluvia en lugar de la nieve y el hielo. *ice*

MESERA: Aquí tienen su café y el té con limón. ¡Ojalá que les ayude a calentarse un poco!

B. PRONUNCIATION (Pronunciación)

VOCALES.

Como mencionamos antes, las letras pueden tener diferentes pronunciaciones en inglés. Aquí presentamos la letra "o."

o	como la "u" española en uso	[u]	**to, do**
	como la "a" española en habla	[a]	**not, hot**
	como la "o" española pero más alargada, parecida al diptongo *ou*	[oʊ]	**frozen, snow**
	como el diptongo "au" en Laura	[aʊ]	**how, now**

Muchas veces, cuando se añade "e" a una palabra, el sonido de la vocal se alarga y se parece al diptongo "ou": *(not/note)*.

CONSONANTES.

t	muy parecida, a la "t" española pero con un poco de aspiración	[t]	**eat, time** **terrible**
	tiene un sonido parecido al de la "ch" española cuando está en la terminación *"-ture"*	[ts]	**temperature, mature**
	como la "sh" en terminación *-tion*	[ʃ]	**station, nation**
y	el sonido "y" es mucho más alargado que el de la "y" española, como una doble "i" y semejante a "ll" en llama o lleno en ciertos dialectos del español.	[j]	**you, yes, yet**
	también se puede pronunciar como vocal en posición final precedida de consonante	[i]	**any, baby**

C. GRAMMAR AND USAGE
(Gramática y usos)

1. EL TIEMPO. *THE WEATHER.*

Para preguntar las condiciones del tiempo en inglés se utilizan las frases:

What is the weather like?
¿Qué tiempo hace?

How is the weather?
¿Cómo está el clima/tiempo?

En la respuesta es necesario utilizar *it* como sujeto de la oración. Note que el español no tiene un sujeto similar. Su omisión no es aceptable en inglés debido a que todas las oraciones en inglés deben llevar un pronombre sujeto o un sustantivo. Le sigue el verbo *is* y el estado del tiempo.

It is warm.	Hace calor.
It is cold.	Hace frío.
It is windy.	Hace viento.
It is sunny.	Hace sol.

También se pueden usar las contracciones estudiadas anteriormente.

What's the weather like in Miami?
¿Qué tiempo hace en Miami?

It's probably around 70°. Miami is warm all year.
Probablemente alrededor de los 70 grados. Miami es caluroso todo el año.

Para describir el tiempo o las condiciones climatológicas se utilizan los siguientes adjetivos.

cold	frío
chilly	fresco
warm	calor o caluroso
hot	caliente
cloudy	nublado
sunny	soleado
humid	húmedo
rainy	lluvioso
windy	con viento/ventoso
clear	claro

How's the weather in Miami?
   ¿Cómo es el tiempo en Miami?

It's sunny and humid.
   Hace sol y es muy húmedo.

Cuando se asume alguna condición del tiempo, se emplea *how* para preguntar su condición aproximada.

How cold is it today?
   ¿Qué tanto frío hace hoy?

It's very cold.
   Hace mucho frío.

How hot is it at the beach?
   ¿Cuánto calor hace en la playa?

It's in the nineties.
   La temperatura está en los noventa grados.

2. LOS VERBOS *TO RAIN* Y *TO SNOW*. *THE VERBS "TO RAIN" AND "TO SNOW."*

Estos verbos que se refieren a estados climatológicos en inglés tienen un sujeto mandatorio que es *it*. En español, estos verbos no tienen sujeto. Compare:

It rains a lot in January.
   Llueve mucho en enero.

In New York, it usually snows in December.
   En Nueva York, normalmente nieva en diciembre.

3. GRADOS FAHRENHEIT. *DEGREES FAHRENHEIT.*

En los Estados Unidos la temperatura se mide en la escala Fahrenheit. Cero grados centígrados equivalen a 32 grados Fahrenheit y 25° centígrados son más o menos 72° Fahrenheit. La fórmula para la conversión de Fahrenheit a centígrados es: $C = (F - 32)\, 5/9$.
Al igual que en español, " ° " es un símbolo que significa "grados."

How warm is it today?
   ¿Cuánto calor hace hoy?

It's 92°.
   Hace 92°.

What's the temperature today?
   ¿Cuál es la temperatura de hoy?

It's 66 degrees.
   Hace 66 grados.

Las preposiciones *around* (alrededor), *below* (abajo o debajo) y *over* (arriba, encima) se usan para indicar la temperatura aproximada.

It's around 50°.
   Hace alrededor de 50°.

It's below 40°.
   Hace menos de 40°.

It's over 50°.
   Hace más de 50°.

En algunos casos se responde en decenas para indicar que la temperatura oscila entre diez grados de margen.

What's the temperature today?
   ¿Cuál es la temperatura hoy?

It's in the teens.
   La temperatura oscila entre los diez y los veinte grados.

4. LAS ESTACIONES. *THE SEASONS.*

spring   primavera
summer   verano
fall/autumn[1]   otoño
winter   invierno

What's the weather like in (the) spring?
   ¿Qué tiempo hace en la primavera?

It's chilly.
   Hace fresco.

How's the weather in (the) winter?
   ¿Cómo es el tiempo en el invierno?

It's very cold.
   Hace mucho frío.

Spring is a beautiful season.
   La primavera es una estación muy bonita.

---

[1] El uso de *autumn* para referirse al otoño es británico, mientras que *fall* se usa más en los Estados Unidos.

5. LOS MESES DEL AÑO. *THE MONTHS OF THE YEAR.*

En inglés la letra inicial de los meses se escribe siempre con mayúscula.

January	enero
February	febrero
March	marzo
April	abril
May	mayo
June	junio
July	julio
August	agosto
September	septiembre
October	octubre
November	noviembre
December	diciembre
month	mes
year	año

Note que el uso de la preposición *in* (en) es similar al español en los siguientes casos.

What's the weather like in April?
  ¿Qué tiempo hace en abril?
Winter begins in December and ends in March.
  El invierno comienza en diciembre y termina en marzo.

En los siguientes casos se emplean *from* (de) y *to* (a) para indicar duración.

It's warm from June to August.
  Hace calor de junio a agosto.
It's very cold from December to March.
  Hace mucho frío de diciembre a marzo.

6. LOS DÍAS DE LA SEMANA. *THE DAYS OF THE WEEK.*

En inglés, la letra inicial de los días de la semana se escribe con mayúscula. Note que el primer día de la semana es el domingo.

Sunday	domingo
Monday	lunes
Tuesday	martes
Wednesday	miércoles
Thursday	jueves
Friday	viernes
Saturday	sábado
week	semana
day	día
today	hoy
tomorrow	mañana
yesterday	ayer

It's sunny today.
   Hoy hace sol.
I work from Monday to Friday.
   Trabajo de lunes a viernes.

La preposición *on* se emplea antes del día:

This week I only work on Monday.
   Esta semana trabajo sólamente el lunes.
My birthday is on Saturday.
   Mi cumpleaños es el sábado.

D. VOCABULARY (Vocabulario)

WEATHER EXPRESSIONS (Maneras de expresar el tiempo)

cold	frío
warm	calor/caluroso
hot	caliente
cloudy	nublado
sunny	soleado
humid	húmedo
rainy	lluvioso
foggy	con neblina/brumoso
windy	con viento/ventoso

NOUNS (Sustantivos)

temperature	temperatura
climate	clima
weather	tiempo/clima
coffee	café
sir	señor
tea	té
lemon	limón
cream	crema
sugar	azúcar
forecast	pronóstico
question	pregunta
minute	minuto

VERBS (Verbos)

to wait	esperar
to miss	extrañar
to bet	apostar
to stand/to endure	soportar
to wish	desar
to warm up	calentar
to rain	llover
to snow	nevar

OTHER USEFUL WORDS
(Otras palabras útiles)

anymore	no más, todavía
right now	ahora mismo
some	algo, algún
around	alrededor
below	abajo/debajo
over	arriba

EXERCISES (EJERCICIOS)

A. *Form questions using wh words. (Forme preguntas usando las palabras wh.)*

EXAMPLE: The temperature in New York is 45 degrees today.
What's the temperature in New York today?

1. San Francisco is <u>windy in December</u>.
2. The winter season in New York is <u>from November to March</u>.
3. I'm going to Argentina <u>next summer</u>.
4. In July it is very humid <u>in Miami</u>.
5. Chicago is very windy <u>in February</u>.

B. *Fill in the blanks. (Llene los espacios en blanco.)*

EXAMPLE: In the summer it is usually very <u>hot</u>.

1. When there's water everywhere, it's probably _____.
2. The opposite of a cloudy day is a _____ day.
3. You need a sweater but not a jacket. It's a little bit _____.
4. When it snows you need to wear a jacket because it is usually very _____.
5. Usually, there are a lot of flowers in the _____.

C. *Translate the following sentences from Spanish into English. (Traduzca las siguientes oraciones del español al inglés.)*

1. Hace calor en el verano.
2. Hace mucho frío en el invierno.
3. El invierno el lluvioso.
4. Cuánto frío hace hoy?
5. Alrededor de los 45°F.
6. Jim prefiere el verano en California.
7. La primavera es una estación hermosa.
8. Julio es muy caluroso.
9. Me gustan las cuatro estaciones.
10. Mi papá vive en Nueva York. A él le gusta el invierno.

D. *Fill in the blanks with the answers provided to complete the dialogue. (Llene los espacios en blancos con las respuestas proporcionadas para completar el diálogo.)*

Jim:	Hi An! Join us for lunch.	a. cold
An:	Thanks.	b. raining
Jim:	Wow! You are really wet.	c. California
An:	It's _____ really hard.	d. temperatures
Jim:	Do you want some _____?	e. weather
An:	Yes, I'm very _____.	f. coffee

Tom: Do you like this _____?
An: No, I like the sunny weather in _____.
Jim: I like winter sports. So, I usually like the cold _____.

E. *Suggested activities.* (Otras actividades sugeridas.)

1. Escriba una descripción del clima en su ciudad. Puede seleccionar cualquier estación o mes del año.

CULTURAL NOTE (Nota Cultural)

En la mayor parte de los Estados Unidos se pueden apreciar las cuatro estaciones del año, especialmente en el centro y norte del país. En los estados del sur, como la *Florida, Louisiana, Texas,* y *California,* las temperaturas tienden a ser más altas. Por el contrario, algunos estados norteños como *New York, Illinois, Alaska, Minnesota* y *Wisconsin* son más fríos. En los estados del norte el invierno puede ser muy frío. Como consecuencia, mucha gente emigra al sur, en particular a la *Florida,* en busca de un clima más favorable.

Durante la primavera y el verano la mayor parte de la poblición estadounidense toma las pocas semanas de vacaciones que tienen al año (normalmente 2 semanas). Por último, el otoño, especialmente en Nueva Inglaterra *(New England,* los estados de *Massachusetts, Maine, Vermont, Connecticut, New Hampshire* y *Rhode Island),* es muy pintoresco ya que antes que las hojas caigan de los árboles pasan por un extraordinario proceso de transformación de colores. Esto se convierte en un motivo especial para ir al campo a apreciar su esplendor.

ANSWERS (RESPUESTAS)

A. 1. *What's the weather like in San Francisco in December?* 2. *When is the winter season in New York?* 3. *When are you going to Argentina?* 4. *Where is it very humid in July?* 5. *When is Chicago very windy?*
B. 1. *raining*   2. *sunny*   3. *chilly*   4. *cold*   5. *spring*
C. 1. *It's warm in the summer.* 2. *It's very cold in the winter.* 3. *It's rainy in the winter.* 4. *How cold is it today?* 5. *Around 45°F.* 6. *Jim prefers the summer in California.* 7. *Spring is a beautiful season.* 8. *July is very warm.* 9. *I like the four seasons.* 10. *My father lives in New York. He likes the winter.*
D. 1. *raining*   2. *coffee*   3. *cold*   4. *weather*   5. *California*
   6. *temperatures*

FIRST REVIEW (PRIMER REPASO)

A. *Read the paragraph and fill in the blanks with one of the following verbs in the correct form. Note that the verb "to be," is used twice.* (Llene los espacios en blanco en el párrafo con la forma correcta de los siguientes verbos. Nótese que se usa el verbo *to be* dos veces.)

to be	to like	to work	to be
to go	to eat	to study	to meet

My family is usually very active. During the week, my father _____ from Monday to Thursday. I am a student at the university. So, I _____ every day except Tuesdays. My brother John _____ to Washington High School.

But not everything _____ work in my family. The weekends _____ very different. John and I _____ to go to the beach. My mother _____ new friends at a social club. My father plays golf. Finally, on Sunday nights, we all _____ dinner together at home.

B. *Answer the following questions in the negative. Use contractions.* (Conteste las siguientes preguntas usando la forma negativa. Use contracciones.)

EXAMPLE: *Are your parents at work?*
No, they aren't.

1. *Is Chin at home?*
2. *Are you an engineer?*
3. *Is the dictionary on the desk?*
4. *Are John and Susan at the zoo?*
5. *Are we in class right now?*

C. *Complete the following sentences. Use possessive adjectives.* (Complete las siguientes oraciones. Use los adjetivos posesivos.)

1. *Is that your cousin? No, he's _____ brother.*
2. *Is he your father? No, he's _____ uncle.*
3. *John has two sisters. _____ names are Karla and Rose.*
4. *I have a friend from Colombia. _____ name is Hector.*
5. *Peter has a niece. _____ name is Carmen.*

D. *Answer the following questions with the correct preposition.* (Responda las siguientes preguntas con la preposición correcta.)

at, on, in

1. *Where is Gregory?* _____ *(library)*
2. *Where is the table?* _____ *(kitchen)*
3. *Where is the notebook?* _____ *(coffee table)*
4. *Where's my shirt?* _____ *(closet)*
5. *Where's your mother?* _____ *(home)*

E. *Complete the following sentences with the indefinite article "a, an."* (Complete las siguientes oraciones con el artículo indefinido apropiado.)

1. *I need to buy a pencil and _____ notebook.*
2. *John drinks _____ cup of tea in the evening.*
3. *Peter eats yogurt and _____ apple every morning.*
4. *Susan eats _____ banana with her lunch.*
5. *That is _____ ugly shirt.*

F. *Fill in the blanks with the correct plural form.* (Llene los espacios en blanco con la forma correcta del plural.)

1. *(Child) _____ like to play in the park.*
2. *My _____ (foot) are cold.*
3. *Oranges are round. Some _____ (tomato) are round, too.*
4. *The aquarium has many different _____ (fish).*
5. *I need to buy some _____ (match).*

G. *Answer the following questions according to the information in parentheses.* (Responda las siguientes preguntas de acuerdo a la información en paréntesis.)

1. *What's the weather like today?* (caluroso)
2. *What's the temperature this morning?* (alrededor de 80°)
3. *What's the temperature in San Francisco today?* (50°F)
4. *What's the weather like in spring?* (fresco)
5. *What's the temperature in the summer in California?* (90s°)

H. *Translate the following sentences into English.* (Traduzca las siguientes oraciones del español al inglés.)

1. La mesa es redonda.
2. Tengo un carro negro.
3. Ellos compran ropa en los fines de semana.
4. A Sharon le gusta vestir faldas cortas.
5. Esos pantalones son muy caros.

ANSWERS (RESPUESTAS)

A. 1. *works* 2. *study* 3. *goes* 4. *is* 5. *are* 6. *like* 7. *meets* 8. *eat*
B. 1. *No, he isn't./No, he's not.* 2. *No, I'm not.* 3. *No, it isn't./No, it's not.* 4. *No, they aren't./No, they're not.* 5. *No, we aren't./No, we're not.*
C. 1. *my* 2. *my* 3. *Their* 4. *His* 5. *Her*
D. 1. *He's at the library.* 2. *It's in the kitchen.* 3. *It's on the coffee table.* 4. *It's in the closet.* 5. *She's at home.*
E. 1. *a* 2. *a* 3. *an* 4. *a* 5. *an*
F. 1. *Children* 2. *feet* 3. *tomatoes* 4. *fish* 5. *matches*
G. 1. *It's warm.* 2. *It's around 80°.* 3. *It's 50°.* 4. *It's cool.* 5. *It's in the nineties.*
H. 1. *The table is round.* 2. *I have a black car.* 3. *They buy clothes on weekends.* 4. *Sharon likes to wear short skirts.* 5. *Those pants are very expensive.*

LESSON 6
TIME. La hora.

A. DIALOGUE

LATE FOR A DATE.

ANTONIO: **Well, finally.**

JEAN: **Hi, I'm sorry I'm late.**

ANTONIO: **You were supposed to be here at seven. Where were you? I was worried.**

JEAN: **I'm sorry, but the bus was twenty minutes late.**

ANTONIO: **I understand, but now we're late for the seven-fifteen show.**

JEAN: **Sorry!**

ANTONIO: **That's OK. The next show starts at nine-thirty.**

JEAN: **What time is it now?**

ANTONIO: **No watch! No wonder you're always late! It's twenty to eight.**

JEAN: **Well, we have almost two hours to kill. How about dinner before the movie? Are you hungry?**

ANTONIO: **Now that you mention it, yes.**

JEAN: **How about pizza?**

ANTONIO: **I'd rather have Mexican food.**

JEAN: **Fine, my treat.**

ANTONIO: **I like that. You can[1] be late more often.**

TARDE PARA UNA CITA.

ANTONIO: Vaya, finalmente.

JEAN: Hola, siento llegar tarde.

ANTONIO: Debiste haber estado aquí a las siete. ¿Dónde estabas? Ya estaba preocupado.

[1] Para *can* (poder) y otros verbos modales, vea la lección 9.

JEAN: Lo siento, pero el autobús se atrasó veinte minutos.

ANTONIO: Entiendo, pero ahora no podremos ver la función de las siete y quince.

JEAN: ¡Lo siento!

ANTONIO: Está bien. La próxima función empieza a las nueve y media.

JEAN: ¿Qué hora es?

ANTONIO: ¡Ni siquiera tienes reloj! ¡Con razón siempre llegas tarde! Faltan veinte para las ocho.

JEAN: Bueno, tenemos casi dos horas. Para matar el tiempo, podríamos cenar antes de ir al cine. ¿Tienes hambre?

ANTONIO: Pues ya que lo mencionas, ¡sí!

JEAN: ¿Qué te parece si comemos pizza?

ANTONIO: Prefiero comida mexicana.

JEAN: ¡Bien! Yo te invito.

ANTONIO: Me parece bien. Así puedes llegar tarde más seguido.

B. PRONUNCIATION

VOCALES.

Las letras escritas pueden tener varios sonidos. En este capítulo presentamos la vocal "u."

u	un poco parecida a la "a" española pero mucho más relajada	[ʌ]	**b<u>u</u>t, <u>u</u>nder**
	como la "u" española	[u]	**atti<u>tu</u>de**
	como el diptongo "iu" en diurno	[ju]	**exc<u>use</u>**
	como la "u" española en pulso pero más relajada	[ʊ]	**p<u>u</u>t**

A veces, cuando se añade la "e" a una palabra, el sonido de la vocal "u" se alarga como el diptongo "iu" *(cut, cute)*.

COMBINACIÓN DE CONSONANTES.

l, ll	tienen el mismo sonido y se pronuncian como la "l" española en "kilo, diálogo, colección"	[l]	**ki*l*o, actua*ll*y, co*ll*ection, dia*l*ogue**
gh	sin equivalente, en algunos casos es completamente muda		**ei*gh*t, throu*gh*, ni*gh*t, ri*gh*t**
	a principio de palabra es como "g"	[g]	***gh*ost, *gh*etto**
	a final de palabra puede ser como "f"	[f]	**enou*gh*, lau*gh***

C. GRAMMAR AND USAGE

1. LA HORA. *TIME.*

Para preguntar la hora en inglés se usa la frase *What time is it?* En la respuesta, la oración comienza con el pronombre *it*. Note también que el verbo *to be* siempre va en la tercera persona del singular en la pregunta y en la respuesta. Además, también se puede usar la contracción.

What time is it?
¿Qué hora es?

It's ten o'clock.
Son las diez.

Si se quiere especificar la hora antes del meridiano o después, debe emplearse la siguiente forma:

It's 9 A.M.
Son las nueve de la mañana.

It's 3 P.M.
Son las tres de la tarde.

También se puede decir de la siguiente manera:

It's nine in the morning.
Son las nueve de la mañana.

It's three in the afternoon.
Son las tres de la tarde.

a. La hora en punto. *Telling time on the hour.*

It's 3 o'clock.
Son las tres.

It's 12:00 P.M. *(noon)*
Son las doce del mediodía.

It's 12:00 A.M. *(midnight)*
Son las doce de la noche. (medianoche)

It's four o'clock sharp.
Son las cuatro en punto.

b. Después de la hora en punto. *Telling time after the hour.*

It's ten seventeen. (10:17)
Son las diez y diez y siete.

It's seventeen *(minutes)* **after/past ten.** (10:17)
Son las diez y diez y siete.

It's eight-fifteen./It's a quarter past/*after* **eight.** (8:15)
Son las ocho y cuarto/quince.

It's two-thirty./It's half past two. (2:30)
Son las dos y media.

c. Antes de la hora en punto. *Telling time before the hour.*

It's a quarter of/to/till five. (4:45)
Es un cuarto para las cinco./Son las cinco menos cuarto.

It's four forty-five. (4:45)
Es un cuarto para las cinco./Son las cinco menos cuarto.

It's five *(minutes)* **of**/*to/till* **seven.** (6:55)
Faltan cinco para las siete./Son las siete menos cinco.

It's ten *(minutes)* **before**/*to/till* **nine.** (8:50)
Faltan diez minutos para las nueve.
Son las nueve menos diez.

2. LAS PREPOSICIONES DE TIEMPO.
PREPOSITIONS OF TIME.

También se usan algunas preposiciones para indicar la hora, mes, año, fecha, etc. Entre ellas se encuentran *at* (a, en), *from* (de), *to* (para), *in* (en) y *on* (en).

a. *At* (a)

At se emplea para indicar la hora de un evento (cuándo).

Linda has an appointment at ten-thirty.
  Linda tiene una cita a las diez y media.

I have a class at noon.
  Tengo una clase al mediodía.

The movie starts at nine-thirty.
  La película empieza a las nueve y media.

At precede a *night* cuando se quiere indicar que algo ocurre por la noche. Note que *night* es más tarde que *evening*.

Ernest works at night.
  Ernest trabaja de noche.

My classes are at night.
  Mis clases son por la noche.

b. *From ... to* (De ... a)

Las preposiciones *from* y *to* se emplean para indicar que algo ocurre de una hora determinada a otra, de un mes a otro, etc.

I work from 8:00 A.M. to 5:00 P.M.
  Trabajo de las 8:00 A.M. a las 5:00 P.M.

In Chicago, it rains from November to April.
  En Chicago llueve de noviembre a abril.

c. *In* (en)

La preposición *in* se emplea para indicar que algo ocurre por la mañana, tarde o noche.

Peter and I study in the morning.
  Peter y yo estudiamos en la mañana.

Loren works in the evening.
  Loren trabaja en la noche.

I watch television in the afternoon.
  Veo televisión en la tarde.

d. *On*

La preposición *on* se emplea para indicar que algo ocurre durante cierto momento reocurrente o en un cierto día.

John and I go to the movies on Saturdays.
John y yo vamos al cine los sábados.

I have an appointment on Monday, November 13.
Tengo una cita el lunes, el 13 de noviembre.

3. "¿A QUÉ HORA?" Y "¿CUÁNDO?" "WHAT TIME?" AND "WHEN?"

What time se emplea para preguntar la hora exacta de algún evento. *When* se utiliza para preguntar la hora exacta pero también para preguntar acerca del día, mes, año, etc. En el pasado, se decía *"at what time..."* pero ahora ya no es muy común. Las dos formas *(at what time/what time)* son correctas.

What time is your appointment?
¿A qué hora es tu cita?

It's at ten o'clock.
Es a las diez.

When is your appointment at the hospital?
¿Cuándo es tu cita en el hospital?

It's in December.
Es en diciembre.

At what time does the movie start?
¿A qué hora es la función de cine?

It starts at eight o'clock sharp.
Es a las ocho en punto.

When is your final exam?
¿Cuándo es tu examen final?

It's next week.
Es la próxima semana.

4. EL VERBO *TO BE* EN EL PASADO. *THE VERB "TO BE" IN THE PAST.*

La conjugación del tiempo pasado simple de los verbos en inglés es generalmente la misma para todas las personas, a excepción del pasado del verbo *to be*. Nótese que en inglés no hay distinción entre el pretérito y el imperfecto en el pasado. También, recuerde que *to be* significa los dos verbos "ser" y "estar" en español. Para ver el pasado de otros verbos, vea la lección 16.

TO BE

> *I was*
> *you were*
> *he, she, it was*
> *we were*
> *you were*
> *they were*

Where were you last night?
   ¿Dónde estabas anoche?

I was in San Diego.
   Estuve en San Diego.

Were you at home this morning?
   ¿Estabas en casa esta mañana?

Yes, I was there.
   Sí, yo estaba allí.

Were they students at the university?
   ¿Eran ellos estudiantes a la universidad?

No, they weren't.
   No.

Was your grandfather a doctor?
   ¿Su abuelo era doctor?

No, he was a lawyer.
   No, era a bogado.

5. EXPRESIONES DE TIEMPO EN EL PASADO.
TIME EXPRESSIONS IN THE PAST TENSE.

Hay algunas expresiones que se usan con mucha frecuencia cuando se habla de eventos en el pasado.

yesterday	ayer
last week	la semana pasada
last month	el mes pasado
before	antes de
the day before	el día anterior
an hour ago	hace una hora

D. VOCABULARY

EXPRESSIONS OF TIME
(Expresiones para hablar de la hora)

What time is it?	¿Qué hora es?
late	tarde
early	temprano
hour	hora
minute	minuto
second	segundo
sharp	en punto
after	después
past	pasado/a
quarter	cuarto
half	media
noon	mediodía
midnight	medianoche
morning	mañana
afternoon	tarde
evening	noche
night	noche
last	último
last night	anoche
always	siempre
now	ahora

NOUNS

date/appointment	cita
movies	cine
bus	autobús
show	función de cine, show
watch	reloj
class	clase
park	parque

VERBS

to sleep	dormir
to watch	ver/mirar
to kill time	matar el tiempo
to treat	invitar/convidar a
to mention	mencionar
to be supposed to	suponer

ADJECTIVES

angry	enojado/a
hungry	con hambre
to be hungry	tener hambre
little/few	poco
worried	preocupado/a

OTHER USEFUL EXPRESSIONS

let's go	vamos, vámonos
wonder	maravilla
actually	realmente, en realidad
How about . . . ?	¿Qué te parece . . . ?
often	a menudo
finally	finalmente

EXERCISES

A. *Complete the sentences. Use the prepositions: at, in, to, from.*
(Complete las oraciones. Use las preposiciones: *at, in, to, from.*)

EXAMPLE: *Every day, I go to work <u>at</u> eight-thirty.*

1. *Linda likes to study _____ the afternoon.*
2. *The show is _____ eleven _____ one.*
3. *He goes to the library _____ the mornings.*
4. *I teach _____ ten _____ twelve.*
5. *The concert is _____ seven-thirty.*
6. *Mary has classes _____ the afternoon.*
7. *I eat dinner _____ seven o'clock.*
8. *We don't work _____ Fridays.*
9. *My birthday is _____ April.*
10. *I always like to read _____ the evening.*

B. *Answer the following questions.* (Responda las siguientes preguntas.)

EXAMPLE: *What time is it? (10:50)*
   It's ten minutes to eleven.

1. *What time is it? (1:00)*
2. *What time is your appointment? (2:15)*
3. *What time is it? (4:45)*
4. *When is your birthday? (December)*
5. *What time is it? (11:20)*
6. *When is your first day of work? (Monday)*

7. *What time is your class? (8:00)*
8. *When is your vacation? (May)*
9. *What time is the movie? (5:30)*
10. *What time is it? (12:00 P.M.)*

C. *Answer the following questions. Provide positive or negative short answers according to the instructions in parentheses.* (Responda las siguientes preguntas. Provea respuestas cortas positivas o negativas de acuerdo a las instrucciones dadas en paréntesis.)

EXAMPLE: *Were you in class yesterday? (positive)*
Yes, I was.

1. *Were Theresa and Carol at the library last night? (negative)*
2. *Was your father at home yesterday afternoon? (positive)*
3. *Was it sunny yesterday? (positive)*
4. *Were you at the office last week? (negative)*
5. *Were you and your brother in class this morning? (positive)*

D. *Translate the following sentences.* (Traduzca las siguientes oraciones.)

1. An estuvo en Vietnam el año pasado.
2. La película fue excelente.
3. Peter y Mary no estaban en la escuela esta tarde.
4. Estuve en Chicago la semana pasada.
5. ¿Dónde estabas? Yo estaba muy preocupado.

E. *Suggested activities.* (Otras actividades sugeridas.)

1. Pregúntele a un vecino acerca de su rutina, a qué hora se levanta, lo que desayuna, etc.
2. Llame al 777-FILM y pregunte cuándo empiezan dos películas recientes y en dónde las están pasando.

CULTURAL NOTE

Una de las particularidades más notables de la cultura estadounidense es la puntualidad, especialmente en el mundo laboral, los medios de comunicación, escuelas, etc. En lo que respecta a la vida cotidiana también se puede observar esta modalidad. De manera que si tiene un compromiso con una persona estadounidense, deberá tratar de llegar a la hora indicada. De lo contrario, la persona podría sentirse ofendida. Cuando se dice *at one o'clock sharp,* significa a la una en punto y no a la una y cuarto o a la una y media, como frecuentemente se interpreta en algunos países. Este fenómeno en sí es muestra por una parte del ritmo de vida de este país. En una fiesta, por ejemplo, es importante llegar a la hora indicada, sobre todo si se trata de una cena. Asimismo, en una fiesta formal es común indicar en la invitación a qué hora comienza y a qué hora termina la fiesta.

ANSWERS

A. 1. *in* 2. *from, to* 3. *in* 4. *from, to* 5. *at* 6. *in* 7. *at* 8. *on* 9. *in* 10. *in*

B. 1. *It's one o'clock.* 2. *It's at two-fifteen./It's at a quarter past two.* 3. *It's quarter to five./It's four forty-five.* 4. *It's in December.* 5. *It's eleven-twenty./It's twenty after eleven.* 6. *It's on Monday.* 7. *It's at eight (o'clock).* 8. *It's in May.* 9. *It's at five-thirty.* 10. *It's noon./It's twelve o'clock.*

C. 1. *No, they weren't.* 2. *Yes, he was.* 3. *Yes, it was.* 4. *No, I wasn't.* 5. *Yes, we were.*

D. 1. *An was in Vietnam last year.* 2. *The movie was excellent.* 3. *Peter and Mary weren't in school this afternoon.* 4. *I was in Chicago last week.* 5. *Where were you? I was very worried.*

LESSON 7
DAILY ACTIVITIES.   Actividades diarias.

A. DIALOGUE

THE MORNING JOG IN NEW YORK.

DIANA: Steven, good morning.

STEVEN: Diana! What a surprise!

DIANA: Do you jog here every morning?

STEVEN: Yes. Well, I try to, anyway. How about you?

DIANA: I jog every day, but I don't always come here.

STEVEN: Where do you usually go?

DIANA: I go to Central Park pretty often.

STEVEN: Wow, that's quite far. What time do you get up?

DIANA: Usually between 6:00 and 6:15.

STEVEN: That's awfully early for me!

DIANA: You're not an early riser, are you?

STEVEN: Not exactly. But you obviously are.

DIANA: Well, to me it's worth it to go jogging in Central Park. It's so peaceful.

STEVEN: So, would[1] you like to join me for a cup of coffee? I know this cozy little coffee shop on the corner of Bleecker and MacDougal.

DIANA: That sounds nice.

STEVEN: Great. See you there in thirty minutes?

DIANA: OK. See you there.

HACIENDO EJERCICIO POR LA MAÑANA EN NUEVA YORK.

DIANA: Steven, ¡buenos días!

STEVEN: ¡Diana! ¡Qué sorpresa!

[1] Para *would like* (gustaría) y otras preguntas de cortesía, puede referirse a la lección 10.

DIANA: ¿Vienes a correr aquí todas las mañanas?
STEVEN: Sí. Bueno, trato de hacerlo. ¿Y tú?
DIANA: Corro todos los días. Pero no siempre vengo aquí.
STEVEN: ¿A dónde vas normalmente?
DIANA: Voy muy seguido al Parque Central.
STEVEN: ¡Wow! Ese lugar está lejos. ¿A qué hora te levantas?
DIANA: Normalmente entre las 6:00 y las 6:15.
STEVEN: Eso es demasiado temprano para mí.
DIANA: Por lo visto tú no eres madrugador.
STEVEN: No exactamente. Obviamente, tú sí lo eres.
DIANA: Pues para mí vale la pena ir a correr en el Parque Central. Es muy tranquilo.
STEVEN: Mira, ¿te gustaría venir conmigo a beber una taza de café? Conozco un café muy acogedor en la esquina de Bleecker y MacDougal.
DIANA: Me parece bien.
STEVEN: Excelente. ¿Te veo allí en treinta minutos?
DIANA: Sí, nos vemos allá.

B. PRONUNCIATION

COMBINACIONES DE VOCALES.

y	algunas veces se pronuncia como el diptongo "ai" en v*ai*na	[aɪ]	**b**y**, m**y**
ai	como el diptongo "ei" en p*ei*ne	[eɪ]	pl**ai**n
au	como la "a" española	[a]	c**au**se
oo	como la "u" española	[u]	f**oo**d, z**oo**
oo	como la "u" pero más relajada	[ʊ]	g**oo**d, b**oo**k

CONSONANTES.

j	su sonido aproximado es entre la "y" inicial y la "ch"	[dʒ]	**j**og, **j**ump, **j**am

COMBINACIONES DE CONSONANTES.

dge	como la "j" inglesa: entre la "y" inicial y la "ch"	[dz]	e<u>dge</u>, ba<u>dge</u>

C. GRAMMAR AND USAGE

1. LA NEGACIÓN CON LOS VERBOS PRINCIPALES. *NEGATION WITH MAIN VERBS.*

Para formar el negativo del presente de indicativo en inglés, todos los verbos (excepto el verbo *to be*)[2] necesitan el verbo auxiliar *do* + *not*. Recuerde que la negación de *to be* se hace añadiendo *not*. Compare:

I'm an early riser.
  Soy un madrugador.

I jog in the morning.
  Corro en las mañanas.

I'm not an early riser.
  No soy un madrugador.

I <u>do not</u> jog in the morning.
  No corro en las mañanas.

En el caso de los verbos que emplean *to do* como auxiliar, la conjugación de los verbos principales es invariable. Se conjuga únicamente el verbo auxiliar. Es decir, se usa la siguiente estructura: *to do* (conjugado) + *not* + infinitivo (sin *to*).

I do not go to the park.
  Yo no voy al parque.

You do not go to the square.
  Tú no vas a la plaza.

He does not go to school.
  El no va a la escuela.

She does not go to the store.
  Ella no va a la tienda.

We do not go to the zoo.
  No vamos al zoológico.

They do not go to class.
  Ellos no van a clase.

La contracción se usa de la manera acostumbrada:

> do + not = don't
> does + not = doesn't

---

[2] Vea lección 1.

Steven doesn't jog in the morning.
   Steven no corre por la mañana.
Steven and Maya don't get up early.
   Steven y Maya no se levantan temprano.
I don't eat breakfast.
   Yo no desayuno.
We don't have a car.
   Nosotros no tenemos coche.
She doesn't like to go to Central Park.
   A ella no le gusta ir al Parque Central.
You don't need to get up at 6:00.
   No necesitas levantarte a las 6:00.

2. PREGUNTAS DEL TIPO *YES/NO* CON LOS VERBOS PRINCIPALES. *YES/NO QUESTIONS WITH MAIN VERBS.*

Para formar las preguntas en el presente de indicativo de los verbos principales, es necesario usar el verbo auxiliar *do*.[3] Recuerde que las preguntas con el verbo *to be* se hacen invirtiendo la conjugación de ese verbo y no se necesita un auxiliar. Compare:

Are you an early riser?   *Do you jog every morning?*
   ¿Eres un madrugador?   ¿Corres todas las mañanas?

Al formular una pregunta, siempre se coloca el auxiliar *do* o *does* al comienzo de la oración, seguido del sujeto y luego del verbo principal. Es decir, la regla es la siguiente:

> *to do* (conjugado) + subjeto + infinitivo (sin *to*)

Does your son go to summer school?
   ¿Va tu hijo a escuela de verano?
Do you want a cup of coffee?
   ¿Quieres un café?

3. RESPUESTAS COMPLETAS Y CORTAS CON EL VERBO *TO DO*. *LONG AND SHORT ANSWERS WITH "TO DO."*

La respuesta puede ser completa o corta. Si es completa, entonces se usan las palabras *yes* o *no* para encabezar la oración. Si la respuesta es afirmativa, entonces no es necesario usar el verbo *to do*. Pero si la respuesta es negativa, es imperativo usar el verbo auxiliar mencionado.

---

[3] Las excepciones son el verbo *to be* como verbo principal (lección 2) o como verbo auxiliar (lección 8), el verbo *to have* como verbo auxiliar (lección 28) y los verbos modales (lección 9).

Does he get up early?
    ¿Se levanta temprano él?

Do you like this park?
    ¿Te gusta este parque?

Do they go to school?
    ¿Van a la escuela?

Yes, he gets up early.
    Sí, él se levanta temprano.
No, he doesn't get up early.
    No, no se levanta temprano.
Yes, I like this park.
    Sí, me gusta este parque.
No, I don't like this park.
    No, no me gusta este parque.
Yes, they go to school.
    Sí, ellos van a la escuela.
No, they don't go to school.
    No, no van a la escuela.

Si la respuesta es corta, *yes* o *no* encabeza la oración seguido del sujeto y el auxiliar. En las respuestas cortas, tanto las oraciones positivas como las negativas necesitan el verbo auxiliar *to do* para remplazar al verbo y el complemento de la oración.

Does she jog every day?
    ¿Corre ella todos los días?

Does he go to the park in the morning?
    ¿Va él al parque en la mañana?

Does your brother work in a hospital?
    ¿Trabaja tu hermano en un hospital?

Yes, she does.
No, she doesn't.
    Sí./No.
Yes, he does.
No, he doesn't.
    Sí./No.
Yes, he does.
No, he doesn't.
    Sí./No.

4. PREGUNTAS *WH* CON LOS VERBOS PRINCIPALES. *WH QUESTIONS WITH MAIN VERBS.*

A manera de preámbulo, repasemos este tipo de interrogativos con el verbo *to be* al cual se le anteponen.

Where were you?
    ¿Dónde estabas?

What is this?
    ¿Qué es ésto?

When is the exam?
    ¿Cuándo es el examen?

Why are you late?
    ¿Por qué llegas tarde?

Who is your favorite actor?
¿Quién es tu actor favorito?

Al igual que con las preguntas de sí/no, con la excepción del verbo *to be* y algunos otros verbos modales, todos los verbos necesitan el auxiliar *to do* para formular estas preguntas. Las palabras interrogativas *where, what, what time, when, why* y *who* se anteponen al auxiliar *do/does*. Tanto *to do* como la palabra *wh* se anteponen al sujeto y el verbo principal pero la palabra *wh* aparece primero.

Where do you live?
¿Dónde vives?

When do you take a shower?
¿A qué hora te duchas?

What does Steven eat for lunch?
¿Qué almuerza Steven?

Why do you work so much?
¿Por qué trabajas tanto?

5. PREGUNTAS CON *HOW*. QUESTIONS WITH "HOW."

La palabra *how* (cómo) funciona de manera similar a las palabras "*wh*." Por lo tanto, sigue las mismas reglas de formación de preguntas.

How do you get to work?
¿Cómo llegas al trabajo?

How does Mary find time to go jogging?
¿Cómo es que Mary encuentra tiempo para ir a correr?

6. ADVERBIOS DE FRECUENCIA. *ADVERBS OF FREQUENCY*.

Ciertos adverbios indican la frecuencia de eventos. Los más comunes son los siguientes:

ADVERBIO	ESPAÑOL	APROXIMACIÓN DE FRECUENCIA
always	siempre	100%
usually	normalmente	75%
often	a menudo/seguido	50%
sometimes	a veces	40%
rarely	raramente	10%
seldom	casi nunca	5%
never	nunca	0%

Generalmente, hay tres posiciones en las cuales pueden aparecer estos adverbios con relación al verbo principal.

Con el verbo to be, los adverbios van después del verbo:

Linda is always late.
Linda siempre llega tarde.

My sister is never on time.
Mi hermana nunca llega a tiempo.

They are usually up at seven o'clock.
Ellos normalmente se levantan a las siete.

Con otros verbos en tiempos simples, los adverbios van *antes* del verbo:

I always eat dinner at home.
Siempre ceno en casa.

We often drink coffee in the morning.
A menudo bebemos café en la mañana.

Steven rarely jogs in the park.
Steven raramente corre en el parque.

Si hay un verbo auxiliar, los adverbios van entre el verbo principal y el auxiliar:

Does she usually get up early?
¿Ella normalmente se levanta temprano?

Do they often walk in the park?
¿Ellos caminan en el parque con frecuencia?

Algunos adverbios como *sometimes* y *often* pueden aparecer al principio, al final o en posición intermedia en una oración.

I study in my bedroom sometimes.
Sometimes, I study in my bedroom.
I sometimes study in my bedroom.
A veces estudio en mi habitación.

We drink coffee often.
Often, we drink coffee.
We often drink coffee.
A menudo bebemos café.

Para hacer preguntas relacionadas a la frecuencia con la que se realiza una acción se usa *how often?* (¿con qué frecuencia?).

How often do you come to this park?
¿Con qué frecuencia vienes a este parque?

I always come here. It's my favorite place.
   Siempre vengo aquí. Es mi lugar favorito.

How often do you go jogging?
   ¿Con qué frecuencia vas a correr?

I never go jogging. I prefer walking.
   Nunca voy a correr. Prefiero caminar.

D. VOCABULARY

NOUNS

surprise	sorpresa
early riser	madrugador
park	parque
restaurant	restaurante
shower	ducha/baño
breakfast	desayuno
lunch	almuerzo
dinner	cena

VERBS

to jog	correr, trotar
to take	tomar
to come	venir
to wake up	despertar
to get up	levantarse
to sound	parecer, sonar
to be worth	valer la pena
to join	juntarse, unirse
to take a shower	ducharse, bañarse

ADVERBS OF FREQUENCY

always	siempre
usually	normalmente/usualmente
often	a menudo
sometimes	a veces
rarely	raramente
seldom	casi nunca
never	nunca

OTHER USEFUL EXPRESSIONS

anyway	de cualquier manera
near	cerca
between	entre
exactly	exactamente
obviously	obviamente
peaceful	tranquilo

EXERCISES

A. *Complete the following sentences in the simple present tense. Use the verbs from the list.* (Complete las siguientes oraciones con el presente. Use los verbos de la lista.)

to take	to speak	to cost	to lose	to eat
to drink	to study	to work	to wait	to wear

EXAMPLE: *Chian <u>drinks</u> coffee every morning.*

1. *Peter _____ a jacket every day.*
2. *Susan _____ a shower every evening.*
3. *I often _____ my car keys.*
4. *These pants _____ ninety dollars. They're expensive!*
5. *Susan _____ for the bus every day. (negative)*
6. *I _____ breakfast. (negative)*
7. *I drink tea, but I _____ coffee. (negative)*
8. *Jean is a supervisor. She _____ ten hours a day.*
9. *Frank and Helen _____ Chinese. (negative)*
10. *I go to school every day. I _____ Mathematics.*

B. *Add the appropriate adverb of frequency to the sentence.* (Añada el apropriado adverbio de frecuencia a la oración.)

EXAMPLE: *Mary jogs in the morning. (100%)*
         <u>Mary always jogs in the morning.</u>

1. *Harry gets up around six-thirty. (75%)*
2. *Maya eats breakfast. (0%)*
3. *Linda watches television in the morning. (10%)*
4. *Peter drinks coffee. (5%)*
5. *Harry takes a shower at night. (100%)*

C. *Form questions and provide negative or positive short answers according to the sentences given.* (Haga preguntas y provea las respuestas cortas negativas o positivas de acuerdo a las oraciones proporcionadas.)

EXAMPLE: *I eat fish.*
  Do you eat fish? Yes, I do.

1. *I don't speak Japanese.*
2. *Jean and Maya don't go to school every day.*
3. *Linda cleans her house every weekend.*
4. *Jan and I study at the library.*
5. *Stuart doesn't like to go to the mall.*

D. *Answer the following questions based on the information in parentheses.* (Responda las siguientes preguntas en base a la información entre paréntesis.)

EXAMPLE: 1. *Where do you live? (Atlanta)*
  I live in Atlanta.

1. *Where do you work? (San Francisco)*
2. *What time do you eat lunch? (1:30)*
3. *When does Peter get up? (8:15)*
4. *What time does Loren go to bed? (10:30)*
5. *Who is your favorite singer? (Frank Sinatra)*
6. *Why do you like Central Park? (peaceful)*
7. *Where do your parents live? (Arizona)*

E. *Form questions based on the underlined part of the sentence.* (Haga preguntas basadas en la parte subrayada de las oraciones.)

EXAMPLE: *I study at the University of Massachusetts.*
  Where do you study?

1. *I want to go to Korea.*
2. *I go to work at eight o'clock.*
3. *I eat cereal and fruit in the morning.*
4. *My favorite actress is Elizabeth Taylor.*
5. *I study after dinner.*
6. *I like to exercise in Central Park.*

F. *Suggested activities.* (Otras actividades sugeridas.)

1. Escriba una carta a un amigo. Describe las actividades que usted hace y con que frecuencia.

CULTURAL NOTE

Un día típico en la vida de la mayor parte de estadounidenses está lleno de quehaceres, primordialmente de trabajo. La gente parece trabajar mucho y esto conlleva un ritmo de vida muy acelerado. *To work hard,* o como se diría en español "trabajar duro," es parte de lo que se considera ser un buen ciudadano productivo. Sin embargo, el trabajo no es el único factor que determina el mantenerse ocupado el día completo. En las horas libres, a mucha gente le gusta realizar otro tipo de actividades como trabajo comunitario, practicar deportes, estudiar algo nuevo, ir al cine, etc.

Un deporte que es muy popular en los Estados Unidos es ir a correr, o trotar despacio *(jogging)*. Por ejemplo, el Parque Central, en la ciudad de Nueva York, siempre está lleno de personas practicando este deporte. Esto se puede observar tanto en la mañana como en la noche, e inclusive en los fines de semana. Parece ser que los estadounidenses están muy entusiasmados con este tipo de deporte y con la buena salud en general, ya que se puede ver a personas de todas la edades que practican con entusiasmo sus ejercicios y deportes.

ANSWERS

A. 1. *wears* 2. *takes* 3. *lose* 4. *cost* 5. *doesn't wait* 6. *don't eat* 7. *don't drink* 8. *works* 9. *don't speak* 10. *study*
B. 1. *Harry usually gets up around six-thirty.* 2. *Maya never eats breakfast.* 3. *Linda rarely watches television the morning.* 4. *Peter seldom drinks coffee.* 5. *Harry always takes a shower at night.*
C. 1. *Do you speak Japanese? No, I don't.* 2. *Do Jean and Maya go to school every day? No, they don't.* 3. *Does Linda clean her house every weekend? Yes, she does.* 4. *Do you and Jan study at the library? Yes, we do.* 5. *Does Stuart like to go to the mall? No, he doesn't.*
D. 1. *I work in San Francisco.* 2. *I eat lunch at one-thirty.* 3. *He gets up at a quarter past eight/eight-fifteen.* 4. *She goes to bed at ten-thirty.* 5. *My favorite singer is Frank Sinatra/Frank Sinatra is my favorite singer.* 6. *I like Central Park because it's peaceful.* 7. *My parents live in Arizona.*
E. 1. *Where do you want to go?* 2. *What time/When do you go to work?* 3. *When do you eat cereal and fruit?* 4. *Who is your favorite actress?* 5. *When do you study?* 6. *Where do you like to exercise?*

LESSON 8
ONGOING ACTIVITIES. Actividades en progreso.

A. DIALOGUE

RUNNING INTO FRIENDS.

CAMILLE: **Fabiola, Rick . . . What are you guys doing here?**

FABIOLA: **Camille, what a surprise!**

RICK: **Hi. We're going to the mall. How about you?**

CAMILLE: **I'm going to the hardware store. I need to buy some paint, rollers, and brushes.**

FABIOLA: **Why is that?**

CAMILLE: **Well, because I'm renovating my kitchen and my bathroom.**

RICK: **How is it coming along?**

CAMILLE: **So far so good. I'm painting the kitchen tonight.**

RICK: **Is your husband helping you?**

CAMILLE: **Oh yeah, he likes to work around the house.**

FABIOLA: **That's great. Listen, do you want to help us paint our kitchen and bathroom?**

CAMILLE: **I don't think so. But you're welcome to borrow our equipment.**

RICK: **Thanks, but I can't**[1] **imagine Fabiola painting the walls.**

FABIOLA: **Look who's talking. You're not so crazy about do-it-yourself projects, either.**

RICK: **Yes, I am. I'm just too busy.**

FABIOLA: **Oh, sure.**

UN ENCUENTRO CASUAL.

CAMILLE: Fabiola, Rick . . . ¿Qué hacen ustedes por aquí?

FABIOLA: Camille. ¡Vaya qué sorpresa!

[1] *Can* (poder) y otros verbos modales aparecen en la lección 9.

RICK: Hola. Vamos al centro comercial. ¿Y tú?

CAMILLE: Voy a la ferretería. Necesito comprar pintura, rodillos y algunas brochas.

FABIOLA: ¿Por qué?

CAMILLE: Pues porque estoy remodelando la cocina y el baño.

RICK: ¿Y todo va bien?

CAMILLE: Hasta ahora bien. Voy a pintar la cocina esta noche.

RICK: ¿Y tu esposo te está ayudando?

CAMILLE: Por supuesto, a él le gusta trabajar en la casa.

FABIOLA: ¡Qué bueno! Mira, ¿quieres ayudarnos a pintar nuestra cocina y el baño?

CAMILLE: Lo dudo. Pero pueden usar nuestro equipo si lo necesitan.

RICK: Gracias, pero no me puedo imaginar a Fabiola pintando las paredes.

FABIOLA: Mira quien lo dice. A tí tampoco te gusta mucho hacer estos trabajos.

RICK: Sí me gusta. Pero estoy muy ocupado.

FABIOLA: Seguro.

B. PRONUNCIATION

COMBINACIÓN DE VOCALES.

ee	como la "i" española	[i]	s**ee**
ie	como el diptongo "ai" en v**ai**na	[aɪ]	p**ie**
	como la "i" española	[i]	f**ie**ld, prair**ie**
ea	como la "i" española	[i]	**ea**ch, **ea**t
	parecida a la "e" española pero un poco más relajada	[ɛ]	sw**ea**t
uy	se pronuncia como el diptongo "ai" en "v**ai**na"	[aɪ]	g**uy**s, b**uy**
ay	como el diptongo "ei" en p**ei**ne	[eɪ]	d**ay**, b**ay**
oy	como el diptongo en v**oy**	[ɔɪ]	b**oy**, j**oy**

C. GRAMMAR AND USAGE

1. EL PRESENTE CONTINUO. *THE PRESENT CONTINUOUS.*

Este tiempo verbal indica que la acción del verbo ocurre en el momento del habla. Por lo general es una acción que tiene pertinencia inmediata.

I'm painting the kitchen.
   Estoy pintando la cocina.

My husband is helping me.
   Mi esposo me está ayudando.

La estructura de este tiempo verbal es muy similar a su equivalente en español. Se forma usando el verbo *to be* (estar) + participio de presente del verbo principal:

> *to be* + verbo - *ing*

Peter is painting.
   Peter está pintando.

Fabiola is renovating the kitchen.
   Fabiola está renovando la cocina.

She's buying light bulbs at the hardware store.
   Ella está comprando focos en la ferretería.

I'm fixing the sink.
   Estoy arreglando el lavabo.

2. PREGUNTAS CON EL PRESENTE CONTINUO. *QUESTIONS WITH THE PRESENT CONTINUOUS.*

a. Preguntas de respuesta sí/no. *Yes/no questions.*

En las preguntas se invierte el orden como se hace en las interrogaciones con el verbo *to be*. El participio presente (la forma en *-ing*) aparece después del verbo *to be* y el sujeto.

Are you painting the house?
   ¿Estás pintando la casa?

Is he going to the hardware store?
   ¿Va a la ferretería?

Is it raining?
   ¿Está lloviendo?

En la respuesta, al igual que en las interrogaciones con el verbo *to be*, se pueden proporcionar respuestas completas o cortas.

Are you watching television?
   ¿Estás mirando televisión?

Yes, I am.
   Sí.
Yes, I'm watching television.
   Sí, estoy mirando televisión.

Is Camille painting the bedrooms?
   ¿Está Camille pintando las habitaciones?

No, she isn't.
   No.
No, she isn't painting the bedrooms.
   No, no está pintando las habitaciones.

Are you going to help us fix the sink?
   ¿Nos va a ayudar a arreglar el lavabo?

Yes, I am.
   Sí.
Yes, I am going to help you fix the sink.
   Sí, les voy a ayudar a arreglar el lavabo.

  b. Preguntas con las palabras interrogativas y el presente continuo.
    Questions with question words and the present continuous.

El orden y la estructura de estas preguntas es similar al caso anterior. Se pone la palabra interrogativa antes de los dos verbos:

> *Wh* + *to be* + sujeto + verbo - *ing*.

What are Pablo and Marco eating?
   ¿Qué están comiendo Pablo y Marco?

They're eating pizza.
   Están comiendo pizza.

What are you doing here?
   ¿Qué están haciendo por aquí?

We're going to the mall.
   Vamos al centro comercial.

Cuando se usa la palabra interrogativa *why* (por qué), se responde a la pregunta con *because* (porque).

Why are you buying paint and rollers?
   ¿Por qué compras pintura y rodillos?

I'm buying them because I'm painting the kitchen.
   Los compro porque estoy pintando la cocina.

Si la respuesta es corta, sólo es necesario usar la segunda parte de la frase (la que incluye "porque").

Why are you cleaning out the refrigerator?
¿Por qué estás limpiando el refrigerador?

Because it's dirty.
Porque está sucio.

3. EL PRESENTE SIMPLE VS. EL PRESENTE CONTINUO. *SIMPLE PRESENT VS. PRESENT CONTINUOUS.*

El presente simple se usa para describir acciones habituales. En contraste, el presente continuo resalta los eventos o acciones que están en progreso en el momento del habla. Compare:

Tony paints his house every summer.
Tony pinta su casa cada verano.

Sharon is painting her house right now.
Sharon está pintando la casa ahora.

Peter buys many things at the hardware store.
Peter compra muchas cosas en la ferretería.

Fabiola is buying brushes and rollers right now.
Fabiola está comprando brochas y rodillos ahora mismo.

What do you do on weekends?
¿Qué haces en los fines de semana?

What are you doing right now?
¿Qué estás haciendo ahora mismo?

4. EXPRESIONES DE FUTURO CON EL PRESENTE CONTINUO. *EXPRESSING THE FUTURE WITH THE PRESENT CONTINUOUS.*

En inglés es muy común usar el presente continuo para expresar eventos en el futuro cuando el evento es un plan o intención definida. Sin embargo, este uso no es muy frecuente en español.

We're painting the bathroom tomorrow.
Vamos a pintar el baño mañana.

Muchas veces, se usa un adverbio que indica la referencia al futuro y lo hace más claro. El contexto también puede aclarar el significado.

I'm renovating the kitchen next summer.
Voy a renovar la cocina el próximo verano.

Are you working next week?
  ¿Vas a trabajar la próxima semana?

Is Fabiola going to the concert tonight?
  ¿Fabiola va a ir al concierto esta noche?

5. LA ORTOGRAFÍA DEL PRESENTE CONTINUO.
THE SPELLING OF THE PRESENT CONTINUOUS.

Como regla general, se debe añadir el sufijo *-ing* a todos los verbos al formar el participio presente.

work + *ing*	trabajar	*working*	trabajando
paint + *ing*	pintar	*painting*	pintando

I work in Chicago.   *I'm working in Chicago this year.*
  Trabajo en Chicago.   Estoy trabajando en Chicago este año.

I paint the house every summer.   *I'm painting the house right now.*
  Pinto la casa cada verano.   Estoy pintando la casa ahora mismo.

Sin embargo, es imperativo observar las siguientes excepciones: cuando el verbo termina en "e" y la letra que le precede es consonante, al transformarlo en participio se elimina la letra "e" y se añade "*-ing*."

renovate	renovar	*renovating*	renovando
imagine	imaginar	*imagining*	imaginando
write	escribir	*writing*	escribiendo
dance	bailar	*dancing*	bailando

Cuando el verbo es monosílabo y termina en consonante precedida de vocal, se duplica la consonante con que termina y se añade "*-ing*."

run	correr	*running*	corriendo
hit	golpear	*hitting*	golpeando
get	conseguir	*getting*	consiguiendo

EXCEPCIONES: No se duplican las siguientes tres consonantes finales: *x, w,* o *y*.

EJEMPLO: *to fix, to snow, to play, to study*.

I am fixing the sink.
  Estoy arreglando el lavabo.

It's snowing in the mountains.
  Está nevando en las montañas.

The cats are playing.
  Los gatos están jugando.

My sister is studying Algebra.
  Mi hermana está estudiando álgebra.

6. LOS NÚMEROS: DE 1.000 EN ADELANTE.
NUMBERS: 1,000 AND HIGHER.

one thousand (and) one	1,001
one thousand two hundred	1,200
one thousand three hundred	1,300
three thousand five hundred	3,500
four thousand six hundred	4,600
five thousand seven hundred and twenty	5,720
six thousand eight hundred and thirty	6,830
seven thousand nine hundred and forty-one	7,941
seventy six thousand	76,000
eighty three thousand four hundred	83,400

El inglés permite que los números más altos que 1,000 se expresen de dos maneras diferentes:

1,300 =	*one thousand three hundred* *thirteen hundred*	mil trescientos
2,600 =	*two thousand six hundred* *twenty-six hundred*	dos mil seiscientos

D. VOCABULARY

NOUNS

hardware store	ferretería
mall	centro comercial
equipment	equipo
paint	pintura
roller	rodillo
brush	brocha, pincel
sink	lavabo
light bulb	foco
project	proyecto

VERBS

to shop	ir de compras
to paint	pintar
to fix	arreglar, reparar
to renovate	renovar
to imagine	imaginar
to borrow	pedir prestado
to clean	limpiar
to hit	golpear
to decide	decidir
to run into friends	encuentro casual con amigos

OTHER USEFUL WORDS AND EXPRESSIONS

How's it coming along?	¿Cómo va?
so far so good	hasta ahora bien
set/ready	listo, -a
since	ya que, desde que
either	tampoco

EXERCISES

A. *Complete the following sentences. Use the present continuous.* (Complete las siguientes oraciones. Use el presente continuo.)

EXAMPLE: *Camille is painting the house. (to paint)*

1. *I _____ classical music. (to listen to)*
2. *Her husband _____ the sink. (to fix)*
3. *Fabiola and Rita _____ Italian food. (to eat)*
4. *I _____ a book. (to write)*
5. *She _____ a novel. (to read)*

B. *Answer the following questions using negative or positive answers as indicated in parentheses.* (Conteste las siguientes preguntas usando respuestas positivas o negativas, según se indique entre paréntesis.)

EXAMPLE: *Is the man closing the door? (positive)*
 <u>*Yes, he is.*</u>

1. *Is Camille laughing? (negative)*
2. *Are Peter and Rita dancing? (negative)*
3. *Are you listening to music? (positive)*
4. *Is John fixing the sink? (negative)*
5. *Are you and your husband cleaning out the refrigerator? (positive)*

C. *Answer the following questions based on the information given in parentheses.* (Conteste las preguntas usando la información entre paréntesis.)

EXAMPLE: *What are you doing? (to cook spaghetti)*
<u>*I am cooking spaghetti.*</u>

1. *What is your son doing? (to study Mathematics)*
2. *What are John and Mary doing? (to dance)*
3. *What are you doing? (to write a letter)*
4. *What is your wife doing? (to paint the living room)*
5. *What is your father doing? (to listen to the radio)*

D. *Answer the following questions using complete sentences based on the information given in parentheses.* (Conteste las siguientes preguntas con oraciones completas usando la información entre parentesis.)

EXAMPLE: *Why are you eating cereal? (to be hungry)*
<u>*I'm eating cereal because I'm hungry.*</u>

1. *Why are you cleaning the house? (to be having a party tonight)*
2. *Why is Linda studying? (to have an exam)*
3. *Why is he dancing? (to be happy)*
4. *Why are you wearing a raincoat? (to be raining)*
5. *Why are you buying paint and brushes? (to paint the living room)*

E. *Provide the correct "-ing" form of the following verbs.* (Dé la forma correcta de *-ing* de los siguientes verbos.)

EXAMPLES: hit   <u>hitting</u>
            imagine   <u>imagining</u>

1. *renovate* _____
2. *paint* _____
3. *go* _____
4. *snow* _____
5. *run* _____

F. *Suggested activities.* (Otras actividades sugeridas.)

1. Imagine que va a pintar el exterior y el interior de su casa usted mismo. Haya una lista de materiales que necesita comprar.

CULTURAL NOTE

En los Estados Unidos hay mucha gente que prefiere hacer sus propias reparaciones domésticas, debido a que este tipo de trabajo es muy costoso. Por supuesto, hay reparaciones que usualmente requieren la ayuda de un profesional para hacerlos bien, tales como la plomería o la reparación de techos. Sin embargo, mucha gente pinta la casa y repara cosas simples. Existen programas de televisión llamados *do it yourself* (hágalo usted mismo) donde se muestra cómo hacer ciertas reparaciones en la casa. También existen manuales con el mismo nombre cuya función es similar. Además, también hay tiendas grandísimas que se especializan en la venta de materiales para proyectos en el hogar que uno mismo puede hacer. En esas tiendas se pueden comprar muchos materiales para jardinería, reparación de puertas y ventanas, plomería, etc. En general, a pesar de que no es la gran mayoría de la gente la que se dedica a reparar su casa en su tiempo libre, no es raro encontrar individuos que sí lo hacen. Muchas personas lo consideran como un pasatiempo.

ANSWERS

A. 1. *am listening to* 2. *is fixing* 3. *are eating* 4. *am writing*
   5. *is reading*
B. 1. *No, she isn't./No, she's not.* 2. *No, they aren't./No, they're not.* 3. *Yes, I am.* 4. *No, he isn't./No, he's not.* 5. *Yes, we are.*
C. 1. *He's studying Mathematics.* 2. *They're dancing.* 3. *I'm writing a letter.*
   4. *She's painting the living room.* 5. *He's listening to the radio.*
D. 1. *I'm cleaning the house because I'm having a party tonight.* 2. *Linda is studying because she has an exam.* 3. *He's dancing because he's happy.*
   4. *I'm wearing a raincoat because it's raining.* 5. *I'm buying paint and brushes because I'm painting the living room.*
E. 1. *renovating* 2. *painting* 3. *going* 4. *snowing* 5. *running*

LESSON 9
SPORTS. Los deportes.

A. DIALOGUE

FOOTBALL.

JOSÉ: **Hey Dave, can you take me to the train station?**

DAVID: **Sure, but I have practice in thirty minutes.**

JOSÉ: **I'm ready. Let's go.**

In the car.

JOSÉ: **So, how is practice going?**

DAVID: **Well, it's tough. We have to build endurance to run with the ball, tackle, and take hits.**

JOSÉ: **But isn't the most important thing to kick the ball?**

DAVID: **We may be talking about two different sports. I play what we call "football" here in the United States, not soccer.**

JOSÉ: **Oh!**

DAVID: **We don't kick the ball very much. We have to carry it with our hands.**

JOSÉ: **I see.**

DAVID: **How about you? Are you playing any sports?**

JOSÉ: **I might try baseball next semester, but I don't know how to play.**

DAVID: **There's nothing you can't learn.**

JOSÉ: **I hope you're right. Oh, here we are. Thank you!**

DAVID: **You're welcome!**

FÚTBOL AMERICANO.

JOSÉ: Oye Dave, ¿puedes llevarme a la estación del tren?

DAVID: Seguro, pero tengo que ir a entrenar en media hora.

JOSÉ: Ya estoy listo, vámonos.

En el coche.

JOSÉ: ¿Y cómo va el entrenamiento?

DAVID: Es difícil. Tenemos que desarrollar resistencia para correr con la pelota, atajar y aguantar los golpes.

JOSÉ: ¿Pero lo más importante no es patear la pelota?

DAVID: Creo que estamos hablando de dos deportes diferentes.
Yo juego al fútbol, lo que llamamos "fútbol americano." Yo no juego soccer.

JOSÉ: Ah.

DAVID: Casi no pateamos la pelota. La llevamos con las manos.

JOSÉ: Ya veo.

DAVID: ¿Y tú? ¿Estás practicando algún deporte?

JOSÉ: El próximo semestre quizás trate de jugar béisbol, pero no sé jugar.

DAVID: No hay nada que no se pueda aprender.

JOSÉ: Espero que así sea. Ah, ya llegamos. Muchas gracias.

DAVID: ¡De nada!

B. PRONUNCIATION

COMBINACIÓN DE VOCALES.

ou	como la "u" española	[u]	**you**
	como el diptongo "au" en Laura	[aʊ]	**round**
	como la "a" pero muy relajada	[ʌ]	**tough**
	como la "a" española	[a]	**cough**
oa	como la "o" pero más alargada	[oʊ]	**boat, coat**
	como la "o" pero más atrás en la boca	[ɔ]	**soar**
ei	como la "i" española	[i]	**either**
	como el diptongo "ei" en peine	[eɪ]	**eight**

CONSONANTES.

g	la "g" muchas veces es como la "g" antes de "a, o, u" en español	[g]	**go, give**
	la "u" es muda en la mayoría de los casos cuando se encuentra entre "g" y otra vocal	[g]	**guess**
g	algunas veces antes de "e" y "i" se pronuncia entre la "ch" y la "y" española	[dz]	**ginger** **general** **gelatin** **gesture**

C. GRAMMAR AND USAGE

1. EL VERBO MODAL *CAN*. *THE MODAL VERB CAN*.

Can se utiliza para expresar habilidad o posibilidad de la misma forma que se utiliza el verbo "poder" en español. *Can,* sin embargo, corresponde únicamente al tiempo presente y es invariable. Existe una forma en pasado, "*could.*" No sufre transformaciones en ninguna de las personas gramaticales. Se le considera verbo modal porque no tiene una forma en infinitivo ni una forma de la tercera persona singular "-s."

I'm not busy. I can take you to the train station.
No estoy ocupado. Puedo llevarte a la estación del tren.

David can play football and tennis.
David puede jugar al fútbol americano y al tenis.

La negación de *can* y otros verbos modales es como la negación de los verbos auxiliares *(to be)*. Hay una contracción con el verbo *can.* Se puede escribir *cannot* o *can't.*

I'm very busy right now. I cannot take you to the train station.
Ahora estoy muy ocupado. No puedo llevarte a la estación del tren.

David can't speak Russian.
David no puede hablar ruso.

We can't kick the ball in basketball.
En el baloncesto no podemos patear la pelota.

En las preguntas sin palabras interrogativas, *can* y otros verbos modales se colocan al principio de la oración y les sigue el sujeto. Al responder se invierte el orden. Se aplican las mismas reglas que en las oraciones con *to be* como verbo auxiliar.

Can you play basketball?
¿Puedes jugar baloncesto?

Can Joseph work tomorow?
¿Puede Joseph trabajar mañana?

Can Linda go to the football game?
¿Puede Linda ir al partido de fútbol?

Al usar palabras interrogativas (*what, where, who, when, how, why*), éstas se colocan al principio de la oración seguidas por el verbo *can*.

Where can I play basketball?
¿Dónde puedo jugar al baloncesto?

At the local gym.
En el gimnasio local.

When can we play tennis?
¿Cuándo podemos jugar al tenis?

In half an hour.
En media hora.

What can I do to play better?
¿Qué puedo hacer para jugar mejor?

Increase your endurance.
Mejorar tu resistencia.

How can I get to the train station?
¿Cómo puedo llegar a la estación del tren?

I don't know.
No lo sé.

2. OTROS VERBOS MODALES. *OTHER MODAL VERBS.*

Como mencionamos anteriormente, *can* expresa habilidad o disponibilidad. Sin embargo, existen otros verbos modales que tienen otros significados.

a. *May/might*

May y *might* expresan posibilidad en el presente y en el fututo. En español corresponde a "tal vez," "quizás" o "es posible."

I might play baseball next semester.
   Quizás voy a jugar beisból el próximo semestre.
It may/might rain tomorrow.
   Es posible que llueva mañana.
She might be at the train station.
   Tal vez esté en la estación del tren.

   b. *Must*

   El verbo modal *must* expresa obligación y corresponde a "deber/tener que" en español. A veces, se remplaza con *to have to* (tener que) aunque este último no sea un verbo modal.

I must go./I have to go.
   Tengo que ir.
I want to go to the soccer practice, but I have to work.
   Quiero ir a la práctica de fútbol, pero tengo que trabajar.

   A pesar de que *must* y *to have to* tienen un significado similar, *must* suena a veces mucho más formal y se usa raramente hoy en día.

3. **LOS VERBOS *TO KNOW HOW TO* VS. *CAN*. "TO KNOW HOW TO" VS. "CAN."**

   Para expresar habilidad o destreza se pueden usar los dos verbos *to know how to* y *can* con el mismo significado. Sin embargo, solamente *can* puede expresar disponibilidad.

I can play tennis.
   Puedo jugar al tenis.
I know how to play tennis.
   Sé jugar al tenis.
I know how to cook, but I can't do it tonight. I'm tired.
   Yo sé cocinar, pero esta noche no puedo hacerlo. Estoy cansado.
Cindy knows how to play soccer, but she can't play tomorrow because she's busy.
   Cindy sabe jugar al fútbol, pero no puede jugar mañana porque está ocupada.

4. EL VERBO *TO PLAY*. THE VERB "TO PLAY."

Este verbo se usa en todas las circunstancias en que se usa "jugar" y "tocar" en español. En español, "jugar" se usa para referirse a deportes y juegos, y el verbo "tocar" se utiliza para instrumentos musicales.

Lynda plays the piano.
  Lynda toca el piano.
David plays tennis and soccer.
  David juega al tenis y al fútbol.
Joseph plays the guitar.
  Joseph toca la guitarra.

D. VOCABULARY

NOUNS

soccer	fútbol
football	fútbol americano
basketball	baloncesto
baseball	béisbol
exercise	ejercicio
practice	entrenamiento
endurance	resistencia
train	tren
station	estación
guitar	guitarra
piano	piano
ball	pelota
sport	deporte

VERBS

to drop off *(at)*	llevar
to kick	patear
to leave	irse, marcharse
to take *(to)*	tomar, llevar
to build	construir, mejorar
to play	jugar, tocar instrumentos
to do	hacer (verbo principal)
to have to/must	tener que
may/might	quizás, es posible
to carry	cargar, llevar

ADJECTIVES

tough	duro
exciting	emocionante

EXERCISES

A. *Form sentences using "can" or "can't" according to the word in parentheses.* (Construya oraciones usando *can* o *can't* según que la palabra indicado entre paréntesis.)

EXAMPLE: *Lee / cook (yes)* <u>Lee can cook.</u>

1. *Joseph / speak Russian (no)*
2. *I / play the piano (yes)*
3. *My sister / dance very well (yes)*
4. *Antonio / swim 500 meters (no)*
5. *David and Joseph / play tennis (no)*

B. *Form questions based on the sentences provided below.* (Haga preguntas basadas en las oraciones proveídas.)

EXAMPLE: *I can help you.* <u>Can you help me?</u>

1. *We may go shopping this morning.*
2. *Robert knows how to swim.*
3. *Andrés can play the guitar.*
4. *The children must dance for two hours.*
5. *David can play the saxophone.*

C. *Replace the underlined portion of the sentence with an interrogative word and form questions.* (Remplace la parte subrayada en la oración con una palabra interrogativa y forme preguntas.)

EXAMPLE: *You can buy a computer <u>in San Diego</u>.*
Where can I buy a computer?

1. *We can dance the <u>Tango</u> in a night club.*
2. *Linda can take Peter to the university <u>on Fridays</u>.*
3. *<u>Frank Sinatra</u> knows how to sing very well.*
4. *We can eat pizza <u>next weekend</u>.*
5. *The children must play <u>in the garden</u>.*

D. *Fill in the blanks using modal verbs and "to know how."* Llene los espacios en blanco usando los verbos modales y "saber.")

1. *Of course I _____ to play the piano. I took lessons.*
2. *No, I _____ play tennis today. I have to study.*

3. Anne _____ go to the football game. She's busy.
4. We _____ to dance the Tango.
5. I _____ buy a computer next month. It's possible.

E. *Suggested activities.* (Otras actividades sugeridas.)

1. Llame por teléfono a un/a amigo/a que le guste el mismo deporte que a usted. Hágale preguntas acerca del último partido de su equipo favorito.
2. Explique cómo se juega su deporte favorito.

CULTURAL NOTE

La mayoría de los norteamericanos son muy amantes de los deportes. En los Estados Unidos se juega toda variedad de deportes a excepción del fútbol (soccer), cuyo fomento recientemente ha comenzado a raíz de haberse llevado a cabo la copa mundial del 94 en este país. Los deportes más populares son el baloncesto (basketball), el béisbol (baseball) y el fútbol americano (football). Estos deportes son toda una industria en sí, ya que hay mucho capital de por medio. En cada liga de estos deportes se manejan millones de dólares. No es extraño leer en el periódico o escuchar en las noticias que un jugador famoso de baloncesto haya firmado un contrato multimillonario por cierto número de años con un club deportivo en particular. El por qué de este fenómeno tiene sin duda alguna varias explicaciones, pero suficiente es decir que ésto da muestra del dinamismo que puede cobrar el capitalismo en este país. Por otro lado, cabe mencionar que el público disfruta muchísimo al mirar los deportes ya sea en estadios o en la televisión en su casa. Además, hay muchísimos jugadores que son muy queridos por los aficionados.

ANSWERS

A. 1. *Joseph can't speak Russian.* 2. *I can play the piano.* 3. *My sister can dance very well.* 4. *Antonio can't swim 500 meters.* 5. *David and Joseph can't play tennis.*
B. 1. *May you/we go shopping this morning?* 2. *Does Robert know how to swim?* 3. *Can Andrés play the guitar?* 4. *Must the children dance for two hours?/ Do the children have to dance for two hours?* 5. *Can David play the saxophone?*
C. 1. *What can we dance in a night club?* 2. *When can Linda take Peter to the university?* 3. *Who knows how to sing very well?* 4. *When can we eat pizza?* 5. *Where must the children play?*
D. 1. *know how* 2. *cannot/can't* 3. *cannot/can't* 4. *know how* 5. *might/may*

LESSON 10
LIKES AND DISLIKES.   Gustos.

A. DIALOGUE

DINING OUT.

SEAN: **This seems like a nice place.**

CAROL: **I hope the food is good.**

WAITRESS: **Good evening! How are you tonight?**

SEAN: **Fine, thanks.**

WAITRESS: **Our specials tonight are a beef casserole with mushrooms for $10.95 and a fresh salmon in garlic sauce for $12.95. Would you like something to drink first?**

SEAN: **Yes, please. We'd like a bottle of dry white wine.**

WAITRESS: **Is a Chardonnay OK?**

SEAN: **Yes, that sounds good.**

WAITRESS: **Do you need a minute to look at the menus?**

SEAN: **Yes, please.**

WAITRESS: **OK. I'll be right back with your wine.**

SEAN: **Do you know what you want?**

CAROL: **No, I'm not quite sure yet. What about you?**

SEAN: **The fish special sounds great.**

WAITRESS: **Here is your wine. What can I get you to eat?**

SEAN: **I'd like the salmon special.**

WAITRESS: **And you, ma'am?**

CAROL: **I'd like the grilled chicken breast and a large spinach salad to start.**

WAITRESS: **Good choice. The chicken is delicious! Anything else?**

CAROL: **Not at the moment, thanks.**

La cena en un restaurante.

SEAN: Este parece un lugar muy bonito.

CAROL: Espero que la comida sea buena.

MESERA: Buenas noches. ¿Cómo están?

SEAN: Bien gracias.

MESERA: Los especiales de esta noche son un guizado de carne de res con champiñones por $10,95 y un platillo de salmón en una salsa de ajo por $12,95. ¿Algo de beber para empezar?

SEAN: Sí. Nos gustaría una botella de vino blanco seco.

MESERA: ¿Les parece bien el Chardonnay?

SEAN: Sí. Me parece bien.

MESERA: ¿Necesitan unos minutos para ver el menú?

SEAN: Sí, por favor.

MESERA: Bien. Ya regreso en seguida con el vino.

SEAN: ¿Ya sabes lo que quieres?

CAROL: No, todavía no estoy segura. ¿Y tú?

SEAN: El especial de pescado suena delicioso.

MESERA: Aquí tienen el vino. ¿Qué les servimos para comer?

SEAN: Yo quiero el especial de salmón.

MESERA: ¿Y usted señora?

CAROL: Me gustaría ordenar la pechuga de pollo y una ensalada grande de espinacas para empezar.

MESERA: Buena elección. El pollo es delicioso. ¿Algo más?

CAROL: Por el momento nada, gracias.

B. PRONUNCIATION

VOCALES.

Muchas veces las vocales en inglés se pronuncian como sonidos muy relajados. Este sonido se llama *schwa* en inglés. Aunque el español no tiene un sonido exactamente igual, es un poco parecido a la "a" española pero muy relajada.

a		[ə]	a̱bout
o		[ə]	fṟo̱m, to̱night

En general, las vocales se hacen más relajadas en el habla rápida y se hacen un poco más neutrales y parecidas al sonido de vocal *schwa*.

Las vocales tienen una relación estrecha con la "r" inglesa, ya que la "r" tiene un efecto muy marcado sobre las vocales. Muchas veces se convierten en un sonido: *schwa* + "r."

ar	schwa + r	[ɚ]	colla̱ṟ
er	schwa + r	[ɚ]	siste̱ṟ
ir	schwa + r	[ɚ]	fi̱ṟst
or	schwa + r	[ɚ]	autho̱ṟ
ur	schwa + r	[ɚ]	su̱ṟe

CONSONANTES.

x	como la "x" española en "excusar, excelente"	[ks]	e̱x̱cuse, e̱x̱cellent
s	En posición inicial de palabra, la "s" debe pronunciarse sola y sin añadir la "e" como es la tendencia en muchos hispanoparlantes.	[s]	s̱mall, s̱pinach s̱pecial

COMBINACIÓN DE CONSONANTES.

ch	como la "ch" española en "chaleco, churros"	[tʃ]	c̱ẖoice, kitc̱ẖen,
	como la "k" en inglés	[k]	C̱ẖristmas,
	como la "sh" en inglés	[ʃ]	C̱ẖicago
ph	como la "f" española en "teléfono, farmacia"	[f]	telep̱ẖone, p̱ẖarmacy
wh	en algunos casos se pronuncia sólo la "w"	[w]	w̱ẖich, w̱ẖite, w̱ẖat,
	seguida de la vocal "o," muchas veces se pronuncia como la "j" española pero un poco más suave como en "jugo, juicio" (como la "h" inglesa)	[h]	w̱ẖose, w̱ẖo, w̱ẖole

C. GRAMMAR AND USAGE

1. LOS VERBOS *TO LIKE, TO NEED* Y *TO WANT*. THE VERBS "TO LIKE," "TO NEED," AND "TO WANT."

Estos verbos han sido introducidos anteriormente. Ahora cabe estudiarlos con mayor detalle debido a sus particularidades.

a. *To need, to like, to want* + sustantivo.

Estos verbos (como muchos otros) muy a menudo se encuentran ligados directamente al objeto directo de la oración, y con frecuencia éste es un sustantivo.

Linda needs an apartment.
   Linda necesita un apartamento.

Christine likes fish.
   A Christine le gusta el pescado.

Carol doesn't want a glass of wine.
   Carol no quiere una copa de vino.

Note que *to want* en inglés solamente significa "querer" en el sentido de desear algo y no en el sentido de "amar."

b. *To need, to like, to want* + infinitivo.

Estos verbos también se emplean con verbos infinitivos. Una frase en infinitivo sirve como objeto directo.

They need to eat dinner before the movie.
   Ellos necesitan cenar antes de la película.

I like to play football.
   Me gusta jugar al fútbol.

Sean wants to eat chicken and rice.
   Sean quiere comer pollo y arroz.

Peter doesn't like to go to restaurants.
   A Peter no le gusta ir a restaurantes.

Sharon doesn't want to drink wine.
   Sharon no quiere beber vino.

2. EL CONTRASTE ENTRE *TO WANT, TO NEED* Y *SHOULD*. CONTRASTING "TO WANT," "TO NEED," AND "SHOULD."

a. *To want* (querer).

El verbo *to want* expresa deseo.

I want to eat salmon. I really like fish.
Quiero comer salmón. Me gusta mucho el pescado.

She wants to go to an Italian restaurant tonight.
Esta noche ella quiere ir a un restaurante italiano.

b. *To need* (necesitar).

El verbo *to need* implica una necesidad ya sea inmediata o a largo plazo.

I need to eat because I am hungry.
Necesito comer porque tengo hambre.

Your son needs to eat more vegetables.
Tu hijo necesita comer más verduras.

c. *Should* (deber).

Should es un verbo modal que implica una sugerencia, consejo o recomendación. Como verbo modal, forma su negación usando simplemente: *should* + *not*. Igualmente, las preguntas se forman usando sólo *should* + sujeto.

You should eat salads because they are good for you.
Deberías comer ensaladas porque son saludables.

You should try the chicken special. It's delicious.
Deberías de probar el especial de pollo. Está delicioso.

You shouldn't eat so much. You might get sick.
No deberías comer tanto. Te puedes enfermar.

Should we go out to a restaurant tonight?
¿Deberíamos ir a un restaurante esta noche?

3. LA CORTESÍA: *WOULD LIKE.*
POLITE REQUESTS: "WOULD LIKE."

En inglés es imprescindible expresarse cortésmente cuando se pide algo o algún tipo de ayuda, ya sea entre amigos o en lugares públicos. La forma *would like* equivale a "gustaría." A esta forma le puede seguir un verbo o un sustantivo. Su estructura de conjugación es invariable. *Would* es un verbo modal. Es decir, es igual para todas las personas. En oraciones declarativas *would like* lleva el orden siguiente:

> sujeto + *would* + *like* + verbo infinitivo/sustantivo

I would like to order the grilled chicken.
Me gustaría ordenar el pollo a la parrilla.

I would like a glass of wine.
Quisiera una copa de vino.

En las oraciones interrogativas se invierte el orden:

> *would* + sujeto + *like* + verbo infinitivo/sustantivo

Would you like to try something new?
¿Te gustaría probar algo nuevo?

Would he like a glass of water?
¿Le gustaría a él un vaso de agua?

Would + *like* también responde a la regla de contracción, añadiéndole al sujeto un apóstrofo y una "d" cuando se trata de oraciones afirmativas. Por ejemplo:

> I + would = I'd
> you + would = you'd
> he + would = he'd
> we + would = we'd etc.

We'd like a bottle of white wine.
Nos gustaría una botella de vino blanco.

He'd like the salmon with rice.
A él le gustaría el salmón con arroz.

Would not es invariable en las oraciones negativas. Muchas veces, se usa la contracción *wouldn't*.

I wouldn't like to live in the city.
No me gustaría vivir en la ciudad.

He wouldn't like to drive for five hours.
A él no le gustaría conducir por cinco horas.

4. EL CONTRASTE ENTRE *TO LIKE, WOULD LIKE* Y *TO WANT*. CONTRASTING "TO LIKE," "WOULD LIKE," AND "TO WANT."

To like expresa un gusto por realizar cierta acción o por algo, mientras que *would like* expresa deseo por realizar cierta acción o por algo. El verbo *to want* expresa la intención bien definida de tener o hacer algo. Note que *would like* es más cortés que *to want*.

I like beer.
　Me gusta la cerveza.

I would like a beer.
　Me gustaría una cerveza.

I want a beer.
　Quiero una cerveza.

I want some wine.
　Quiero vino.

I like Chardonnay wine.
　Me gusta el vino Chardonnay

I'd like to order a glass of wine.
　Me gustaría ordenar una copa de vino.

D. VOCABULARY

NOUNS

fish	pescado, pez
chicken	pollo
wine	vino
water	agua
beer	cerveza
menu	menú
special	especial
beef	carne de res
casserole	cacerola, cazuela
mushrooms	champiñones, hongos
salmon	salmón
garlic	ajo
sauce	salsa
rice	arroz
spinach	espinaca
salad	ensalada
waitress	mesera, camarera
choice	opción

VERBS

to seem	parecer
to order	ordenar
to drink	beber
to come	venir
to get	conseguir
to need	necesitar
to like	gustar

OTHER USEFUL WORDS

tonight	esta noche
first	primero
delicious	delicioso/a
sure	seguro

EXERCISES

A. *Use the following verbs to complete the sentences.* (Use los siguientes verbos para completar las oraciones.)

          to work   to drink   to watch   to eat

EXAMPLE: I have a headache. I need <u>to take</u> an aspirin.

1. When I'm home, I like _____ television.
2. Susan doesn't have _____ next week. She's on vacation.
3. Many people don't like _____ fish.
4. Darlene and John don't like _____ wine.

B. *Complete the following sentences. Use "to want," "to like," or "to need" when appropriate.* (Use el verbo *to want, to like* o *to need* para completar las siguientes oraciones.)

EXAMPLE: Roger <u>wants</u> to find an apartment before school starts.

1. She eats fish, but she doesn't _____ to eat shrimp.
2. I don't _____ to go to work today. I feel sick.
3. Tony only has $20; he _____ more money to pay for food.
4. I go back to work in an hour. I _____ to eat fast.
5. I would _____ to go to an elegant restaurant.

C. *Form questions based on the following sentences.* (Forme preguntas basadas en las siguientes oraciones.)

EXAMPLE: She would like to eat fish.
Would she like to eat fish?

1. Linda would like to go to the movies.
2. Carol and Sean like to go out to dinner on Saturdays.
3. Christine would like a hamburger.
4. Children like to go to Disneyland.
5. Peter would like to order right now.

D. *Use "should" to complete the sentences as indicated in parentheses.* (Use should para completar las oraciones como se indica entre paréntesis.)

EXAMPLE: We should go to a movie. (question)
Should we go to a movie?

1. You should go the new restaurant on the corner. (negative)
2. I should give you a few minutes to look at the menu. (question)
3. You should order the salmon special. (negative)
4. We should order some wine. (question)

E. *Suggested activities.* (Otras actividades sugeridas.)

1. Escriba una breve descripción de su restaurante favorito. Incluya detalles como: el tipo de comida, si es caro o barato, la ubicación, si se necesitan reservaciónes, etc.
2. Llame a un restaurante en su ciudad y haga una reservación.

CULTURAL NOTE

En los Estados Unidos, la cena es la comida principal del día, y a muchas personas les gusta comer en restaurantes. Existe una gran variedad de tipos de comida en los restaurantes chinos, cubanos, italianos, mexicanos, etc. Obviamente, es durante el fin de semana cuando la gente sale a cenar con mayor frecuencia. La cena sirve como pretexto social para reunirse con los amigos, celebrar alguna ocasión especial o simplemente para convertir la ocasión en un momento romántico. También es común dejar una propina al mesero o la mesera. Normalmente se acostumbra dejar el equivalente al 15% o el 20% del precio total. La razón de esta costumbre es que el servicio no está incluido en el precio de la comida, y las personas que se dedican al servicio de restaurante tienen un salario que con frecuencia es muy bajo.

ANSWERS

A. 1. *to watch* 2. *to work* 3. *to eat* 4. *to drink*
B. 1. *like* 2. *want* 3. *needs* 4. *need* 5. *like*
C. 1. *Would Linda like to go to the movies?* 2. *Do Carol and Sean like to go out to dinner on Saturdays?* 3. *Would Christine like a hamburger?* 4. *Do children like to go to Disneyland?* 5. *Would Peter like to order right now?*
D. 1. *You shouldn't go to the new restaurant on the corner.* 2. *Should I give you a few minutes to look at the menu?* 3. *You shouldn't order the salmon special.* 4. *Should we order some wine?*

SECOND REVIEW

A. *Answer the following questions.* (Conteste las siguientes preguntas.)

EXAMPLE: *What time do you eat dinner? (6:30)*
<u>*I eat dinner at six-thirty. I eat dinner at half past six.*</u>

1. *What time do you get up? (6:15)*
2. *What time is it? (11:20)*
3. *What time does the movie start? (10:10)*
4. *When can you come to my house? (3:45)*
5. *What time do you eat lunch? (1:00)*

B. *Form questions using the auxiliary "to do" and the information in parentheses.* (Forme preguntas utilizando el verbo auxiliar *to do* y información entre paréntesis.)

EXAMPLE: <u>*Do you drink coffee in the morning?*</u> *(to drink coffee in the morning/you)*
<u>*No, I don't.*</u> *(no)*

1. _____ *(usually/to take a shower in the morning/you.)*
   _____ *(yes)*
2. _____ *(to speak Japanese/Jane.)*
   _____ *(no)*
3. _____ *(to jog every morning/Steve.)*
   _____ *(yes)*
4. _____ *(always to go out to dinner/Sean and Carol.)*
   _____ *(yes)*
5. _____ *(to live in New York City/John)*
   _____ *(no)*

C. *Answer the following questions using the present continuous.* (Conteste las siguientes preguntas utilizando el presente continuo.)

EXAMPLE: *What are you doing?*
<u>*I am cleaning the bathroom.*</u> *(to clean the bathroom)*

1. *What are you doing?*
   _____ *(to eat fish and vegetables)*
2. *What is she doing?*
   _____ *(to read a novel)*
3. *What are they doing?*
   _____ *(to write a book)*
4. *What are we doing?*
   _____ *(to listen to classical music)*
5. *What is he doing?*
   _____ *(to drink wine)*

D. *Complete the following sentences. Use the words in the list.* (Complete las siguientes oraciones. Use las palabras de la lista.)

can	can't	how	may	know how

EXAMPLE: *I know how to play tennis and soccer well.*

1. I _____ go to the concert. I have to study for a test.
2. Yes, I _____ to dance well. I took private lessons.
3. Teacher, _____ I go to the rest room?
4. Where _____ we buy paint and brushes?
5. I don't _____ to play tennis.

E. *Replace the underlined word with an interrogative word. Then, form questions using the past tense of the verb "to be."* (Substituya la frase subrayada con una palabra interrogativa y haga una pregunta con esa palabra y el pasado del verbo *to be*.)

EXAMPLE: *Peter was <u>in the hospital</u> yesterday. Where was Peter yesterday?*

1. Plácido Domingo was <u>at the opera festival</u> last week.
2. I was in the office until midnight <u>because I had a lot of work</u>.
3. All the students were absent <u>yesterday</u>.
4. I was <u>in New York</u> last weekend.
5. <u>Joseph</u> was late for the baseball game.

F. *Use "would like" to make questions. Also, answer in the affirmative or negative as indicated.* (Use *would like* para formar preguntas. También responda de manera afirmativa o negativa donde sea necesario.)

EXAMPLE: *I go to the library. (no)*
<u>Would you like to go to the library. No, I wouldn't.</u>

1. She eats an apple. (yes)
2. Sharon tries on a dress. (no)
3. Sean drinks a glass of wine. (yes)
4. They eat late. (no)
5. I like to wear jeans. (no)

ANSWERS

A. 1. *I get up at six-fifteen./I get up at a quarter past six.* 2. *It's eleven-twenty./It's twenty minutes past eleven.* 3. *The movie starts at ten-ten./It starts at ten past ten.* 4. *I can come at three-forty-five/a quarter to four.* 5. *I eat lunch at one o'clock.*
B. 1. *Do you usually take a shower in the morning? Yes, I do.* 2. *Does Jane speak Japanese? No, she doesn't.* 3. *Does Steve jog every morning? Yes, he*

    does. 4. *Do Sean and Carol always go out to dinner? Yes, they do.*
    5. *Does John live in New York City? No, he doesn't.*
C. 1. *I'm eating fish and vegetables.* 2. *She's reading a novel.* 3. *They're writing a book.* 4. *We're listening to classical music.* 5. *He's drinking wine.*
D. 1. *cannot/can't*   2. *know how*   3. *may*   4. *can*   5. *how*
E. 1. *Where was Plácido Domingo last week?* 2. *Why were you in the office until midnight?* 3. *When were all the students absent?* 4. *Where were you last weekend?* 5. *Who was late for the baseball game?*
F. 1. *Would she like to eat an apple? Yes, she would.* 2. *Would Sharon like to try on a dress? No, she wouldn't.* 3. *Would Sean like to drink a glass of wine? Yes, he would.* 4. *Would they like to eat late? No, they wouldn't.* 5. *Would you like to wear jeans? No, I wouldn't.*

READING 1 (LECTURA 1)

A MEAL[1] FOR A SPECIAL EVENING

It's Saturday morning. Sandra goes to the market in her neighborhood[2], as[3] she does every Saturday. She needs to buy groceries[4] for the whole[5] week, and something special for this evening. Tonight is a special evening. Her boyfriend and her future mother-in-law are coming to dinner. Obviously[6], she wants to make a good impression.[7] As she is walking through the aisles[8], she decides to prepare a salmon dish[9] with rice and vegetables on the side. She selects[10] the best produce[11] she can find and some fresh fish, pays at the cash register[12], and then she leaves the market.

A few hours later, her guests[13] arrive. She is a little[14] nervous[15], but everything looks perfect. Dinner[16] is ready and the table is set. She answers the door[17] with her fingers crossed.[18]

1. *meal* — comida (cena, almuerzo, etc.)
2. *neighborhood* — vecindario
3. *as* — como
4. *groceries* — comestibles
5. *whole* — entero, todo
6. *obviously* — obviamente
7. *to make a good impression* — dejar buena impresión
8. *aisles* — pasillos
9. *salmon dish* — platillo de salmón
10. *select* — seleccionar
11. *produce* — frutas y verduras
12. *cash registar* — caja registradora
13. *guests* — invitados
14. *little* — un poco, pequeño/a
15. *nervous* — nervioso/a
16. *dinner* — la cena
17. *door* — puerta
18. *with her fingers crossed* — con los dedos cruzados (para dar buena suerte)

LESSON 11
HEALTH.   La salud.

A. DIALOGUE

THE DOCTOR'S OFFICE.

PATIENT: **Hi, this is Carlo Pirelli calling. I need to see the doctor immediately.**

RECEPTIONIST: **Is this an emergency?**

PATIENT: **Yes, I have a terrible stomachache and a fever.**

RECEPTIONIST: **Is this your first time in this office?**

PATIENT: **No, I'm a regular patient.**

RECEPTIONIST: **Go ahead and come in right away.**

A little later.

PATIENT: **Hi, my name is Carlo Pirelli.**

RECEPTIONIST: **Yes. Take a seat right here for a moment.**

NURSE: **Hello. Let me take your temperature and blood pressure.**

PATIENT: **Sure.**

NURSE: **Well, your temperature is a little high, but your blood pressure is perfect for your age.**

PATIENT: **That's good to hear.**

NURSE: **The doctor will be right in.**

PATIENT: **Thanks.**

DOCTOR: **Mr. Pirelli, I hear you're in pain.**

PATIENT: **Yes. I have a stomachache and I feel a little dizzy.**

DOCTOR: **Does it hurt if I press here?**

PATIENT: **Yes.**

DOCTOR: **Take a deep breath. It doesn't seem to be anything serious. You probably just have the flu. There's a virus going around. Don't worry about it.**

PATIENT: **So, there's nothing I can do?**

DOCTOR: **Go home, rest and drink lots of fluids. If you don't feel better in a couple of days, come back to see me.**

PATIENT: **Thanks.**

El consultorio médico.

PACIENTE: Hola, soy Carlo Pirelli. Necesito ver al doctor inmediatamente.

RECEPCIONISTA: ¿Es una emergencia?

PACIENTE: Sí. Tengo fiebre y un terrible dolor de estómago.

RECEPCIONISTA: ¿Es ésta su primera visita a esta clínica?

PACIENTE: No, yo soy paciente allí.

RECEPCIONISTA: Bien. Puede venir ahora mismo.

Un rato más tarde.

PACIENTE: Hola, soy el señor Carlo Pirelli.

RECEPCIONISTA: Sí. Siéntese aquí por un momento.

ENFERMERA: Hola. Le voy a tomar la temperatura y la presión de la sangre.

PACIENTE: Bien.

ENFERMERA: Bueno, su temperatura está una poca alta, pero su presión de la sangre está perfecta para su edad.

PACIENTE: Qué bueno.

DOCTOR: Señor Pirelli, me dicen que tiene un dolor.

PACIENTE: Sí. Me duele el estómago y me siento un poco mareado.

DOCTOR: ¿Le duele si le aprieto aquí?

PACIENTE: Sí.

DOCTOR: Respire profundamente. Posiblemente sólo tiene gripe. Es un virus que anda por allí. No se preocupe.

PACIENTE: ¿No hay nada que yo pueda hacer?

DOCTOR: Váyase a su casa, descanse y tome muchos líquidos. Si no se siente mejor en un par de días, venga a verme otra vez.

PACIENTE: Gracias.

B. GRAMMAR AND USAGE

1. HAY: *THERE* + *TO BE*.

a. Existencia. *Existence.*

En español es posible omitir el sujeto. Sin embargo, el inglés requiere la expresión de sujeto en las oraciones con un verbo conjugado.

We need to see a doctor immediately.
Necesitamos ver a un doctor inmediatamente.

I have a headache.
Tengo un dolor de cabeza.

Pero a veces hay ocasiones en las que no hay un sustantivo o un pronombre en esa posición. Se puede usar *there* para "rellenar" ese vacío. Este verbo pospone el sujeto a una posición después del verbo. En general, *there* indica existencia. La expresión equivalente en español es "hay."

I'm sorry, but there is nothing I can do.
Lo siento pero no hay nada que yo pueda hacer.

There are two nurses working today.
Hay dos enfermeras trabajando hoy.

There are no appointments for today.
No hay citas disponibles para hoy.

Al usar *there* en posición inicial de sujeto, se hace concordancia entre el verbo *to be* y el sustantivo que le sigue. La concordancia tiene sólo dos opciones: singular o plural. Sin embargo, la traducción al español sólo usa "hay."

There is a doctor in the clinic.
Hay un doctor en la clínica.

There are twenty doctors in this hospital.
Hay veinte doctores en este hospital.

There se contrae con el verbo *to be* cuando se usa *is*.

There's a virus going around.
Hay un virus que anda por ahí.

There's nothing to worry about.
No hay nada de que preocuparse.

Las dos formas en el tiempo pasado son *there was/there were*.

Last week, there was a lady with a terrible stomachache.
La semana pasada hubo una señora con un terrible dolor de estómago.

There were twenty patients here yesterday.
Ayer hubo veinte pacientes aquí.

b. Preguntas con *there* + *to be*. Questions with "there" + "to be."

Las preguntas se forman de manera regular, igual que al usar el verbo *to be*. También se siguen las mismas pautas para el uso de las respuestas cortas.

Tell me, doctor, is there a problem with my stomach?
Dígame doctor, ¿hay algún problema con mi estómago?

Are there any patients in the waiting room? No there aren't.
¿Hay algún paciente en la sala de espera? No, no hay ninguno.

2. DESCRIBIR DE PROBLEMAS DE SALUD. *DESCRIBING HEALTH PROBLEMS.*

Ya hemos presentado diferentes palabras interrogativas. Cuando sentimos algún dolor o malestar, los doctores normalmente usan varias preguntas para preguntarnos cuál es el problema.

What's the matter?/What seems to be the problem?
¿Cuál es el problema?

Where does it hurt?
¿Dónde le duele?

En la respuesta existen las siguientes opciones.

a. *–ache* (dolor).

Una opción que se puede utilizar es *–ache* (dolor) y un sustantivo. *Ache* se añade a la palabra que indique la parte del cuerpo que causa molestia o dolor. Algunos problemas físicos que se pueden expresar de esa manera son:

I have a stomachache.
Tengo dolor de estómago.

I have a toothache.
Tengo dolor de muelas.

I have a headache.
Tengo dolor de cabeza.

I have a backache.
   Tengo dolor de espalda.

I have an earache.
   Tengo un dolor en el oído.

En algunas circunstancias, se puede utilizar *ache* como verbo. Se usa la estructura: sustantivo + *(to) ache*.

My body aches.
   Me duele el cuerpo.

My feet ache after a long walk.
   Me duelen los pies después de caminar mucho.

  b. *To hurt* (doler).

La segunda opción es utilizar el verbo *to hurt* (doler). Este verbo se utiliza en la manera usual.

My neck hurts.
   Me duele la nuca.

My knee hurts.
   Me duele la rodilla.

My eyes hurt.
   Me duelen los ojos.

  c. *Sore.*

La tercera posibilidad es el adjetivo *sore,* cuyo significado puede ser dolor, inflamación o llaga, dependiendo del caso. Este término generalmente se antepone a la palabra que indica la parte del cuerpo que causa malestar o dolor.

I have a sore throat.
   Tengo la garganta inflamada.

I have sore muscles.
   Me duelen los músculos.

My muscles are sore.
   Me duelen los músculos.

3. LOS NÚMEROS ORDINALES. *ORDINAL NUMBERS.*

first	primero
second	segundo
third	tercero
fourth	cuarto
fifth	quinto
sixth	sexto
seventh	séptimo
eighth	octavo
ninth	noveno
tenth	décimo
eleventh	undécimo/onceavo
twelfth	duodécimo
thirteenth	décimotercero
fourteenth	décimocuarto
fifteenth	décimoquinto
sixteenth	décimosexto
seventeenth	décimoséptimo
eighteenth	décimoctavo
nineteenth	décimonoveno
twentieth	vigésimo

Después de "twentieth" (vigésimo), las decenas y las unidades se unen por medio de un guión.

thirty-first	trigésimo primero
forty-second	cuadragésimo segundo
eighty-third	octogésimo tercero
one hundred and ninth	centésimo noveno

Hay una manera corta de escribir los números ordinales. Por ejemplo:

1st	primero
2nd	segundo
3rd	tercero
4th	cuarto
5th	quinto
6th	sexto etc.

Is this your first time in this clinic?
¿Es ésta su primera vez en esta clínica?

Mr. Pirelli, you have the second appointment of the day.
Sr. Pirelli, usted tiene la segunda cita del día.

The office is closed on the first of January.
   La oficina está cerrada el primero de enero.

It's the third door.
   Es la tercera puerta.

4. LOS MANDATOS EN IMPERATIVO. *THE IMPERATIVE COMMANDS.*

En inglés, los mandatos en imperativo implican que se usa el sujeto *you* (tú/usted). En el mandato, no se pone el sujeto, sino que se usa la forma del infinitivo sin *to*.

Go home and rest.
   Vaya a su casa y descanse./Ve a tu casa y descansa.

Be on time.
   Llegue/llega a tiempo.

Take this medicine and drink lots of fluids.
   Tome/toma esta medicina y beba/bebe muchos líquidos.

Open your mouth and say "Ahh!"
   Abra la boca y diga "Ahh!"/Abre la boca y di "Ahh!"

Al usar una negación, simplemente se usa *don't* antes del verbo.

Don't be late.
   No llegues tarde.

Don't take this medicine.
   No tome/tomes esta medicina.

Don't call before Tuesday.
   No llame/llames antes del martes.

5. LOS USOS DE LA PALABRA *RIGHT*. *USES OF THE WORD "RIGHT."*

En inglés, esta palabra tiene muchos usos. Aquí presentamos algunos de ellos.
Puede servir para indicar un efecto inmediato o muy cercano.

Come right away.
   Venga ahora mismo.

Take a seat right here.
   Tome asiento en este lugar.

También, la palabra *right* se usa para indicar que se está de acuerdo con algo, o que se confirma lo que alguien más ha dicho.

So, there is nothing I can do about my pain?
¿Así que no hay nada que yo pueda hacer para mi dolor?

That's right.
Correcto.

Además, la palabra *right* se puede usar para indicar dirección.

Turn right at the next street.
Doble a la derecha en la siguiente calle.

You go to the next light and turn right.
Vaya al siguiente semáforo y doble a la derecha.

C. VOCABULARY

BODY PARTS (Partes del cuerpo)

neck	cuello
shoulder	hombro
arm	brazo
elbow	codo
back	espalda
chest	pecho
abdomen	abdomen
leg	pierna
thigh	muslo
knee	rodilla
wrist	muñeca
hand	mano
fingers	dedos de las manos
toes	dedos de los pies
head	cabeza
mouth	boca
nose	nariz
tooth	diente
eye	ojo
ear	oído, oreja
foot	pie
ankle	tobillo
stomach	estómago
throat	garganta
muscle	músculo

NOUNS

receptionist	recepcionista
office	consultorio, oficina
appointment	cita
nurse	enfermera
emergency	emergencia
flu	gripe
breath	respiración/aliento
virus	virus
fluid	líquido
pain	dolor
ache	dolor
sore	inflamación

VERBS

to call	llamar
to ache	doler
to take a seat	sentarse
to worry	preocuparse
to feel	sentir
to hurt	doler
to prescribe	prescribir
to rest	descansar

ADJECTIVES AND OTHER USEFUL WORDS

sore	inflamado/a
dizzy	mareado/a
sick	enfermo/a
deep	profundo/a
regular	regular

EXERCISES

A. *Fill in the blanks in the following passage with the correct forms of "there is/there are."* (Llene los espacios en blanco en el siguiente pasaje.)

San Francisco is an interesting city. _____ many wonderful things to see. For example, _____ a red bridge called "The Golden Gate Bridge." Also, _____ different kinds of marine animals by the pier (muelle). _____ also a small island called "Alcatraz." Finally, _____ train cars called "trolleys." These are cable cars which offer an interesting way to explore the downtown area. San Francisco is such an exciting city!

B. *Underline the word that does NOT belong to the group.* (Subraye la palabra que no pertenece al grupo.)

1. doctor, nurse, patient, hospital
2. stomach, clinic, office, hospital
3. legs, throat, medicine, head
4. to rest, to call, to hurt, tomorrow
5. throat, stomachache, backache, headache

C. *Complete the following dialogue.* (Complete el siguiente diálogo.)

Receptionist: Dr. Johnson's office. _____ I help you?
Patient: I need to see a doctor _____ away.
Receptionist: What's your name sir?
Patient: _____ Jean Garnier.
Receptionist: What's the problem?
Patient: My back _____.
Receptionist: I see. How about an appointment for next Monday?
Patient: _____ I come this week?
Receptionist: No, _____ sorry.
Patient: OK. Next Monday, then. _____ time?
Receptionist: _____ about 3:30?
Patient: Good. Thank you.

D. *Write out the ordinal numbers in the following sentences.* (Escriba los números ordinales en las siguientes oraciones.)

EXAMPLE: Sharon was born on the (5) _____ of January.
Sharon was born on the *fifth* of January.

1. My birthday is on the (14) _____ of November.
2. Independence Day in the USA is on the (4) _____ of July.
3. Christmas is usually celebrated on the (25) _____ of December.
4. My mother-in-law was born on the (3) _____ of May.
5. Everybody needs a (2) _____ chance.

E. *Translate into English.* (Traduzca al inglés.)
   1. En la siguiente calle, doble a la derecha.
   2. Vaya a su casa y tome la medicina.
   3. Esta es mi primer visita a esta clínica.
   4. Me duele la espalda.
   5. Puede venir al hospital ahora mismo.

F. *Suggested activities.* (Otras actividades sugeridas.)
   1. Escriba una pequeña historia acerca de una mujer que se quebró una pierna y tuvo que ir al hospital.

CULTURAL NOTE

Aprender a desenvolverse en el sistema médico estadounidense puede ser todo un reto. En primer lugar, en la actualidad se puede obtener cobertura médica si la empresa o entidad para la que se trabaja la proporciona como beneficio laboral. De lo contrario, la única otra alternativa que queda es la de comprar un seguro médico cuyo costo puede ser exorbitante. Por el momento, en los Estados Unidos no hay un programa nacional de cobertura médica. En segundo lugar, una vez que se logra tener un seguro médico hay que enfrentarse a la burocracia de las compañías de seguros. Algunas de éstas solamente permiten que se consulte a los médicos que ellos han designado. Se puede acudir a otros médicos, pero las cuotas del usuario aumentan. Finalmente, hacer una cita con un médico puede llevar mucho tiempo. Sin embargo, cada médico mantiene cierto tiempo libre en caso de alguna emergencia. Obviamente, en casos de urgencia la gente va a los hospitales. Por otro lado, los servicios médicos de este país tienen la reputación de ser confiables y de muy alta calidad.

ANSWERS

A. 1. *There are*   2. *there is*   3. *there are*   4. *There is*   5. *there are*
B. 1. *hospital*   2. *stomach*   3. *medicine*   4. *tomorrow*   5. *throat*
C. 1. *May/Can*   2. *right*   3. *My name is*   4. *hurts/aches*   5. *can*
   6. *I'm*   7. *(At) what*   8. *How*
D. 1. *fourteenth*   2. *fourth*   3. *twenty-fifth*   4. *third*   5. *second*
E. 1. *At the next street, turn right. 2. Go home and take the medicine. 3. This is my first visit to this clinic. 4. My back hurts. 5. You can come to the hospital right now.*

LESSON 12
BANKING. En el banco.

A. DIALOGUE

OPENING A BANK ACCOUNT.

CLERK: **How can I help you today?**

MARIO: **We need to open a checking account.**

CLERK: **Well, there are two options. First, our standard checking account has no minimum balance requirement, but there's a monthly service fee of $10.00.**

LAURA: **What about the other option?**

CLERK: **Our golden checking account has a minimum balance requirement of $1,000.00, but there's no monthly service fee. Money orders and traveler's checks are free as well.**

MARIO: **Which choice would you prefer?**

LAURA: **A $10.00 service fee is a lot of money, but I think we should take the standard checking account anyway.**

MARIO: **I agree.**

CLERK: **Do you want this to be a joint account?**

LAURA: **Yes, please.**

CLERK: **Please fill out these forms. Also, I need two forms of identification.**

MARIO: **Whose name will appear on the checks?**

CLERK: **Both of your names.**

LAURA: **Can we get two ATM cards with this account?**

CLERK: **Certainly.**

ABRIENDO UNA CUENTA BANCARIA.

EMPLEADO: ¿En qué les puedo ayudar?

MARIO: Necesitamos abrir una cuenta de cheques.

EMPLEADO: Hay dos opciones. Primero, nuestra cuenta de cheques regular que no requiere un balance mínimo, pero tiene un cargo mensual de servicio de $10.00.

LAURA: ¿Y cuál es la otra opción?

EMPLEADO: Nuestra cuenta de cheques dorada requiere un balance mínimo de $1,000.00 pero no hay cargo mensual de servicio. Los giros bancarios y cheques de viajero son también gratis.

MARIO: ¿Cuál cuenta prefieres?

LAURA: El cargo de $10.00 por servicio mensual es mucho dinero, pero creo que deberíamos abrir la cuenta de cheques regular.

MARIO: Estoy de acuerdo.

EMPLEADO: ¿Quieren que sea una cuenta conjunta?

LAURA: Sí, por favor.

EMPLEADO: Por favor, llenen estos formularios. Necesito dos formas de identificación.

MARIO: Qué nombre va a aparecer en los cheques?

EMPLEADO: Los dos.

LAURA: ¿Podremos tener dos tarjetas para el cajero automático con esta cuenta?

EMPLEADO: Claro que sí.

B. GRAMMAR AND USAGE

1. SUSTANTIVOS POSESIVOS. *POSSESSIVE NOUNS.*

La primera manera de expresar posesión es por medio de sustantivos posesivos. Para formarlos, se añade un apóstrofo y una "s" a la persona o cosa que posee algo. Sirve para indicar posesión. Compare:

Steve has a bank account.
Steve tiene una cuenta bancaria.

Steve's bank account doesn't have a service charge.
La cuenta bancaria de Steve no tiene cargo de servicio.

Otros ejemplos:

Traveler's checks cost 1% of their value.
Los cheques de viajero cuestan un 1% de su valor.

The bank's manager is very friendly.
El gerente del banco es muy amable.

Your wife's signature is required to open a joint account.
Se requiere la firma de su esposa para abrir una cuenta conjunta.

Cuando los sustantivos singulares terminan en "s," existen dos posibilidades para formar el sustantivo posesivo.

James' ID (identification card) is from Massachusetts.
La tarjeta de identificación de James es de Massachusetts.

James's wife is from Arizona.
La esposa de James es de Arizona.

Cuando el sustantivo es plural, sólo se añade el apóstrofo, ya que la mayor parte de los sustantivos plurales terminan en "s."

Your parents' signature is required if you are under eighteen.
Se requiere la firma de tus padres si eres menor de dieciocho años.

The clerks' names are Victor and Fernando.
Los nombres de los empleados son Victor y Fernando.

Todos aquellos sustantivos plurales irregulares que no terminan en "s" también forman el posesivo añadiendo el apóstrofo y "s."

These men's signatures are not authorized by the company.
Las firmas de estos hombres no están autorizadas por la compañía.

There's no women's restroom in this office.
No hay un baño para mujeres en esta oficina.

También se puede usar un sustantivo posesivo sin que le siga un sustantivo cuando el objeto poseído ya ha sido establecido.

Mario's ID is from Texas. Laura's is from California.
La identificación de Mario es de Texas. La de Laura es de California.

Peter's car is red. Sharon's is blue.
El coche de Peter es rojo. El de Sharon es azul.

2. PRONOMBRES POSESIVOS. *POSSESSIVE PRONOUNS.*

Antes de explicar la segunda posibilidad para expresar posesivos, recuerde que en el capítulo 2 presentamos los adjetivos posesivos: *my, your, his, her, its, our, their.*

The checkbook belongs to me. It's my checkbook.
La chequera me pertenece a mí. Es mi chequera.

Se puede notar que los adjetivos posesivos se utilizan frente a un sustantivo. Sin embargo, los pronombres posesivos se pueden usar por sí solos, ya que éstos representan sustantivos.

The checkbook belongs to me. It's mine.
La chequera me pertenece. Es mía.

Your doctor is very young. Ours is very old.
Tu doctora es muy joven. La nuestra es muy vieja.

ADJETIVOS POSESIVOS		PRONOMBRES POSESIVOS	
my	mi	*mine*	el/la mío/a
your	tu, su	*yours*	el/la tuyo/a, suyo/a
his	su	*his*	el/la suyo/a
her	su	*hers*	el/la suyo/a
its	su		
our	nuestro/a	*ours*	el/la nuestro/a
your	su	*yours*	el/la suyo/a, vuestro/a
their	su	*theirs*	el/la suyo/a

Our bank account is a savings account. Theirs is checking.
Nuestra cuenta bancaria es de ahorros. La de ellos es de cheques.

My apartment is small and cheap. Yours is big and expensive.
Mi apartamento es pequeño y barato. El tuyo es grande y caro.

Susan's mother is a clerk at a bank. Mine is a doctor.
La mamá de Susan es cajera en un banco. La mía es doctora.

También se puede usar la contracción con algunos pronombres.

Peter's wife is an accountant. Mine's a teacher.
La esposa de Peter es contadora. La mía es maestra.

3. EL PRONOMBRE INTERROGATIVO *WHOSE*. THE QUESTION PRONOUN "WHOSE."

Whose se emplea para preguntar a quién pertenece algo. Al responder se tiene la opción de emplear sustantivos posesivos o pronombres posesivos.

Whose name do you want on the checks? Both of ours.
¿A nombre de quién quiere la cuenta de cheques? Los nuestros.

Whose checkbook is that? It's Laura's.
¿De quién es esa chequera? Es de Laura.

Whose ATM card is this? It's mine.
¿De quién es esta tarjeta de cajero automático? Es mía.

Whose is this? It's theirs.
¿De quién es esto? Es de ellos.

4. PREGUNTAS CON *WHICH*. QUESTIONS WITH "*WHICH*."

Which se emplea de la misma manera que el español utiliza "cuál" para preguntar acerca de una opción que hay entre un grupo determinado de elementos. Note que *which* corresponde tanto al singular "cuál" como al plural "cuáles."

We have different accounts. Which (one) would you like?
  Tenemos cuentas diferentes. ¿Cuál cuenta le gustaría?
I'd like the standard checking account.
  Me gustaría la cuenta de cheques regular.
Which checks would you like, cashier's or traveler's checks?
  ¿Cuáles cheques quieren, cheques de caja o de viajero?
I prefer traveler's cheques.
  Prefiero cheques de viajero.
We have large bills and small bills. Which do you prefer?
  Tenemos billetes de alta y baja denominación. ¿Cuáles prefiere?
It doesn't matter.
  No importa.
Which names do you want on your joint account?
  ¿Cuáles nombres quiere en su cuenta conjunta?
Both names, please.
  Los dos nombres, por favor.

C. VOCABULARY

NOUNS

customer	cliente
account	cuenta
checking account	cuenta de cheques
savings account	cuenta de ahorros
standard	regular, corriente, estándar
joint account	cuenta conjunta
individual account	cuenta individual, personal
checks	cheques
traveler's checks	cheques de viajero
cashier's checks	cheques de caja
money order	giro bancario
balance	balance
service	servicio
fee	cuota, cargo, costo
signature	firma

cash	dinero en efectivo
bank	banco
identification (ID)	identificación
option	opción

VERBS

to write checks	girar cheques
to appear	aparecer
to require	requerir
to sign	firmar
to get	obtener
to agree	estar de acuerdo

ADJECTIVES

free	gratis, gratuito
minimum	mínimo
separate	separado
joint	en conjunto
monthly	mensual

OTHER USEFUL WORDS

whose	de quién
which	cuál, cuáles
both	ambos

EXERCISES

A. *Complete the following sentences using the possessive noun in parentheses.* (Complete las siguientes oraciones usando los sustantivos posesivos proveídos entre paréntesis.)

EXAMPLE: *The <u>bank's</u> business hours are from 9 a.m. to 4 p.m. (bank)*

1. *The _____ bookstore is closed. (children)*
2. *My _____ name is Brigitte. (mother)*
3. *His _____ name is Teresa. (wife)*
4. *Jessica is living at her _____ house. (parents)*
5. *The _____ rest room is around the corner. (women)*
6. *The _____ hours are from 9 a.m. to 2 p.m. (law firm)*
7. *_____ checks are very useful for trips. (traveler)*
8. *_____ car is very small. (Lisa)*

B. *Answer the following questions using possessive adjectives.* (Conteste las preguntas usando adjetivos posesivos.)

EXAMPLE: *Whose check book is on the desk? (my)* My book is on the desk.

1. *Whose apartment is on Broadway? (he)*
2. *Whose dog is this? (I)*
3. *Whose car is parked in my space? (she)*
4. *Whose house is yellow? (they)*
5. *Whose car are we taking? (you)*

C. *Complete the following sentences. Use the correct possessive pronoun or noun.* (Complete las oraciones usando los pronombres o sustantivos posesivos.)

EXAMPLE: *His name is Paul.* Mine *is Antonio. (I)*

1. *Our neighbors' house is brown.* _____ *is yellow. (we)*
2. *I have a savings account.* _____ *is a checking account. (you)*
3. *Our stories are short.* _____ *are long. (they)*
4. *My classes are very demanding.* _____ *are very easy. (he)*
5. *Her name is Evelyn.* _____ *is Fabiola. (she)*
6. *My job is very boring.* _____ *is interesting. (Laura)*
7. *Carlos' television is 19 inches.* _____ *is only 13 inches. (you)*
8. *Sandra's home is gorgeous.* _____ *is beautiful, too. (we)*
9. *Maya's exams are very difficult.* _____ *are not. (he)*
10. *My apartment is on Broadway.* _____ *is on Main. (John)*

D. *Fill in the blanks using "which" or "whose."* (Llene los espacios en blanco usando *which* o *whose*.)

EXAMPLE: *We serve hot chocolate and coffee.* Which *do you prefer?*

1. _____ *account would you like, savings or checking?*
2. _____ *wallet is this? It was in the kitchen.*
3. *I like chocolate ice cream.* _____ *kind do you like?*
4. *That house is beautiful.* _____ *house is it?*
5. *There are so many Christmas presents.* _____ *one is mine?*

E. *Suggested activities.* (Otras actividades sugeridas.)

1. Escriba una breve descripción acerca del proceso que siguió cuando Ud. abrió una cuenta bancario. Cuente todos los detalles que recuerde.

CULTURAL NOTE

La banca estadounidense es en general muy dinámica y eficiente. Abrir una cuenta bancaria es relativamente sencillo. Generalmente se requieren dos comprobantes de identificación para poder abrir una cuenta. Cada banco ofrece varios tipos de cuentas, ya sea de ahorros o de cheques. Por lo tanto, es importante informarse sobre las diferentes opciones que cada banco ofrece para así abrir el tipo de cuenta que más le convenga. A partir de eso, las transacciones bancarias se pueden llevar a cabo en el banco mismo o en agencias y cajeros automáticos que se encuentran por toda la ciudad. A los cajeros automáticos en inglés se les llama *Automated-Teller Machine,* más conocidos por las siglas *ATM*. En algunos casos no es ni siquiera necesario depositar su cheque salarial, ya que muchas empresas o instituciones depositan directamente su salario en el banco donde usted tiene su cuenta. Si se desea enviar dinero a otro país, la forma más común es por medio de *money orders* (giros bancarios), si es que la cantidad no sobrepasa los mil dólares. Para cantidades más altas, normalmente se usan *cashier's checks* (cheques de caja). En otros casos y para mayor rapidez, los bancos envían dinero directamente al país destinatario. Este servicio, lógicamente, es mucho más costoso pero muy eficiente.

ANSWERS

A. 1. *children's* 2. *mother's* 3. *wife's* 4. *parents'* 5. *women's* 6. *law firm's* 7. *Traveler's* 8. *Lisa's*
B. 1. *His apartment is on Broadway.* 2. *This is my dog.* 3. *Her car is parked in my space.* 4. *Their house is yellow.* 5. *We're taking your car.*
C. 1. *Ours* 2. *Yours* 3. *Theirs* 4. *His* 5. *Hers* 6. *Laura's* 7. *Yours* 8. *Ours* 9. *His* 10. *John's*
D. 1. *Which* 2. *Whose* 3. *Which (What)* 4. *Whose* 5. *Which*

LESSON 13
SHOPPING FOR FOOD.   Comprando alimentos.

A. DIALOGUE

AT THE SUPERMARKET.

TOM: How about chicken for dinner tonight?

KATHY: Sounds good. Do you have the shopping list?

TOM: No, I don't.

KATHY: I don't either. It's probably at home on the kitchen counter.

TOM: Great! Do you have any idea what we need?

KATHY: Well, the chicken and something to serve on the side.

TOM: How about vegetables and rice?

KATHY: Fine. I'll get some carrots and a package of rice.

TOM: I think we're out of milk. I'll get some.

KATHY: Oh. And let's get some eggs for tomorrow morning.

TOM: You're not supposed to eat so many eggs. It's not good for you.

KATHY: Look who's talking. With your usual diet of meat and potatoes, you're a real health nut.

A few minutes later.

CASHIER: Your total is $23.83.

KATHY: Here you go.

CASHIER: Out of $30.00. $6.17 is your change.

TOM: Oh, no!

KATHY: What?

TOM: The chicken!

EN EL SUPERMERCADO.

TOM: ¿Qué tal si comemos pollo esta noche?

KATHY: Buena idea. ¿Tienes la lista de compras?

TOM: No. Yo no la tengo.

KATHY: Yo tampoco. Probablemente la dejamos en la cocina.

TOM: Pues ni modo. ¿Tienes idea de qué necesitamos?

KATHY: Bueno, el pollo y algo para acompañarlo.

TOM: ¿Qué tal verduras y arroz?

KATHY: Muy bien. Buscaré unas zanahorias y un paquete de arroz.

TOM: Creo que se nos terminó la leche. Yo la busco.

KATHY: Ah, y llevemos unos huevos para mañana.

TOM: No debes comer tantos huevos. No es bueno para tí.

KATHY: Mira quien habla. Con tu dieta de papas y carne, eres una persona obsesionada con la salud.

Un poco más tarde.

CASHIER: El total es $23.83.

KATHY: Aquí tiene.

CASHIER: $30.00. Asi que $6.17 es su cambio.

TOM: ¡Ah, no!

KATHY: ¿Cómo?

TOM: ¡El pollo!

B. GRAMMAR AND USAGE

1. SUSTANTIVOS CONTABLES Y NO CONTABLES. *COUNTABLE AND NON-COUNTABLE NOUNS.*

a. Sustantivos contables. *Countable nouns.*

Como su nombre lo indica, son aquellos que se pueden contar. Este tipo de sustantivos tienen dos formas: singular y plural. En el singular se utilizan los artículos indefinidos *a, an* (uno, una), el artículo definido *the,* y el número *one.*

We need a cake for dessert.
    Necesitamos un pastel para el postre.

Did you bring the shopping list?
    ¿Trajiste la lista de compras?

There's only one egg left.
    Sólo queda un huevo.

En el plural no se utiliza el artículo indefinido. Se usa el artículo definido o ningún artículo. Los sustantivos contables aceptan -s/-es en su forma plural. Además, como estos sustantivos se pueden "contar," entonces pueden ir precedidos por números.

Let's get the carrots first.
Compremos las zanahorias primero.

We need eggs for tomorrow.
Necesitamos huevos para mañana.

I need to buy two lemons and three oranges.
Necesito comprar dos limones y tres naranjas.

    b. Sustantivos no contables. *Non-countable nouns.*

Son todos aquellos sustantivos que no se pueden contar por ser indivisibles en unidades. La mayoría de estos son sustantivos a los que se hace referencia como un conjunto formado de partes similares o iguales. Algunos de ellos son sustantivos que denominan materias o conceptos abstractos.

Los sustantivos no contables no pueden usar el artículo indefinido *a* o *an*, ni pueden ir precedidos por números. Además, no tienen forma plural. Es decir, tampoco aceptan -s/-es para formar su plural.

Do you have milk at home?
¿Tienes leche en casa?

The bag is heavy. I need help.
La bolsa está pesada. Necesito ayuda.

Para "contar" este tipo de sustantivos, se pueden usar algunas "medidas." Al usarlas, se pueden contar las medidas pero no los sustantivos mismos.

TIPO DE MEDIDA	EJEMPLO
a package of	*I'll get a two-pound package of rice.*
	Traeré un paquete de arroz de dos libras.
a bottle of	*We need to buy a bottle of ketchup.*
	Necesitamos comprar una botella de catsup.
a jar of	*I need two jars of spaghetti sauce.*
	Necesito dos frascos de salsa para espaguetis.
a glass of	*Do you want a glass of water?*
	¿Deseas un vaso de agua?
a piece of	*Give me a piece of gum, please.*
	Dame un pedazo de goma de mascar por favor.

Otras palabras que normalmente se consideran como sustantivos no contables son las siguientes:

water	agua
ice	hielo
paint	pintura
love	amor
justice	justicia
happiness	felicidad
furniture	muebles
vocabulary	vocabulario
homework	tarea, deber

2. SOME Y ANY.

El uso de estos dos vocablos es muy especial. Se puede usar *some* y *any* con sustantivos contables plurales y también con los no contables.

I need to buy some carrots.
   Necesito comprar algunas zanahorias.

Can you please give me some water?
   ¿Me puedes dar un poco de agua por favor?

En realidad, *some* y *any* significan cierto número o cantidad. Preste atención a las siguientes observaciones.

a. Some.

Some se usa solamente en las oraciones afirmativas y nunca en los enunciados negativos.

I want some eggs.
   Quiero unos huevos.

We need some rice.
   Necesitamos un poco de arroz.

También se usa *some* en la formación de preguntas a las cuales se espera que respondan de manera afirmativa. Este tipo de pregunta con frecuencia se usa para ofrecer o pedir algo.

Would you like some milk?
   ¿Quieres un poco de leche?

Yes, I would.
   Sí.

Would you like some more tea?
  ¿Quieres un poco más de té?

Yes, thank you.
  Sí, gracias.

I'm freezing. Can I have some coffee?
  Me estoy congelando. ¿Puedo ordenar café?

Yes, of course.
  Sí, claro.

Doesn't she have some eggs left?
  ¿No le quedan algunos huevos?

Yes, she does.
  Sí.

  b. Any.

  Se emplea en oraciones declarativas negativas. Su equivalente en español puede ser "nada" o "ningún/a," como cuando se quiere enfatizar la carencia de algo.

We don't have any eggs.
  No tenemos ningún huevo.

I don't have any milk.
  No tengo nada de leche.

Tom doesn't have any money.
  Tom no tiene dinero.

  Además, también se puede usar *any* en preguntas negativas y algunas afirmativas (no incluye las mencionadas con *some*).

Do we have any eggs at home?
  ¿Tenemos huevos en la casa?

Doesn't your mom have any ice cream at home?
  ¿No tiene helado tu mamá en casa?

Doesn't this restaurant have any salads on the menu?
  ¿Este restaurante no tiene ensaladas en el menú?

  Todos los casos anteriores hablan de sustantivos plurales. Sin embargo, cuando se usa *some* y *any* con sustantivos singulares pueden dar significados no especificados o de generalización.

  c. Usos idiomáticos de *some* y *any*. Idiomatic uses of "some" and "any."

Some—unspecified or unknown, yet only one exists (no especificado o desconocido, sin embargo uno solo existe.)

Some idiot parks his car in my space every morning.
  Todas las mañanas, algún idiota se estaciona en mi lugar.

Some man was looking for you.
Un hombre te andaba buscando.

Any—*almost everybody* (puede ser cualquier persona)

This job is hard. Any worker will tell you that.
Este trabajo es duro. Cualquier trabajador te lo puede decir.

Ask them. Any student knows where to find the cafeteria.
Pregúntales. Cualquier estudiante sabe dónde está la cafetería.

En algunos casos, *not any* puede ser remplazado por *none* (ninguno/a). *None* funciona como un sustantivo singular.

3. MUCH, MANY, Y A LOT OF.

Cuando hay que expresar la cantidad precisa de algo también se diferencia entre sustantivos contables y no contables. Normalmente, para expresar una cantidad grande, se usa *many* antes de los sustantivos contables, y se usa *much* antes de los sustantivos no contables.

I don't have much time to go to the market.
No tengo mucho tiempo para ir al mercado.

I don't have many eggs left.
Ya no me quedan muchos huevos.

Many y *much* se pueden remplazar con *a lot of.*

We don't need to buy more vegetables. We have a lot of carrots.
No necesitamos comprar más verduras. Tenemos muchas zanahorias.

They don't have a lot of milk left.
A ellos no les queda mucha leche.

Las preguntas se forman con *how much* o *how many*.
How many se emplea para formar preguntas con sustantivos contables. Se puede responder usando: *a lot of* (muchos/as), *many* (muchos/as), *a few* (pocos).

How many gallons of milk do we need?
¿Cuántos galones de leche necesitamos?

One gallon is enough.
Uno es suficiente.

How many people are there in your family?
¿Cuántas personas hay en tu familia?

Five.
   Cinco.

How many lemons should I take?
   ¿Cuántos limones debo llevar?

Bring a few.
   Trae unos cuantos.

How much se emplea para hacer preguntas con sustantivos no contables. Se puede responder con una respuesta larga o corta: *a lot of* (mucho/a), *much* (mucho/a), *a little* (poco/a).

How much rice do we need?
   ¿Cuánto arroz necesitamos?

A lot./We need a lot of rice.
   Mucho./Necesitamos mucho arroz.

How much sugar do we need?
   ¿Cuánta azúcar necesitamos?

Not much.
   No mucha.

How much coffee do you want?
   ¿Cuánto café quieres?

A little.
   Un poco.

Nota: *A lot* o *a lot of* se emplean en respuestas afirmativas y negativas, mientras que *much* se emplea principalmente en respuestas negativas.

4. OTRAS EXPRESIONES DE CANTIDAD. *OTHER EXPRESSIONS OF QUANTITY.*

several	varios/as
a number of	un número de
a couple of	unos cuantos/as
every	cada
both	ambos
a little	un poco
a lot of	mucho/a
lots of	mucho/a
plenty of	mucho/a

We don't need to buy oranges.
   No necesitamos comprar naranjas.

I have plenty of them at home.
   Tengo muchas en casa.

I'd like a little more rice, please.
   Quisiera un poco más de arroz, por favor.

She already has several dishes prepared for the party.
   Ella ya tiene varios platos preparados para la fiesta.

Call me in a couple of days.
   Llámame en unos días.

C. VOCABULARY

FOOD ITEMS

carrot	zanahoria
broccoli	brócoli
lemon	limón
orange	naranja
potato	papa, patata
rice	arroz
egg	huevo
chicken	pollo
milk	leche
water	agua
meat	carne

NOUNS

supermarket	supermercado
groceries	abarrotes, alimentos
food	comida, alimentos
ice	hielo
list	lista
package	paquete
diet	dieta
bottle	botella
pound	libra
health	salud
health nut	obsesionado con la salud

VERBS

to remember	recordar
to think	pensar
to forget	olvidar

OTHER USEFUL WORDS

into	en, dentro
healthy	saludable
how many?	¿cuántos/as?
how much?	¿cuánto/a?

EXERCISES

A. Complete the sentences. Use "a," "an," or "some." (Complete las siguientes oraciones. Use *a, an* o *some*.)

EXAMPLE: We need <u>some</u> sugar.

1. They need _____ bottle of wine.
2. I'd like to drink _____ water.
3. I usually eat _____ apple in the morning.
4. This bag is heavy. I need _____ help.
5. Our refrigerator is empty. We need _____ food.
6. Tom and Kathy are hungry. They want to eat _____ carrots.
7. I'm tired. I need _____ rest.
8. He wants _____ glass of milk.
9. My friends are hungry. They want to eat _____ sausages.
10. Please get _____ bananas at the market.

B. Complete the following sentences. Use "some" and "any." (Complete las siguientes oraciones. Use *some* y *any*.)

EXAMPLE: Does Kathy want <u>some</u> pork?
No, she doesn't want <u>any</u> pork.

1. Does Tom have _____ time now?
2. No, he doesn't have _____ money.
3. Peter has to buy _____ spaghetti sauce.
4. No, they don't have _____ fruit.
5. They need to buy _____ grapes.

C. Form questions using "how much" and "how many." (Forme preguntas con *how much* y *how many*.)

EXAMPLE: a. I have five children. <u>How many children do you have?</u>
b. I drink a lot of coffee every day. <u>How much coffee do you drink every day?</u>

1. I have eighty dollars.
2. I drink a lot of milk.
3. I always put a little salt on my food.
4. I put two teaspoons of sugar in my coffee.

5. *Peter has a lot of children's books.*
6. *We have a lot of soda at home.*
7. *Sharon needs to buy three lemons at the market.*
8. *We need some rice.*
9. *I pay $20.00 for parking every month.*
10. *I'll buy three boxes of cookies.*

D. *Use the vocabulary to complete the dialogue.* (Use el vocabulario para completar el diálogo.)

some	gallons	to	milk
some	to need	a	three

Mother: Tony, do you have time to go _____ the market?
Tony: Sure, Mom. What do you _____?
Mother: I want _____ pounds of meat, two _____ of water, and _____ bottle of ketchup (catsup).
Tony: Anything else?
Mother: Oh, yes! We're almost out of _____. Get _____ orange juice, too.
Tony: Is that all?
Mother: Yes. You can get _____ money from my purse.
Tony: OK. I'll be back.

E. *Suggested activities.* (Otras actividades sugeridas.)

1. Por favor escriba su receta favorita.
2. Llame a un vecino o amigo y pídale su receta favorita.

CULTURAL NOTE

En los Estados Unidos es muy común que tanto hombres como mujeres se ocupen de comprar los alimentos, ya sea en el supermercado o en el mercado. Las razones de esta característica de la vida moderna de este país son muy diversas. Quizás la más notable es el hecho de que la mujer se haya integrado casi en su totalidad a la fuerza laboral. Por consiguiente, lo dicho ha terminado por modificar las responsabilidades domésticas que en varias culturas generalmente se atribuyen a la mujer. En cuanto a la dieta diaria de la mayoría de los estadounidenses, se puede decir que es un poco diferente a la latinoamericana. Se acostumbra comer muchas comidas frías, comidas ligeras y sandwiches. La comida estadounidense en general usa condimentos menos fuertes que la comida de los países latinos. Sin embargo, debido al alto índice de inmigrantes de diversas partes del mundo, la dieta estadounidense se modifica gradualmente, debido a que esta diversidad racial y étnica ha venido a enriquezer con su diversidad culinaria a la comida tradicional. Cabe mencionar también la tendencia estadounidense a clasificar o categorizarlo todo. En vista de esto, a todas las comidas de otros países, como México, Cuba, India, China y Argentina, se les denomina *ethnic foods* (comidas étnicas).

ANSWERS

A. 1. *a* 2. *some* 3. *an* 4. *some* 5. *some* 6. *some* 7. *some* 8. *a*
9. *some* 10. *some*
B. 1. *any* 2. *any* 3. *some* 4. *any* 5. *some*
C. 1. *How much money do you have?* 2. *How much milk do you drink?*
3. *How much salt do you put on your food?* 4. *How many teaspoons of sugar do you put in your coffee?* 5. *How many children's books does Peter have?* 6. *How much soda do we have at home?* 7. *How many lemons does Sharon need to buy at the market?* 8. *How much rice do we need?* 9. *How much do you pay for parking every month?* 10. *How many boxes of cookies will you buy?*
D. 1. *to* 2. *need* 3. *three* 4. *gallons* 5. *a* 6. *milk* 7. *some* 8. *some*

LESSON 14
LOOKING FOR AN APARTMENT.   Buscando apartamento.

A. DIALOGUE

RESPONDING TO THE CLASSIFIED ADS.

MRS. YEE: **Hello?**

MARK: **Hi! Is the apartment you advertised in the paper still available?**

MRS. YEE: **Yes.**

MARK: **May I ask a few questions?**

MRS. YEE: **Certainly.**

MARK: **How big is the apartment?**

MRS. YEE: **It has one bedroom, a living area, a kitchen, and a small den. The den used to be a separate bedroom, but the former tenant decided to tear the wall down.**

MARK: **Does it get any light?**

MRS. YEE: **Oh, yes. The apartment faces south.**

MARK: **How much is the rent?**

MRS. YEE: **$950 a month plus one month's rent as a security deposit.**

MARK: **One last question. Why did the last tenant leave?**

MRS. YEE: **His company offered him a job in New York. He moved to the east coast last month.**

MARK: **That's where I'm from. I just moved here a week ago.**

MRS. YEE: **What a coincidence!**

MARK: **Yes. Can I see the apartment?**

MRS. YEE: **Sure. How about tomorrow at 4:30?**

MARK: **That sounds great. See you then.**

EN RESPUESTA A UN ANUNCIO CLASIFICADO.

MRS. YEE: **¿Bueno?**

MARK: **¿Todavía está disponible el apartamento que anunció en el periódico?**

MRS. YEE: Sí.

MARK: ¿Le puedo hacer algunas preguntas?

MRS. YEE: Claro que sí.

MARK: ¿Qué tamaño tiene el apartamento?

MRS. YEE: Tiene un dormitorio, una sala, una cocina y un cuarto de recreo. Ese cuarto era un dormitorio, pero el inquilino anterior decidió tumbar la pared.

MARK: ¿Y le da luz?

MRS. YEE: Sí. El apartamento da hacia el sur.

MARK: ¿Y cuánto es el alquiler?

MRS. YEE: $950 al mes y un mes de renta como depósito.

MARK: Una última pregunta. ¿Por qué se fue el inquilino anterior?

MRS. YEE: Su compañía le ofreció un trabajo en Nueva York. Se mudó a la costa del este el mes pasado.

MARK: Yo soy de allí. Me acabo de mudar aquí la semana pasada.

MRS. YEE: ¡Qué coincidencia!

MARK: Sí. ¿Puedo ver el apartamento?

MRS. YEE: Claro. ¿Qué tal mañana a las 4:30?

MARK: Excelente. Nos vemos entonces.

B. GRAMMAR AND USAGE

1. EL PASADO SIMPLE. *THE SIMPLE PAST.*

Al pretérito en inglés se le llama pasado simple. Este tiempo verbal tiene la misma función que el pretérito en español, ya que también se usa para expresar acciones en el pasado. Sin embargo, los verbos se dividen en regulares e irregulares (los verbos irregulares se encuentran en la lección 15).

a. *To be*

En la lección 6 vimos el pasado del verbo *to be,* y ésta es una excepción porque tiene dos conjugaciones en el pasado.

In Chicago, I was an apartment manager.
En Chicago, yo estaba encargado de unos apartamentos.

There were two apartments available last month.
El mes pasado había dos apartamentos disponibles.

b. Verbos regulares. *Regular verbs.*

A diferencia de los verbos en el presente, los verbos en el pasado tienen sólo una conjugación en el pretérito para todas las personas. Los verbos regulares son todos aquellos verbos a los cuales se les añade la terminación *-ed* para conjugarlos en el pasado simple.

to help	*helped*	ayudar
to look	*looked*	mirar, ver
to call	*called*	llamar
to visit	*visited*	visitar
to move	*moved*	mudar
to use	*used*	usar
to ask	*asked*	preguntar
to offer	*offered*	ofrecer

I looked at two apartments, but they were too expensive.
  Miré dos apartamentos pero eran demasiado caros.

Linda called the apartment managers.
  Linda llamó a los encargados de los apartamentos.

My company offered me a job in Texas.
  Mi compañía me ofreció un trabajo en Texas.

Last weekend, we put a classified ad in the paper.
  El fin de semana pasado, pusimos un anuncio clasificado en el periódico.

Mario and Laura visited Acapulco for their honeymoon.
  Mario y Laura visitaron Acapulco para su luna de miel.

One of the tenants asked me a lot of questions.
  Uno de los inquilinos me hizo muchas preguntas.

c. Negación. *Negation.*

Al igual que la negación en el presente de indicativo, la negación en el pasado se hace con el verbo auxiliar *to do*. Al conjugarlo en el pasado se usa *did* + *not* (o su contracción *didn't*) + infinitivo. Su conjugación en el pasado es invariable y por eso se utiliza con todas las personas gramaticales.

Peter lived in Washington.
  Peter vivió en Washington.

Peter didn't live in Washington, D.C.
  Peter no vivió en Washington, D.C.

I didn't find an apartment last week.
  No encontré apartamento la semana pasada.

John didn't pay the utilities last month.
John no pagó las cuentas de gas y luz el mes pasado.

My husband didn't paint the kitchen.
Mi esposo no pintó la cocina.

   d. Preguntas. *Questions.*

El patrón a seguir es el mismo que el de las interrogaciones en el presente del indicativo. Es decir, la interrogación comienza con el verbo auxiliar, pero en este caso conjugado en el pasado: *did*. La respuesta puede ser corta o larga.

Did Mark move already?
¿Ya se mudó Mark?

Yes, he did.
Sí.

Did you visit Arizona in May?
¿Visitaste Arizona en mayo?

Yes, I did.
Sí.

Yes, I visited Arizona in May.
Sí, visité Arizona en mayo.

Did you find an apartment?
¿Encontró apartamento?

No, I didn't find an apartment.
No, no encontré apartamento.

Did you call your sister?
¿Llamaste a tu hermana?

No, I didn't.
No, no le llamé.

Did your father help you pay for the house?
¿Te ayudó tu papá a pagar la casa?

No, he didn't.
No.

2. LA ORTOGRAFÍA EN EL PASADO SIMPLE. *SPELLING IN THE SIMPLE PAST.*

Las reglas de ortografía son muy parecidas a las que se usan para formar el presente continuo presentado en la lección 8. En general, a todos los verbos regulares que terminan en consonante se les añade *-ed* para formar el pretérito.

to call	*called*	llamar
to work	*worked*	trabajar
to paint	*painted*	pintar
to ask	*asked*	preguntar
to rent	*rented*	rentar, alquilar

Si terminan en *e* solamente se les añade la *d*.

to move	*moved*	mudarse
to decide	*decided*	decidir
to live	*lived*	vivir

No obstante, algunos verbos sufren pequeñas modificaciones. Si el verbo termina en consonante precedida de una sola vocal tónica, entonces se duplica la consonante y se añade *-ed*.

to stop	*stopped*	parar
to occur	*occurred*	ocurrir
to prefer	*preferred*	preferir

Note que cuando el acento tónico cae en una vocal que no es la anterior a la consonante final, no se duplica esta consonante:

to open	*opened*	abrir
to visit	*visited*	visitar
to travel	*traveled*	viajar

EXCEPCIONES: *to snow* (nevar) y *to fix* (arreglar) se escriben de la siguiente forma: *snowed* y *fixed*.

Si el verbo termina en *y* precedido de consonante, entonces la *y* se cambia por *i,* y también se le añade *ed*.

to study	*studied*	estudiar
to worry	*worried*	preocuparse

EXCEPCIÓN: *to play* (jugar) se escribe *played*.

3. LA PRONUNCIACIÓN EN EL PASADO SIMPLE.
PRONUNCIATION IN THE SIMPLE PAST.

Existen tres grupos de verbos regulares en lo que concierne a la pronunciación de la terminación *ed*.

GRUPO 1:

La terminación *-ed* se pronuncia como *t* después de sonidos que no son sonoros. No se pronuncia la vocal.

to wash	*wash<u>ed</u>*	[waʃt]	lavar
to kiss	*kiss<u>ed</u>*	[kɪst]	besar
to stop	*stopp<u>ed</u>*	[stapt]	parar
to laugh	*laugh<u>ed</u>*	[læft]	reír
to cook	*cook<u>ed</u>*	[kʊkt]	cocinar

GRUPO 2:

La terminación *-ed* se pronuncia como *d* después de sonidos sonoros. No se pronuncia la vocal.

to remember	*remember<u>ed</u>*	[ɹiməmbɚd]	recordar
to rain	*rain<u>ed</u>*	[ɹeɪnd]	llover
to arrive	*arriv<u>ed</u>*	[əɹaɪvd]	llegar
to enjoy	*enjoy<u>ed</u>*	[ɛndʒɔɪd]	disfrutar
to live	*liv<u>ed</u>*	[lɪvd]	vivir

GRUPO 3:

La terminación *-ed* se pronuncia como una sílaba adicional (normalmente se pronuncia como *schwa*) en aquellos verbos que terminan con el sonido *t* o con *d*.

to visit	*visit<u>ed</u>*	[vɪsɪtəd]	visitar
to wait	*wait<u>ed</u>*	[weɪtəd]	esperar
to invite	*invit<u>ed</u>*	[ɪnvaɪtəd]	invitar
to want	*want<u>ed</u>*	[wantəd]	querer
to interrupt	*interrupt<u>ed</u>*	[ɪntɚɹəptəd]	interrumpir

4. PALABRAS QUE DENOTAN EL PASADO.
WORDS DENOTING THE PAST TENSE.

Además de la conjugación de los verbos en el pasado, existen palabras adicionales que indican el pasado.

a. Frases

yesterday	ayer
yesterday morning	ayer en la mañana/por la mañana
yesterday afternoon	ayer en la tarde/por la tarde
yesterday evening	anoche

Yesterday, Mark visited his mother-in-law.
   Ayer Mark visitó a su suegra.

I called the landlord yesterday morning.
   Llamé al dueño del edificio ayer por la mañana.

b. *Last* (pasado/a)

En algunas circunstancias, la palabra *last* es equivalente a "último." En este contexto, significa lo opuesto a *first* (primero). Pero en otros casos equivale a "pasado" o "anterior."

last year	el año pasado
last week	la semana pasada
last summer	el verano pasado
last night	anoche
last Monday	el lunes pasado

Sharon moved to California last summer.
   Sharon se mudó a California el verano pasado.

I rented a two bedroom apartment last month.
   Alquilé un apartamento de dos dormitorios el mes pasado.

We placed a classified ad last week.
   Pusimos un anuncio clasificado la semana pasada.

Peter interrupted my conversation last night.
   Peter interrumpió mi conversación anoche.

c. *Ago* (hace . . . que)

Esta expresión se puede usar como frase de introducción o al final de la oración.

twenty minutes ago	hace veinte minutos
five days ago	hace cinco días

a long time ago   hace mucho tiempo
two weeks ago   hace dos semanas
four months ago   hace cuatro meses
not long ago   no hace mucho

Two days ago, I called my sister in Florida.
    Hace dos días llamé a mi hermana en Florida.

Mary visited Chicago two weeks ago.
    Mary visitó Chicago hace dos semanas.

My parents moved to Texas a long time ago.
    Mis padres se mudaron a Texas hace mucho tiempo.

C. VOCABULARY

NOUNS

tenant	inquilino
manager	encargado del edificio, gerente, administrador
owner	dueño
classified ad	anuncio clasificado
classifieds	anuncios clasificados
newspaper	periódico
weekend	fin de semana
bedroom	habitación, dormitorio
den	cuarto de recreo
utilities	cuentas a pagar (en casa: luz y gas)
electricity	electricidad
parking	estacionamiento
laundry	lavandería
wall	pared
deposit	depósito
coincidence	coincidencia

VERBS

to advertise	anunciar
to move	mudarse, trasladarse
to visit	visitar
to decide	decidir
to prefer	preferir
to remember	recordar
to call	llamar
to leave	marcharse

ADJECTIVES AND OTHER USEFUL WORDS

expensive	caro/a
sure	seguro, claro
wonderful	maravilloso/a
previous	anterior
interested	interesado/a
quickly	rápidamente
welcome	bienvenido/a

EXERCISES

A. *Complete the sentences in the simple present or the simple past using the verbs in the list. (Complete las oraciones en el presente simple o en el pasado simple usando los verbos en la lista.)*

to live	to travel	to cook	to rain	to call

EXAMPLE: *I walk to the train station every day.*
Yesterday I walked to the train station.

1. Usually, I _____ vegetables. But yesterday I _____ pasta.
2. Last year, Mark _____ in Washington, D.C., but now he _____ in New York City.
3. It _____ a lot in Oregon. Last night it _____ all night long.
4. Every year, I _____ to different places. Last summer, I _____ to Spain.
5. I usually don't _____ my parents, but I _____ them last week.

B. *Complete the sentences in the simple past. Use the verbs in parentheses in the positive or negative form as indicated. (Complete las oraciones en el pasado simple. Use los verbos entre paréntesis en la forma negativa o positiva.)*

EXAMPLE: *I (to decide) decided to finish my homework.*
I (to visit, not) didn't visit my parents last night.

1. The audience (to enjoy, not) _____ the show.
2. I (to finish, not) _____ my homework last night because I (to watch) _____ television.
3. The weather (to be, not) _____ cold yesterday, but Ramón (to decide) _____ to wear a sweater anyway.
4. The joke (to be) _____ funny. Everybody (laugh) _____.
5. Sarah (to worry) _____ because John (to stop, not) _____ at the red light.

C. *Form questions and provide short answers.* (Forme preguntas y conteste con respuestas cortas.)

EXAMPLE: *Chong moved to Portland.*
   Did Chong move to Portland? Yes, he did.

1. *It didn't rain last week.*
2. *Peter wanted to live in Texas.*
3. *Jim lived in Washington for two years.*
4. *Jean and Mark enjoyed the movie.*
5. *We didn't travel to China last winter.*

D. *Provide the past tense of the following verbs.* (Dé el pasado simple de los verbos siguientes.)

EXAMPLE: *stop*   *stopped*

1. *interrupt*
2. *play*
3. *laugh*
4. *study*
5. *finish*
6. *close*
7. *want*
8. *kiss*
9. *work*
10. *paint*

E. *Suggested activities.* (Otras actividades sugeridas.)

1. Seleccione un periódico en inglés y vaya a la sección de anuncios clasificados. Llame por teléfono a un apartamento o casa de alquiler. Haga varías preguntas acerca del lugar y lo que cuesta por mes.

CULTURAL NOTE

Alquilar una casa o apartamento en los Estados Unidos puede ser bastante complicado. Normalmente el alquiler es más elevado en las ciudades que en las afueras. Por eso, ciudades como Nueva York, Boston y Los Angeles son más caras que otras. Una casa o apartamento se puede alquilar de manera mensual o con un contrato a plazo más largo. Al alquilar o "rentar" de manera mensual, los propietarios, en su mayoría, exigen que se les pague el primer y el último mes por adelantado. Además, exigen un depósito equivalente al alquiler de un mes.

    Mucha gente busca apartamentos o casas en la sección de anuncios clasificados de los periódicos. En general, los anuncios clasificados proporcionan muchas opciones para encontrar un lugar para vivir de acuerdo con las necesidades de cada bolsillo.

ANSWERS

A. 1. *cook, cooked*   2. *lived, lives*   3. *rains, rained.*   4. *travel, traveled*
   5. *call, called*
B. 1. *didn't enjoy*   2. *didn't finish, watched*   3. *wasn't, decided*   4. *was, laughed*   5. *worried, didn't stop*
C. 1. *Did it rain last week? No, it didn't.* 2. *Did Peter want to live in Texas? Yes, he did.* 3. *Did Jim live in Washington for two years? Yes, he did.* 4. *Did Jean and Mark enjoy the movie? Yes, they did.* 5. *Did you travel to China last winter? No, we didn't.*
D. 1. *interrupted*   2. *played*   3. *laughed*   4. *studied*   5. *finished*
   6. *closed*   7. *wanted*   8. *kissed*   9. *worked*   10. *painted*

LESSON 15
MOVING TO ANOTHER CITY.   Mudarse a otra ciudad.

A. DIALOGUE

NEW IN TOWN.

ANA: **Excuse me. Can I interrupt you?**

JIM: **Sure, what can I do for you?**

ANA: **I'm Ana, the new tenant in apartment 6F.**

JIM: **Oh right. Someone told me that we had a new neighbor. I'm Jim.**

ANA: **Nice to meet you. I'm still somewhat unfamiliar with this area. I need to get to a pharmacy quickly. Is there one nearby?**

JIM: **I'm sorry. I don't know.**

ANA: **Well, thanks anyway.**

JIM: **So, you just moved here?**

ANA: **That's right, from the east coast.**

JIM: **Oh really? I came here from Chicago ten years ago. How do you like the west coast so far?**

ANA: **A lot. I always wanted to live in Portland. So, I took a chance and here I am.**

JIM: **Yes. It's beautiful here. Well listen, if there's anything I can do for you, just call.**

ANA: **OK, thanks!**

NUEVO EN LA CIUDAD.

ANA: Disculpe, ¿lo puedo interrumpir?

JIM: Claro, ¿en qué le puedo ayudar?

ANA: Me llamo Ana. Soy el nuevo inquilino en el 6F.

JIM: Oh sí. Alguien me dijo que teníamos un nuevo vecino. Yo soy Jim.

ANA: Gusto en conocerlo. Todavía no conozco muy bien esta zona. Necesito encontrar una farmacia enseguida. ¿Hay alguna por aquí cerca?

JIM: Lo siento. No lo sé.

ANA: Gracias de todas maneras.

JIM: ¿Así que se acaba de mudar aquí?

ANA: Sí, de la costa del este.

JIM: ¿De veras? Yo me vine de Chicago hace diez años. ¿Le gusta la costa del oeste?

ANA: Mucho. Yo siempre quería vivir en Portland. Así que aproveché la oportunidad y aquí estoy.

JIM: Sí. Es muy bonito aquí. Pues si hay algo en lo que le pueda ayudar, simplemente llámeme.

ANA: Bueno, ¡gracias!

B. GRAMMAR AND USAGE

1. VERBOS IRREGULARES EN EL PASADO. *IRREGULAR PAST TENSE VERBS.*

Los verbos irregulares son todos aquellos cuyo pasado simple no se forma con la terminación *"ed."* No existe ningún patrón que facilite su aprendizaje, por lo que es necesario memorizarlos. Por otro lado, al igual que los verbos regulares, casi todos los irregulares tienen la ventaja de que su pasado simple es el mismo para todas las personas gramaticales. Compare:

I usually come to this restaurant on Tuesdays.
  Generalmente vengo a este restaurante los martes.
I came here last spring.
  Vine aquí la primavera pasada.
To get there, I take the train every morning.
  Para llegar allí, tomo el tren todas las mañanas.
Today I took the bus, and I was late to work.
  Hoy tomé el autobús y llegué tarde al trabajo.
Tony goes to Central Park every morning.
  Tony va al Parque Central todas las mañanas.
Mary went to the park with her family last week.
  Mary fue al parque con su familia la semana pasada.

Al igual que los verbos regulares, todos los verbos irregulares también forman las preguntas y la negación usando el pasado del verbo *to do* y el infinitivo del verbo sin el elemento *to*.

Did you find a pharmacy?
  ¿Encontraste una farmacia?
Yes, I found one near the park.
  Sí, encontré una cerca del parque.

Did John buy this apartment or rent it?
    ¿Compró John este apartamento o lo rentó?

He bought it.
    Lo compró.

Algunos de los verbos irregulares más comúnes son:

INFINITIVE	PAST	MEANING
to become	became	hacerse/convertirse
to begin	began	empezar
to bring	brought	traer
to build	built	construir
to buy	bought	comprar
to catch	caught	coger/agarrar
to choose	chose	elegir
to come	came	venir
to cut	cut	cortar
to do	did	hacer
to drink	drank	beber
to drive	drove	conducir
to eat	ate	comer
to fight	fought	luchar
to find	found	encontrar
to forget	forgot	olvidar
to get	got	obtener
to give	gave	dar
to go	went	ir
to have	had	tener, haber
to know	knew	conocer, saber
to make	made	hacer
to run	ran	correr
to see	saw	ver
to sleep	slept	dormir
to speak	spoke	hablar
to spend	spent	gastar
to take	took	tomar
to teach	taught	enseñar
to tell	told	decir, contar
to think	thought	pensar
to win	won	ganar
to write	wrote	escribir

Al final del libro hay un apéndice con una lista de verbos irregulares y sus conjugaciones. Se puede consultar esta lista cuando sea necesario.

2. SOME/ANY/NO/EVERY + ONE/BODY/THING/WHERE.

Ya presentamos los pronombres indefinidos *some/any* en la lección 13. Estos pronombres pueden formar varias palabras complejas cuando se combinan con cualquiera de las palabras *one, body, thing,* o *where*. Muchas veces, las combinaciones que se hacen con *some* se usan en oraciones afirmativas. Las combinaciones que se hacen con *any* normalmente se usan en preguntas y también en oraciones negativas.

someone/somebody	alguien
something	algo
somewhere	en algún lugar
(not) anyone/anybody	alguien (nadie)
(not) anything	cualquier cosa (nada)
(not) anywhere	en cualquier lugar (ningún lugar)

Someone told me we had a new neighbor.
   Alguien me dijo que teníamos un vecino nuevo.

I forgot something in the office.
   Olvidé algo en la oficina.

She went somewhere last night, but I don't know where.
   Ella fue a algún lugar anoche, pero no sé dónde.

Is there a pharmacy somewhere nearby?
   ¿Hay alguna farmacia cerca de aquí?

I didn't see anyone at the park.
   No vi a nadie en el parque.

We didn't buy anything.
   No compramos nada.

Did you see anyone in the apartment building?
   ¿Viste a alguien en el edificio de apartamentos?

Mario doesn't have anywhere to live yet.
   Mario todavía no tiene un lugar para vivir.

Is there anybody here who can help me?
   ¿Hay alguien aquí que me pueda ayudar?

Did you find a job anywhere?
   ¿Encontraste trabajo en algún lugar?

No también puede aparecer adjunto con *body, where, one,* y *thing* para formar *no one, nobody, nowhere,* y *nothing*. En general estos términos se emplean en oraciones declarativas positivas, y muchas veces en respuestas negativas cuando las interrogaciones han sido formuladas con *any* y sus combinaciones.

There's no one here from Chicago.
Aquí no hay nadie de Chicago.

Nobody offered to help me.
Nadie me ofreció ayudarme.

I have nothing to say.
No tengo nada que decir.

No, thanks. I don't want anything to drink. (I want nothing.)
No gracias, no quiero nada para beber.

No, I'm not going anywhere this summer. (I'm going nowhere.)
No, no voy a ningún lado este verano.

Note que las combinaciones con *no* son más enfáticas y se usan con menos frecuencia que las combinaciones con *not . . . any*.

Every es un poco parecido a *some, any,* y *no* en el sentido que también puede formar palabras compuestas. Sin embargo, tiene algunos usos diferentes. Por ejemplo, *every* se puede usar para incluir a todos los miembros de un grupo y para representar a una entidad singular al mismo tiempo.

It was hard to meet everybody at the party.
Fue difícil conocer a todos en la fiesta.

They had wonderful food at the party. Everything was so good!
Tuvieron excelente comida en la fiesta. ¡Todo era muy bueno!

I looked everywhere for you!
¡Te busqué por todas partes!

Todas estas palabras también se pueden usar con sustantivos.

The managers have a meeting every Friday.
Los gerentes tienen una reunión cada viernes.

Call me any Friday and we can have dinner.
Llámame cualquier viernes y podemos cenar juntos.

On some Mondays, traffic is really bad.
Algunos lunes, el tráfico está muy congestionado.

3. ADVERBIOS. *ADVERBS.*

Los adverbios se usan para calificar una acción. Para su estructura, se usa un adjetivo como base y se le añade el sufijo *-ly*. En español se usa el sufijo "mente."

$$\text{adjetivo} + ly = \text{adverbio}$$

quick	→	*quickly*	rápidamente
real	→	*really*	de verdad, muy
specific	→	*specifically*	específicamente
careful	→	*carefully*	cuidadosamente

I need this apartment. It's really important to me.
　　Necesito este apartamento. Es muy importante para mí.

I'm eating as quickly as I can.
　　Estoy comiendo tan rápidamente como puedo.

It's raining really hard. You have to drive carefully.
　　Está lloviendo mucho. Tienes que conducir con cuidado.

I specifically asked you to call me before 9 P.M.
　　Te pedí específicamente que me llamaras antes de las 9 P.M.

4. EXPRESIONES PARA MUDARSE. *EXPRESSIONS FOR MOVING.*

Hay algunas expresiones que se usan con frecuencia con relación al alquiler de apartamentos y casas.

apartment for rent	apartamento disponible
to give notice	notificar
to get a credit check	verificar el crédito

Next to my building there are two apartments for rent.
　　Hay dos apartamentos para alquilar junto a mi edificio.

Before you move out, you have to give the owner 30 days notice.
　　Antes de mudarte, tienes que notificarle al dueño con 30 días de anticipación.

To get an apartment, many people need to get a credit check.
　　Para alquilar un apartamento, muchas personas tienen que permitir que les revisen su crédito.

C. VOCABULARY

NOUNS

town	pueblo, ciudad
neighbor	vecino
landlord	dueño
east	este
west	oeste
coast	costa
pharmacy	farmacia
chance	oportunidad

VERBS

to interrupt	interrumpir
to find	encontrar
to tell	decir
to rent	alquilar, rentar

OTHER USEFUL WORDS

Really?	¿De veras?
already	ya
carefully	con cuidado/cuidadosamente
quickly	rápidamente

EXERCISES

A. Use the simple past to answer the following questions in the affirmative. (Use el pasado simple para contestar las preguntas de forma positiva.)

EXAMPLE: *Did she give presents to her children last Christmas?*
<u>*Yes, she gave presents to her children last Christmas.*</u>

1. *Did you have to work yesterday?*
2. *Did Maya see her family last month?*
3. *Did they go to Arizona last year?*
4. *Did Peter buy clothes last month?*
5. *Did Sharon meet interesting people at school yesterday?*

B. *Form questions in the simple past asking about the underlined part of the sentence.* (Forme preguntas en el pasado simple preguntando acerca de la parte subrayada en la oración.)

EXAMPLE: Paul met Rocío <u>at school</u>. *Where did Paul meet Rocío?*

1. My parents went on vacation <u>to Florida</u>.
2. They bought <u>a painting</u> in Key West.
3. I gave notice to my landlord <u>two weeks ago</u>.
4. I slept so long <u>because I was tired</u>.
5. I ate breakfast <u>at seven-thirty</u>.
6. Mark met Rocío <u>last year</u>.
7. Peter came home <u>at midnight</u>.
8. Mark went to Sacramento <u>last week</u>.
9. Estela spoke to her sister <u>this morning</u>.
10. They ate so much <u>because they were hungry</u>.

C. *Complete the following sentences using: somebody, someone, something, somewhere, anybody, anyone, anything, and anywhere. In some sentences, there might be more than one correct answer.* (Complete las siguientes oraciones usando *somebody, someone, something, somewhere, anybody, anyone, anything* y *anywhere*. En algunas oraciones, puede haber más de una respuesta correcta.)

EXAMPLE: *I had <u>something</u> to do yesterday afternoon.*

1. _____ gave me a ride home.
2. She didn't eat _____ because she wasn't hungry.
3. Why didn't he eat _____?
4. The house was empty. I didn't see _____.
5. They would like to go _____ tropical this year.
6. Did they go _____ last year?
7. Last year we didn't go _____.
8. Did Peter speak to _____ after class?
9. He didn't speak to _____ after class.
10. I need _____ to eat.

D. *Suggested activities.* (Otras actividades sugeridas.)

1. Escriba una carta a su amigo/a y describa su experiencia de cuando se mudó al lugar en donde vive ahora. Cuente con detalles.

CULTURAL NOTE

En los Estados Unidos existe un fenómeno de movilidad muy particular. Esto se debe en gran parte al hecho de que un gran número de estadounidenses tienden a ir tras las oportunidades profesionales y de empleo cuando es necesario. Este fenómeno se observa aún más cuando el estado en que se vive atraviesa por una crisis económica y la gente opta por mudarse a estados cuya economía se encuentra mejor.

Además, muchas personas también se mudan al jubilarse. Muchas de estas personas se mudan de los estados más fríos como *Massachusetts, Connecticut* y *New York* a lugares más cálidos y placenteros en el sur y suroeste de los Estados Unidos, como *California, Arizona* y *Florida.*

ANSWERS

A. 1. *Yes, I worked yesterday.* 2. *Yes, Maya saw her family last month.* 3. *Yes, they went to Arizona last year.* 4. *Yes, Peter bought clothes last month.* 5. *Yes, Sharon met interesting people at school yesterday.*
B. 1. *Where did your parents go on vacation?* 2. *What did they buy in Key West?* 3. *When did you give notice to your landlord?* 4. *Why did you sleep so long?* 5. *What time did you eat breakfast?* 6. *When did Mark meet Rocío?* 7. *When did Peter come home?* 8. *Where did Mark go last week?* 9. *When did Estela speak to her sister?* 10. *Why did they eat so much?*
C. 1. *Somebody/Someone* 2. *anything* 3. *anything* 4. *anybody/anyone* 5. *somewhere* 6. *somewhere/anywhere* 7. *anywhere* 8. *someone/somebody/anyone/anybody* 9. *anybody/anyone* 10. *something*

THIRD REVIEW

A. *Complete the following sentences. Use the correct form of the possessive nouns in parentheses. (Complete las siguientes oraciones. Use la forma correcta de los sustantivos posesivos entre paréntesis.)*

EXAMPLE: *Last week, I painted my <u>daughter's</u> house. (daughter)*

1. The _____ hours are from 10 A.M. to 6 P.M. (bookstore)
2. Her _____ name is Peter. (father)
3. The _____ room is not in service. (men)
4. The _____ dressing room is behind the counter. (ladies)
5. I use _____ checks when I travel. (traveler)

B. *Complete the following sentences. Use the correct possessive pronoun. (Complete las siguientes oraciones. Use el pronombre posesivo correcto.)*

EXAMPLE: *Peter's house is blue. <u>Ours</u> is white. (We)*

1. John's car is blue. _____ is black. (I)
2. My apartment is very small. _____ is big and spacious. (you)
3. Their garden is pretty. _____ is too. (we)
4. Whose purse is this? It's _____. (she)
5. Whose house is that? Its _____. (they)

C. *Complete the sentences using "a," "an," and "some." Complete las oraciones usando a, an y some.)*

1. They need to buy _____ car.
2. We need _____ furniture.
3. I bought _____ apple.
4. I'd like _____ glass of wine.
5. She would also like _____ wine.

D. *Answer the following questions. (Conteste las siguientes preguntas.)*

EXAMPLES: *Do you want to have some wine? (Long-negative)*
<u>No, I don't want to have any wine.</u>
Does your brother have any money? (short-positive)
<u>Yes, he does.</u>

1. Do you want to eat some fish? (long-negative)
2. Is there a book on the table? (short-positive)
3. Are there any eggs at home? (short-negative)
4. Are there any vegetables in the refrigerator? (short-positive)
5. Is there a book in the kitchen? (long-negative)

E. *Use the vocabulary to complete the dialogue.* (Use el vocabulario para completar el diálogo.)

deposit	number	help	groceries	appointment

Jessica: I have a lot of things to do today.
Mary: Really?
Jessica: First, I have to go to the market and buy some _____. Then, I have to go to the bank and make a _____.
Mary: Well, I have some free time. Can I _____ you with anything?
Jessica: Oh yes. Can you call the doctor's office and cancel my _____ for tomorrow?
Mary: Sure, no problem.
Jessica: Thanks, I'll give you his phone _____.
Mary: OK. Have fun!

F. *Form questions and provide short answers with the simple past.* (Forme preguntas y dé respuestas cortas en el pasado.)

EXAMPLE: Sharon painted her house last summer.
<u>Did Sharon paint her house last summer? Yes, she did.</u>

1. Joan cooked chicken for dinner.
2. We enjoyed the concert.
3. They didn't decide what color to paint the kitchen.
4. Peter didn't wake up early to go jogging.
5. Karla traveled to Mexico in September.

G. *Complete the following sentences in the simple past.* (Complete las siguientes oraciones en el pasado.)

1. I _____ (like) the movie.
2. Karla _____ (decide) to take a vacation next month.
3. Sarah _____ (come) to California last year.
4. She _____ (visit) her parents two weeks ago.
5. He _____ (forget) his books at school.
6. Mr. Yee _____ (go) to Chicago last year.
7. I _____ (get) a great job offer.
8. The children _____ (interrupt) the conversation.
9. I _____ (to be) a teacher three years ago.
10. My parents _____ (live) in Texas for six years.

H. *Answer the following questions according to the information in parentheses. Use the simple past.* (Conteste las siguientes preguntas según la información entre paréntesis. Use el pasado.)

EXAMPLE: Where did your parents go for their honeymoon?
<u>My parents went to Cancún for their honeymoon.</u>

1. Where did you buy these apples? (at the market)
2. What time did you get up? (at 8:30)

3. *Where did you go last night? (to see a movie)*
4. *What movie did you see? (a foreign movie)*
5. *Why did you drink beer? (thirsty)*

I. *Complete the sentences using the following words.* (Complete las oraciones con las siguientes palabras.)

somebody	someone	something	somewhere
anybody	anyone	anything	anywhere

1. _____ *called you last night.*
2. *I want* _____ *to eat.*
3. *I want to go* _____ *tropical for my next vacation.*
4. *Did you eat* _____ *?*
5. *Did you go* _____ *last Christmas?*

ANSWERS

A. 1. *bookstore's* 2. *father's* 3. *men's* 4. *ladies'* 5. *traveler's*
B. 1. *Mine* 2. *Yours* 3. *Ours* 4. *hers* 5. *theirs*
C. 1. *a* 2. *some* 3. *an* 4. *a* 5. *some*
D. 1. *No, I don't want to eat any fish.* 2. *Yes, there is.* 3. *No, there aren't.* 4. *Yes, there are.* 5. *No, there isn't a book in the kitchen.*
E. 1. *groceries* 2. *deposit* 3. *help* 4. *appointment* 5. *number*
F. 1. *Did Joan cook chicken for dinner? Yes, she did.* 2. *Did you enjoy the concert? Yes, we did.* 3. *Did they decide what color to paint the kitchen? No, they didn't.* 4. *Did Peter wake up early to go jogging? No, he didn't.* 5. *Did Karla travel to Mexico in September? Yes, she did.*
G. 1. *liked* 2. *decided* 3. *came* 4. *visited* 5. *forgot* 6. *went* 7. *got* 8. *interrupted* 9. *was* 10. *lived*
H. 1. *I bought these apples at the market.* 2. *I got up at 8:30.* 3. *I went to see a movie.* 4. *I saw a foreign movie.* 5. *I drank beer because I was thirsty.*
I. 1. *Somebody/someone* 2. *something* 3. *somewhere* 4. *anything/something* 5. *anywhere*

LESSON 16
LOOKING FOR A JOB. Buscando trabajo.

A. DIALOGUE

A JOB INTERVIEW.

PERSONNEL DIRECTOR: **Please take a seat. We received your résumé last week. Your credentials are excellent.**

SUSAN: **Thank you.**

PERSONNEL DIRECTOR: **After you finished school you went to work for an insurance company. What were your duties there?**

SUSAN: **At first, I assisted the vice president of corporate sales. I did most of his legwork for him and took care of all the administrative duties.**

PERSONNEL DIRECTOR: **I see you were promoted twice.**

SUSAN: **Yes, currently I'm the regional sales representative.**

PERSONNEL DIRECTOR: **May I ask why you want to leave your present employer after all this time?**

SUSAN: **The position you advertised offers me the opportunity to move into a managerial position. I believe this is the right step at this point in my career.**

PERSONNEL DIRECTOR: **I see. You're a very interesting candidate. I have to discuss your application with my colleagues. We'll get back to you next week.**

SUSAN: **Thank you very much.**

PERSONNEL DIRECTOR: **You're welcome.**

UNA ENTREVISTA DE TRABAJO.

DIRECTOR DE PERSONAL: Tome asiento por favor. Recibimos su resumé la semana pasada. Sus calificaciones son excelentes.

SUSAN: Gracias.

DIRECTOR DE PERSONAL: Después que terminó de estudiar usted fue a trabajar en una compañía de seguros. ¿Cuáles eran sus responsabilidades allí?

SUSAN: Al empezar ayudaba al vicepresidente de ventas para corporaciones. Yo hice casi todo su trabajo secundario y llevé a cabo todas las tareas administrativas.

DIRECTOR DE PERSONAL: Veo que la ascendieron dos veces.

SUSAN: Sí, en este momento soy la representante regional de ventas.

DIRECTOR DE PERSONAL: ¿Le puedo preguntar por qué quiere dejar su compañía después de tanto tiempo?

SUSAN: El puesto que ustedes anunciaron me ofrece la oportunidad de subir a un puesto administrativo. Creo que éste es el paso apropiado a tomar en este punto de mi carrera.

DIRETOR DE PERSONAL: Entiendo. Usted es una candidata muy interesante. Tengo que discutir su solicitud con mis colegas. Le llamaremos la próxima semana.

SUSAN: Muchas gracias.

DIRECTOR DE PERSONAL: De nada.

B. GRAMMAR AND USAGE

1. EL OBJETO DIRECTO. *THE DIRECT OBJECT.*

Además de ser sujetos, los sustantivos también pueden tener la función de objetos directos e indirectos. Aquí estudiaremos los primeros, y los objetos indirectos serán presentados en la lección 17. En general, se considera que el objeto directo es la parte de la oración sobre la cual recae la acción del verbo.

S   V   OBJETO DIRECTO

Susan needs a new job.
Susan necesita un nuevo trabajo.

She met the personnel director.
Ella conoció al director de personal.

Don bought a new computer.
Don compró una computadora nueva.

He's beginning an interesting project.
El comienza un proyecto interesante.

Normalmente no hay ningún cambio en el uso de sustantivos cuando funcionan como sujetos o como objetos directos. Los que cambian son los pronombres.

2. PRONOMBRES DE OBJETO. *DIRECT OBJECT PRONOUNS.*

Cada pronombre de sujeto tiene su equivalente en el objeto ya sea directo o indirecto. Este remplaza a un sustantivo.

I met the president of the company.
  Conocí al presidente de la empresa.
I met him too.
  Yo también lo conocí.
I introduced Mary to the director of the company.
  Le presenté a Mary al director de la compañía.
And I introduced her to the director's wife as well.
  Y también se la presenté a la esposa del director.

El sustantivo *president* (presidente) y *Mary* son los objetos directos, pero se pueden sustituir por los pronombres de objeto *him* y *her* respectivamente. El uso del pronombre objeto implica que se sabe de antemano de quién o de qué se habla.

La diferencia fundamental entre el objeto directo en inglés y en español es que en inglés éste siempre va después del verbo, mientras que en español puede ir antes del verbo, como lo ilustran los ejemplos anteriores. En inglés, los sustantivos y los pronombres tienen la misma posición en la oración.

PRONOMBRE SUJETO		PRONOMBRE OBJETO	
yo	*I*	*me*	me
tú	*you*	*you*	te, lo, la
él	*he*	*him*	lo
ella	*she*	*her*	la
	it	*it*	lo
nosotros	*we*	*us*	nos
ustedes	*you*	*you*	los, las
ellos	*they*	*them*	los, las

I didn't see you after your interview.
  No te vi después de tu entrevista.
I saw Ann and Susan last week. Do you know them?
  Vi a Ann y Susan la semana pasada. ¿Las conoces?

3. WHO COMO OBJETO DIRECTO. *"WHO" AS A DIRECT OBJECT.*

El pronombre *who* se usa de acuerdo a la función que tiene en la oración. Este pronombre sirve para hacer preguntas y también funciona como pronombre relativo. La última función será discutida en la lección 31. Aquí, nos limitamos a discutir su uso como pronombre interrogativo.

Este pronombre se usa cuando el elemento al que sustituye tiene la función de sujeto u objeto directo dentro de la oración. Es importante notar que en español el pronombre de objeto directo es "a quién," mientras que el de sujeto es simplemente "quién." Compare:

Emily went to her interview. (subject)
Emily fue a su entrevista.

Who went to an interview?
¿Quién fue a una entrevista?

I met three supervisors at the meeting. (direct object)
Conocí a tres supervisores en la reunión.

Who did you meet at the meeting?
¿A quién conociste en la reunión?

The company selected Mary as the new vice-president. (direct object)
La compañía seleccionó a Mary como la nueva vicepresidenta.

Who did the company select as the new vice-president?
¿A quién seleccionó la compañía como nueva vicepresidenta?

En situaciones formales, algunas personas usan *whom* como el objeto directo.

Whom are you calling?
¿A quién llamas?

4. *ALL, WHOLE, ENTIRE.*

All, whole y *entire* son términos que implican totalidad y pueden ser intercambiables en algunos casos. Sin embargo, en algunos casos su empleo será muy distintivo, como veremos a continuación.

a. *All* (todo).

All va antes de artículos, pronombres posesivos y adjetivos demostrativos.

All my life, I wanted to be a sales representative.
Toda mi vida quise ser representante de ventas.

In that company, we worked hard all the time.
   En esa compañía siempre trabajamos duro.

They finished all the food.
   Ellos se terminaron toda la comida.

También puede ir <u>después</u> del sujeto.

We all began to look for jobs.
   Todos empezamos a buscar trabajo.

I worked on my résumé all night.
   Trabajé en mi resumé toda la noche.

He drank all the coffee.
   El se bebió todo el café.

  b. *Whole* (todo/a, entero/a).

Se emplea principalmente con sustantivos singulares. Casi siempre va precedido del artículo definido *the* o de algún pronombre posesivo como *my* o *her*.

She was nervous during the whole interview.
   Ella estaba nerviosa durante toda la entrevista.

I was responsible for the whole personnel office.
   Yo era responsable por toda la oficina de personal.

I was only promoted once in my whole career.
   Sólo me dieron un ascenso en toda mi carrera.

The director is responsible for the whole project.
   El director es responsable por todo el projecto.

Note que *whole* no se utiliza con sustantivos no contables. Compare:

all the money	*the whole company*
todo el dinero	toda la compañía
all the music	*the whole office*
toda la música	toda la oficina

  c. *Entire* (entero/a, completo/a).

Esta palabra a veces se puede usar en los mismos contextos cuando se usa *whole*.

I didn't find a job (in) the entire year.
   No encontré trabajo en todo el año.

We finished the entire project in three weeks.
   Terminamos el proyecto entero en tres semanas.

The entire board of directors was at the interview.
   Toda la junta de directores estaba en la entrevista.

5. EXPRESIONES IDIOMÁTICAS EN LA OFICINA. *IDIOMATIC EXPRESSIONS AROUND THE OFFICE.*

I'll get back to you.
   Luego le llamo/contesto.

There are no openings/positions available.
   No hay puestos (de trabajo) disponibles.

We offer excellent benefits.
   Ofrecemos beneficios excelentes.

Did you get my memo?
   Recibiste mi memo?

Let's do lunch.
   Almorcemos juntos un día de estos.

as soon as possible (ASAP)
   lo más pronto posible

for your information (fyi)
   para su información

carbon copy (cc)
   copia de carbon

C. VOCABULARY

NOUNS

interview	entrevista
employee	empleado/a
director	director/a
boss	jefe
president/chairperson	presidente
vice president	vicepresidente
manager	administrador/a
personnel	personal
insurance	seguro
company	empresa, compañía

résumé	resumé, currículum
career	carrera, profesión
duty	tarea, responsabilidad
computer	computadora, ordenador
flexibility	flexibilidad
skills	habilidades
project	proyecto
meeting	reunión

VERBS

to assist	ayudar, asistir
to introduce	presentar a alguien
to finish	terminar
to complete	completar
to look forward to	estar entusiasmado
to consider	considerar
to select	seleccionar
to make a decision	tomar una decisión
to make a call	llamar por teléfono
to promote	ascender
to be in charge	estar encargado/a

ADJECTIVES AND OTHER USEFUL WORDS

regional	regional
fast paced	ritmo rápido
essentially	esencialmente
absolutely	absolutamente
definitely	definitivamente
almost	casi
present	actual
presently	actualmente
currently	actualmente

EXERCISES

A. *Complete the sentences with "all," "every," or "whole." (Complete las oraciones usando all, every o whole.)*

EXAMPLES: *Claudio was very thirsty. He drank the <u>whole</u> bottle of water.*
Pablo was very hungry. He ate <u>all</u> the mangoes in the basket.

1. *Ann works a lot. Last week, she worked _____ day.*
2. *The _____ family went to the party on Sunday.*
3. *_____ the employees went to the party.*
4. *At the party, she ate _____ the fruit.*
5. *We love soccer. Yesterday we played the _____ afternoon.*
6. *We were very hungry. We ate _____ the food.*

B. *Complete the sentences. Use the appropriate object pronoun. (Use el pronombre de objeto apropiado para completar las oraciones.)*

EXAMPLE: *Evelyn did not go to the party. I didn't see <u>her</u> there.*

1. *Mr. and Mrs. Johnson came to the party, but I didn't meet _____.*
2. *I didn't know the director's husband. I met _____ at the party.*
3. *We didn't know about his new job. He told _____ yesterday.*
4. *I ate lasagna for dinner, and I got a stomachache after I ate _____.*
5. *I love my children. I give _____ everything I can.*
6. *Do you know Paul? Yes, I know _____.*
7. *Carlos studied French. He studied _____ last year.*
8. *I wrote a letter last night. I sent _____ this morning.*
9. *She needs some help with her homework. Please help _____.*
10. *I need some help, too. Would you please help _____?*

C. *Use the vocabulary to complete the dialogue. (Use el vocabulario para completar el diálogo.)*

asked	go	didn't	everyone	people

Janet: Hi, Don. Did you _____ to the employee's party last Friday?
Don: Yes, _____ was there except you and Mary.
Janet: Did you meet a lot of _____?
Don: Yes, I had a chance to talk to all the supervisors. Why _____ you go?
Janet: I was sick. I had a terrible cold.
Don: Everyone _____ about you.
Janet: Well, I plan to be there next year.

D. *Translate into English.* (Traduzca al inglés.)
1. *Tengo dos entrevistas la próxima semana.*
2. *Tengo que estar en la oficina de personal a las 9 A.M.*
3. *Recibimos su resumé ayer.*
4. *Ahora no hay puestos disponibles.*

E. *Suggested activities.* (Otras actividades sugeridas.)
1. Llame a un anuncio acerca de un trabajo que le interesa.
2. Escriba su resumé. Enséñeselo a un amigo que hable inglés.

CULTURAL NOTE

En los Estados Unidos, al igual que en otros países, hay varias maneras de buscar empleo. Por ejemplo, se puede buscar en los anuncios clasificados y en las redes de anuncios para trabajos profesionales. Con frecuencia hay que enviar un resumé o currículum como parte de la solicitud de trabajo. Al obtener una entrevista, hay que presentarse vestido de manera profesional, aun si no se va a usar ropa elegante en el puesto de trabajo. Por supuesto que es imperativo ser puntual para no causar una mala impresión inicial. Muchas veces le pueden avisar inmediatamente después de la entrevista si es que ha obtenido el empleo. Pero a veces hay que esperar que la compañía tome una decisión, y esperar que le llamen para avisarle y darle la noticia.

ANSWERS

A. 1. *every* 2. *whole* 3. *All* 4. *all* 5. *whole* 6. *all*
B. 1. *them* 2. *him* 3. *us* 4. *it* 5. *them* 6. *him* 7. *it* 8. *it*
   9. *her* 10. *me*
C. 1. *go* 2. *everyone* 3. *people* 4. *didn't* 5. *asked*
D. 1. *I have two interviews next week.* 2. *I have to be at the personnel office at 9 A.M.* 3. *We received your résumé yesterday.* 4. *There are no openings right now.*

LESSON 17

THE HOLIDAY SEASON. La temporada de fiestas.

A. DIALOGUE

PLANNING FOR THE HOLIDAYS.

INGRID: **I just finished sending all my Christmas cards. And except for the sweater I want to give my husband, I even have all my gifts.**

BOB: **Congratulations. This will be a very lonely holiday season for me.**

INGRID: **I thought your brother and his wife were coming to visit you for Hanukkah.**

BOB: **No, I just spoke to them. They're just too busy to travel this year.**

INGRID: **Well, if you want to celebrate Christmas with us . . .**

BOB: **Are you doing the whole spiel?**

INGRID: **Of course. Without a Christmas tree, Christmas carols, cookies, and presents under the tree, Christmas just isn't the same for me.**

BOB: **But I don't have any presents to give you.**

INGRID: **Well, you still have time to shop until the 25th. I'm just kidding. Presents or no presents, we'd[1] love to have you.**

BOB: **OK. Let's do it. You can count me in.**

PLANEANDO LOS DIAS DE FIESTA.

INGRID: Acabo de terminar de enviar todas mis tarjetas navideñas. Y excepto por el suéter que quiero regalarle a mi esposo, ya tengo todos los regalos.

BOB: Te felicito. Esta temporada de fiestas va a ser muy solitaria para mí.

INGRID: Creía que tu hermano y su esposa iban a venir a visitarte para Hanukkah.

---

[1] *We'd = we would. Would* y otros subjuntivos a parecen en la leccione 40.

BOB: No, acabo de hablar con ellos. Están muy ocupados para viajar este año.

INGRID: Pues si quieres festejar la Navidad con nosotros ...

BOB: ¿Vas a echar la casa por la ventana?

INGRID: Claro. La Navidad no es lo mismo para mí sin el árbol de Navidad, los villancicos, las galletitas y los regalos debajo del árbol.

BOB: Pero no tengo regalos para darte.

INGRID: Pues todavía tienes hasta el 25 para ir de compras. Estoy bromeando. Con o sin regalos, nos gustaría mucho que nos acompañaras.

BOB: Está bien. Hay que hacerlo. Cuenta conmigo.

B. GRAMMAR AND USAGE

1. EL OBJETO INDIRECTO. *THE INDIRECT OBJECT.*

Algunos verbos van seguidos de dos objetos: el objeto directo, como vimos en el capítulo anterior, y el objeto indirecto. Normalmente no hay un objeto indirecto sin que exista un objeto directo. El objeto indirecto es la persona en la cual recae la acción o hacia quien va dirigida la acción. Compare:

S   V   OBJETO DIRECTO

Please bring the gifts.
Por favor trae los regalos.

S   V   OBJETO DIRECTO   OBJETO INDIRECTO

I sent a gift to my sister at Christmas.
En Navidad le mandé un regalo a mi hermana.

Algunos verbos que con frecuencia aceptan objetos indirectos son:

to give	dar	*to write*	escribir
to tell	contar	*to lend*	prestar
to send	enviar	*to show*	enseñar

La variante es que en inglés el objeto indirecto puede aparecer antes o después del objeto directo.

Después del objeto directo:

I have to send a Christmas card to my friend.
Tengo que enviarle una tarjeta de Navidad a mi amigo.

Antes del objeto directo (no es muy común en español):

I have to send my friend a Christmas card.
Tengo que enviarle a mi amigo una tarjeta de Navidad.

Note que cuando el objeto indirecto aparece antes del objeto directo no necesita una preposición, pero cuando va después sí la necesita. Muchas veces se usa la preposición *to* (a).

I have to give a present to my sister.
Tengo que darle un regalo a mi hermana.

I have to give my sister a present.
Tengo que darle a mi hermana un regalo.

El objeto indirecto también puede ir precedido por la preposición *for* (para). El uso de *to* o *for* depende del verbo.

I still need to get something for my parents.
Todavía necesito comprar algo para mis padres.

Emily made a sweater for her husband.
Emily hizo un suéter para su esposo.

2. PRONOMBRES DE OBJETO INDIRECTO. *INDIRECT OBJECT PRONOUNS.*

Los sustantivos o nombres se pueden sustituir por los pronombres de objeto (directo e indirecto): *me, you, him, her, it, us, them*

I have to send my parents a letter.
Tengo que enviarles una carta a mis padres.

I have to send them a letter.
Tengo que enviarles una carta.

I can lend Bob my Christmas decorations.
Le puedo prestar mis decoraciones de Navidad a Bob.

I can lend him the Christmas decorations.
Le puedo prestar a él las decoraciones de Navidad.

Cuando hay dos pronombres de objeto (directo e indirecto), se usa primero el de objeto directo y después el de indirecto. Compare:

I have to give money to my children.
Tengo que darle dinero a mis niños.

I have to give it to them.
Tengo que dárselo a ellos.

Ann sent three Christmas cards to her mother.
Ann le envió tres tarjetas de navidad a su madre.

Ann sent them to her.
Ann se las envió a ella.

3. WHOM COMO OBJETO INDIRECTO. *"WHOM" AS AN INDIRECT OBJECT.*

En las preguntas y en las cláusulas relativas (lección 31), el objeto indirecto se substituye por *whom*.

I'm going to give this present to my sister.
Le voy a dar este regalo a mi hermana.

To whom are you going to give that present?
¿A quién le vas a dar ese regalo?

I told my parents the truth.
Les dije la verdad a mis padres.

Whom did you tell the truth?
¿A quién le dijiste la verdad?

Además, en la lengua hablada se va perdiendo la diferencia entre *who* y *whom* y cada vez se generaliza más el uso de *who*:

To who are you going to give that present?
¿A quién le vas a dar ese regalo?

Ahora es muy común poner la preposición al final de la oración.

Who(m) are you going to give that present to?
¿A quién le vas a dar ese regalo?

4. SUGERENCIAS CON *LET'S*. *SUGGESTIONS WITH "LET'S."*

Esta palabra se usa para dar sugerencias y no necesariamente para dar órdenes directas. Note que los comandos en imperativo no incluyen al hablante, mientras que las frases con *let's* si lo incluyen en la acción sugerida. Compare:

Put the presents under the Christmas tree.
Pon los regalos bajo el árbol de Navidad.

Let's put the presents under the Christmas tree.
Pongamos los regalos debajo del árbol de Navidad.

Sing some Christmas carols.
   Canta algunos villancicos.

Let's sing some Christmas carols.
   Cantemos algunos villancicos.

Buy some toys for the children.
   Compra algunos juguetes para los niños.

Let's buy some toys for the children.
   Compremos algunos juguetes para los niños.

5. PREPOSICIONES. *PREPOSITIONS.*

Estas son algunas de las preposiciones más comunes en inglés. Una preposición en español a menudo corresponde a varias en inglés. La traducción es aproximada.

at, to	a
in, into, within, inside	en
out, out of, outside	fuera
on, upon, over	sobre
over, above	encima de
under, below	debajo de
between, among	entre
before, in front of	ante, delante de, enfrente de
behind, in back of	detrás de
up	arriba
down	abajo
by, near, close to, beside	al lado de
against	contra
along	a lo largo de
about	acerca de
around	alrededor de
from	desde
of	de
through, across	por
by, for	por
with	con
without	sin
except, save	excepto
for, in order to	para
in spite of	a pesar de

You can celebrate Christmas with us.
   Puedes celebrar la Navidad con nosotros.

Despite the weather, we are going to drive to New York.
   A pesar del clima, vamos a manejar a Nueva York.

Tell me about Hanukkah. When do you celebrate it?
   Cuéntame acerca de Hanukkah. ¿Cuándo lo celebran?

Without all the lights, presents and decorations, Christmas just isn't the same for me.
   Sin todas las luces, regalos y decoraciones, la Navidad no es lo mismo para mí.

I'm going to Texas to celebrate Hanukkah with my family.
   Voy a ir a Texas para celebrar Hanukkah con mi familia.

C. VOCABULARY

NOUNS

Christmas	Navidad
Merry Christmas!	¡Feliz Navidad!
Christmas card	tarjeta de Navidad
Christmas tree	árbol de Navidad
Christmas Eve	Nochebuena
Christmas carols	villancicos
Christmas lights	luces de Navidad
Hanukkah	Hanukkah
Happy Hanukkah!	¡Feliz Hanukkah!
menora	menora
decorations	decoraciones
preparation	preparación
present	regalo, presente
gift	regalo
gift exchange	intercambio de regalos
cookie	galleta, galletita
toy	juguete

VERBS

to lend	prestar
to send	enviar
to mail	enviar por correo
to put up *(lights, etc.)*	colgar
to tell	contar, decir
to show	enseñar

OTHER USEFUL WORDS

whom?	¿a quién?
lonely	solitario/a
except	excepto

EXERCISES

A. *Change the position of the indirect object.* (Cambie la posición del objeto indirecto.)

EXAMPLES: *I lent Ingrid some money. I lent some money to Ingrid.*
I gave two gifts to my brother. I gave my brother two gifts.

1. *My mother wrote me a letter last week.*
2. *Our grandmother told a story to us.*
3. *Can you lend your brother some money?*
4. *Ingrid sent a present to her niece.*
5. *Ingrid gave two sweaters to her father last year.*

B. *Complete the sentences with the correct object pronoun.* (Complete las oraciones con el pronombre de objeto correcto.)

EXAMPLE: *Ingrid needs to buy something for us. (we)*
Ingrid wants to give something different to them. (they)

1. *The mechanic fixed the motorcycle for _____. (I)*
2. *Can I show these old photographs to _____? (you)*
3. *I do not understand English very well. My wife has to translate everything for _____. (I)*
4. *Our hands are full. Can you open the door for _____? (we)*
5. *Emily has lots of friends. She writes letters to _____ every week. (they)*

C. *Underline the word that does not belong in the group.* (Subraye la palabra que no pertenece al grupo.)

1. *decorations, lights, ornaments, visits*
2. *to send, tomorrow, to write, to give*
3. *presents, children, money, gifts*
4. *father, niece, sister, decorations*
5. *shopping, sending, giving, buy*

D. *Translate into English.* (Traduzca al inglés.)

1. Yo le di dos regalos a mi madre.
2. Mi hermana me mandó una tarjeta de Navidad.
3. Mis padres vienen a mi casa para la Navidad.
4. Le hice un sueter a mi padre.
5. Yo le dije la verdad a mis hermanos.

E. *Suggested activities.* (Otras actividades sugeridas.)

1. Llame por teléfono a un/a amigo/a y pregúntele cómo celebra la Navidad. Puede preguntar acerca de comida, regalos, bebidas, etc.

CULTURAL NOTE

La época navideña en los Estados Unidos, como en muchos otros países, es esperada con mucho entusiasmo. Sin embargo, en lo que concierne a las compras navideñas, se manifiesta un fenómeno muy particular. Existe un alborozo sin igual en cuanto a los regalos que se tienen que comprar para los seres queridos. Es hasta cierto punto casi una obligación regalarle algo a las personas más cercanas. Pero así como se da, también se recibe. De manera que es una manifestación recíproca. Por otro lado, las tiendas y grandes almacenes montan campañas publicitarias masivas para atraer a los compradores, ofreciendo todo tipo de ofertas. Por lo tanto, el comercio ejerce cierto poder sobre el consumidor, quien, en vista de tanta presión, no tiene más que acceder a los caprichos y costumbres del espíritu navideño de la cultura estadounidense. Por último, las familias se reúnen el veinticinco de diciembre para comer e intercambiar los regalos. Muchas personas también van a la iglesia en este día. Pero no todos los estadounidenses celebran la Navidad. Por ejemplo, las personas judías festejan una de sus fiestas religiosas que se llama *Hanukkah*. Además, también hay mucha gente que practica otras religiones, como el budismo e islam.

ANSWERS

A. 1. *My mother wrote a letter to me last week.* 2. *Our grandmother told us a story.* 3. *Can you lend some money to your brother?* 4. *Ingrid sent her niece a present.* 5. *Ingrid gave her father two sweaters last year.*
B. 1. *me* 2. *you* 3. *me* 4. *us* 5. *them*
C. 1. *visits* 2. *tomorrow* 3. *children* 4. *decorations* 5. *buy*
D. 1. *I gave two presents to my mother.* 2. *My sister sent me a Christmas card.* 3. *My parents come to my house for Christmas.* 4. *I made a sweater for my father.* 5. *I told my brothers the truth.*

LESSON 18

TRAVELING. De viaje.

A. DIALOGUE

OUR NEXT VACATION.

JANE: Hi Monica, how are you?

MONICA: I'm OK. I'm very busy at work these days.

JANE: Me too. I need a break. I can't wait for my next vacation.

MONICA: I have a week off next month. My husband and I are going to the Caribbean for seven days.

JANE: That sounds exciting! I heard they have beautiful beaches over there. Where exactly are you planning to go?

MONICA: First, we'll fly to Puerto Rico. Then, we'll go to Barbados, Aruba, and Jamaica. We're also going to take the boat between the islands.

JANE: But you won't have time to relax with that itinerary.

MONICA: Maybe not, but it's going to be an adventure.

JANE: Listen, I have to go now. Have a great time!

MONICA: OK. I'll send you a postcard.

NUESTRAS PRÓXIMAS VACACIONES.

JANE: Hola Mónica, ¿cómo estás?

MONICA: Estoy bien. Ultimamente he estado muy ocupada en el trabajo.

JANE: Yo también. Necesito un descanso. No veo la hora de que lleguen mis próximas vacaciones.

MONICA: Pues yo tengo una semana libre el próximo mes. Mi esposo y yo vamos a ir al Caribe por siete días.

JANE: Suena muy emocionante. Dicen que tienen playas hermosas allí. ¿A qué lugar has planeado ir exactamente?

MONICA: Primero vamos a volar a Puerto Rico. Después iremos a Barbados, Aruba y Jamaica. Vamos a tomar el barco de isla a isla.

JANE: Pero no tendrás tiempo de descansar con ese itinerario.

MONICA: Tal vez no, pero será una aventura.

JANE: Mira, me tengo que ir. ¡Que te diviertas mucho!
MONICA: Bien. Te enviaré una tarjeta postal.

B. GRAMMAR AND USAGE

1. EL TIEMPO FUTURO. *THE FUTURE TENSE.*

Hay varias maneras básicas de expresar el futuro en inglés. Una forma es: *to be* (en el presente) + *going* + infinitivo.

They are going to fly to Puerto Rico.
Ellos van a volar a Puerto Rico.

We are going to visit three islands.
Vamos a visitar tres islas.

Por supuesto que también se pueden usar las contracciones:

She's going to travel to Jamaica next week.
Ella va a ir a Jamaica la próxima semana.

La segunda forma es usando el verbo modal *will* + infinitivo sin *to*. *Will* precede al verbo y funciona como indicador de futuro.

We will have lunch on the flight.
Almorzaremos en el vuelo.

Muchas veces se usa la contracción con los pronombres de sujeto:

I will/I'll send you a postcard.
Te enviaré una tarjeta postal.

She will/she'll have next Saturday off.
Ella tendrá libre el próximo sábado.

La tercera forma de expresar futuro es usando el presente simple. Sin embargo, esta opción se usa sólo con algunos verbos:

to arrive	llegar	*to begin/start*	empezar
to leave	salir, irse	*to finish*	terminar
to open	abrir	*to return*	regresar
to close	cerrar		

I arrive at 8:30 tomorrow.
Llego mañana a las 8:30.

The travel agency closes at 2 P.M. next Saturday.
La agencia de viajes cierra a las 2 P.M. el próximo sábado.

I just got a new job. I start next week.
Acabo de conseguir un nuevo trabajo. Empiezo la semana próxima.

El futuro también se puede expresar con el presente continuo (*to be* + *verb-ing*) cuando la oración se refiere a un evento definitivo en el futuro.

We already purchased our plane tickets. We're leaving tomorrow.
Ya compramos los billetes de avión. Salimos mañana.

I need a break. I'm taking a vacation next summer.
Necesito un descanso. Me voy de vacaciones el próximo verano.

2. EL FUTURO CON *TO BE GOING TO*. THE FUTURE WITH "*TO BE GOING TO*."

La forma *going to* se puede usar para expresar eventos o planes que implican un tiempo futuro. Esta manera de expresar el futuro es más frecuente en inglés que en español.

To be going to se usa para expresar planes que el hablante ha hecho para llevarlos a cabo en el futuro.

She's going to travel to Europe this summer.
Ella va a viajar a Europa este verano.

We're going to fly to Jamaica.
Vamos a volar a Jamaica.

Laura is going to take a long vacation.
Laura va a tomar unas largas vacaciones.

My husband and I are going to visit the Caribbean.
Mi esposo y yo vamos a ir al Caribe.

Las preguntas se forman de manera regular como se hace con el verbo *to be*. Además, las respuestas cortas funcionan de manera similar.

Are you going to visit Jamaica this year?
¿Van a visitar Jamaica este año?

Yes, we are.
Sí.

Are we going to have dinner on the flight?
¿Vamos a cenar en el vuelo?

No, we are not. We are only going to get peanuts and drinks.
No. Sólamente nos darán cacahuates y bebidas.

La negación de esta forma de expresar el futuro funciona de manera similar al uso del verbo *to be*.

We're not going to visit Mexico this year.
No vamos a visitar México este año.

I'm not going to send any postcards to my family.
No voy a enviar tarjetas postales a mi familia.

Be going to también se puede usar para expresar una predicción en el futuro. Este significado es comparable con el uso de *will*.

It will/it's going to be windy in Chicago tomorrow.
Hará/va a hacer viento en Chicago mañana.

3. EL FUTURO CON *WILL*. THE FUTURE WITH "WILL."

Will no tiene traducción directa al español. Lo equivalente sería la terminación "-ré," o "-rá" (como en "comeré, beberá") para indicar futuro. *Will* se puede usar para expresar una predicción en el futuro o disponibilidad para hacer algo.

Will se usa para expresar una predicción acerca de algo que el hablante sabe o cree que va a ocurrir en el futuro. Este significado es compatible con *be going to*.

I'll send you a postcard.
Te mandaré una tarjeta postal.

Maya will drive to San Francisco tomorrow.
Maya conducirá a San Francisco mañana.

Peter will show you the pictures.
Peter te enseñará las fotos.

I'll fly to Texas next Christmas.
Voy a volar a Texas la Navidad próxima.

Will también se puede usar para indicar que una persona está dispuesta a hacer algo.

You're carrying so many things. I'll help you.
Vas cargando tantas cosas. Te ayudaré.

You look tired. I'll cook dinner tonight.
Te ves cansado/a. Yo prepararé la cena esta noche.

La negación de *will not* en forma de contracción es *won't*.
Won't es más común pero menos enfático.

You will not/won't have time to relax.
No tendrás tiempo para descansar.

Johnny will not/won't go to the party.
Johnny no irá a la fiesta.

I will not/won't have time to take you to the airport.
No tendré tiempo de llevarte al aeropuerto.

Las preguntas con *will* tienen la siguiente estructura:

> *will* + subjecto + infinitivo sin *"to"* . . .

Will you go to Jamaica on your trip?
¿Irás a Jamaica en tu viaje?

Muchas veces, al usar esta forma, suena como si se quisiera pedir algo de manera cortés.

Will you send me a postcard?
¿Me mandarás una tarjeta postal?

Will you call me tomorrow?
¿Me llamarás mañana?

4. WILL VS. TO BE GOING TO.

Aunque las dos formas expresan futuro, ya hemos indicado que funcionan en diferentes contextos. Compare:

Planes ya hechos para el futuro	*to be going to* (only)
Para expresar disponibilidad	*will* (only)
Futuro simple	*will* o *to be going to*

I'm going to make my flight reservations tomorrow. (ya planeado)
Voy a hacer mis reservaciones de vuelo mañana.

You look tired. I'll help you. (disponibilidad)
Te ves cansado. Te ayudaré.

It will/is going to be cloudy in Miami tomorrow. (futuro simple)
Estará/va a estar nublado en Miami mañana.

5. PALABRAS PARA EXPRESAR EL FUTURO. *WORDS TO EXPRESS THE FUTURE.*

Además de representar el futuro de manera gramatical, hay algunas palabras y expresiones que ayudan a expresar el futuro.

tomorrow	mañana
next week	la próxima semana
next year	el año próximo
in three hours	en tres horas
in a few minutes	en unos minutos
next semester	el próximo semestre
in 1999	en 1999

soon	pronto
later	más tarde
tonight	esta noche
from now on	de ahora en adelante

Sharon will go on vacation next month.
  Sharon se irá de vacaciones el mes próximo.

I'll call you next week.
  Te llamaré la semana próxima.

My son is going to fly to Alaska next month.
  Mi hijo va a volar a Alaska el mes próximo.

Sharon is going to look for another apartment next summer.
  Sharon va a buscar otro apartamento el próximo verano.

6. EXPRESIONES IDIOMÁTICAS CON EL VERBO *TO GO*. IDIOMATIC EXPRESSIONS WITH THE VERB "TO GO."

Este verbo se puede usar en varias expresiones de uso común.

Get going!	poner en marcha, moverse, apurarse
Way to go!	¡Qué bien!
Let it go.	Soltar algo.
Here you go again.	Ya vas a empezar otra vez./Otra vez la misma canción.
it goes without saying	no se necesita decirlo
to have a go at it	tratar de, probar
to be on the go	no parar
to go ahead	proseguir

We'll be late. We have to get going.
  Vamos a llegar tarde. Nos tenemos que marchar.

You got us a discount in our plane tickets? Way to go, Sharon!
  ¿Nos conseguiste un descuento en los billetes de avión? ¡Qué bien, Sharon!

Here you go again. I already heard this story before.
  Otra vez la misma canción. Ya escuché esta historia antes.

Learn at home and on the go.
  Aprende en casa y en cualquier lugar.

On your marks, get set, go!
  ¡Preparados, listos, ya!

C. VOCABULARY

NOUNS

plane	avión
airport	aeropuerto
boat	barco
vacation	vacaciones
trip	viaje
itinerary	itinerario
break	descanso
beach	playa
island	isla
place	lugar
postcard	tarjeta postal
adventure	aventura

VERBS

to travel	viajar
to fly	volar
to relax	relajarse, descansar
to come back	regresar
to get going	apurarse, empezar
to let go	soltar

OTHER USEFUL WORDS

exactly	exactamente
really	de verdad
maybe	quizás

EXERCISES

A. *Use the vocabulary to complete the dialogue.* (Use el vocabulario para completar el diálogo.)

going to	*to*	*to have*	*to visit*
won't	*to rent*	*to watch*	*game*

Johnny: Dad, when <u>are we going to arrive</u> in Miami?
Peter: We<u>'ll be</u> there at *11:00* A.M.

197

Sharon: Peter, why don't you tell Johnny the places we're going _____?
Peter: OK. We're _____ visit Disney World, the Kennedy Space Center, and the Florida Aquarium.
Johnny: Mom, are we going _____ breakfast on the flight?
Sharon: Yes. We are going _____ a movie as well.
Johnny: That sounds like fun!
Peter: When we arrive in Miami, we'll _____ a car and drive to Orlando, Florida.
Johnny: Dad, are we going to see a football _____ with the Miami Dolphins?
Peter: I'm sorry but we _____ have time to go to the stadium. But we're going _____ have a lot of fun anyway.

B. *Form sentences using the future tense and the information in parentheses. (Forme oraciones usando el futuro y la información entre paréntesis.)*

EXAMPLE: *I go to Texas every year. (next year-to visit Arizona)*
Next year, I am going to visit Arizona.

1. *My sister works too hard. (next summer-to take a vacation)*
2. *This year I have two classes. (next year-to take four classes)*
3. *Ana is painting the bathroom. (tomorrow-to paint the kitchen)*
4. *I never use a camera. (next vacation-to take a lot of pictures)*
5. *Mary dances the Tango. (next week-to learn to dance the Flamenco)*

C. *Complete the sentences using the verbs in the present, past, or future tense as necessary. (Complete la oraciones usando los verbos en el presente, pasado o futuro como sea necesario.)*

1. *Sharon always _____ (to travel) by train.*
2. *Next month, we _____ (to go) to Jamaica.*
3. *Peter _____ (to eat) a hamburger yesterday.*
4. *My mother _____ (to arrive) in two weeks.*
5. *Mary _____ (to take) a vacation each summer.*
6. *We _____ (to fly) to Jamaica next summer.*
7. *Next month, Steve _____ (to go) away for the weekend.*
8. *Right now, we _____ (to live) in California.*

D. *Underline the word that does NOT belong in the group. (Subraye la palabra que no pertenece al grupo.)*

1. *plane, train, boat, busy*
2. *Caribbean, California, exciting, Miami*
3. *to fly, yesterday, to relax, to visit*
4. *beautiful, exciting, busy, airport*
5. *Jamaica, letter, postcard, telegram*

E. *Suggested activities.* (Otras actividades sugeridas.)

   1. Llame por teléfono a una agencia de viajes de su ciudad. Pregunte el precio aproximado por visitar un lugar que le interese. No es necesario que haga una reservación.

CULTURAL NOTE

Algo que parece impresionar a los turistas que visitan los Estados Unidos son las grandes distancias que hay en este país. Por ejemplo, Alaska es más grande que el Perú, y Texas tiene más territorio que España. Arizona es más grande que el Ecuador, y California tiene un área que supera la de Italia. Este vasto territorio hace difícil que se pueda visitar todo el país de manera rápida.

En este gran país se pueden visitar varias ciudades que están llenas de vida, sorpresas y mezclas culturales, tales como Nueva York, Los Angeles, Chicago y Miami. El país también ofrece la belleza de las costas del Océano Pacífico en Oregón, Washington y California, y las playas del Océano Atlántico en Maine, Massachusetts y otros estados. Además, también tenemos la arena blanca del Mar Caribe en Florida. También hay maravillas naturales como las del Gran Cañón y el parque Yellowstone. En fin, hay opciones para todos los gustos y preferencias. Además, cabe mencionar que los Estados Unidos tienen una excelente red de transporte aéreo para poder explorar todas las posibilidades deseadas. La mayoría de los estadounidenses toman sus vacaciones dentro de los Estados Unidos, y en general prefieren viajar por avión o en coche.

ANSWERS

A. 1. *to visit* 2. *going to* 3. *to have* 4. *to watch* 5. *rent* 6. *game* 7. *won't* 8. *to*

B. 1. *Next summer, she's going to take a vacation.* 2. *Next year, I'm going to take four classes.* 3. *Tomorrow, she's going to paint the kitchen.* 4. *Next vacation, I'm going to take a lot of pictures.* 5. *Next week, Mary is going to learn to dance the Flamenco.*

C. 1. *Sharon always travels by train.* 2. *Next month, we'll go/we're going to go to Jamaica.* 3. *Peter ate a hamburger yesterday.* 4. *My mother will arrive/is going to arrive in two weeks.* 5. *Mary takes a vacation each summer.* 6. *We will fly/we're going to fly to Jamaica next summer.* 7. *Next month, Steve will go/is going to go away for the weekend.* 8. *Right now, we live in California.*

D. 1. *busy* 2. *exciting* 3. *yesterday* 4. *airport* 5. *Jamaica*

LESSON 19
HOBBIES.   Pasatiempos.

A. DIALOGUE

LOVE THY NEIGHBORS.

LOUISE: Hello, neighbor. Long time no see. You look great.

JOHN: Well, I started exercising three times a week.

LOUISE: Good decision. I should take up regular exercise as well.

JOHN: But you do all this gardening. With a lot of success, by the way. Your roses are beautiful this year.

LOUISE: Thanks. I enjoy working in the garden so much, it doesn't even feel like exercise.

JOHN: How's your husband?

LOUISE: Fine. He started redoing the rec room[1] this weekend. I hope all the hammering didn't bother you.

JOHN: Oh, not at all. Peter and I went hiking. We weren't even around to feel disturbed.

LOUISE: Lucky you. It sure bothered me. I couldn't get any reading done.

JOHN: Still into reading mysteries?

LOUISE: You bet.

JOHN: Well, don't let the bad guys get away!

LOUISE: I won't. See you around.

JOHN: Bye!

LLEVARSE BIEN CON LOS VECINOS.

LOUISE: Hola vecino. Hace mucho que no te veía. Te ves muy bien.

JOHN: Pues, empecé a hacer ejercicio tres veces por semana.

LOUISE: Buena decisión. Yo también debería de empezar a hacer ejercicios regularmente.

---

[1] *rec room (recreation room)* = el cuarto de recreo

JOHN: Pero haces toda esta jardinería. Y con mucho éxito, por cierto. Tus rosas están hermosas este año.

LOUISE: Gracias. Disfruto tanto trabajar en el jardín que ni parece que sea ejercicio.

JOHN: ¿Cómo está tu esposo?

LOUISE: Bien. Empezó a redecorar el cuarto de recreo este fin de semana. Espero que no les haya molestado todo ese ruido del martillo.

JOHN: Para nada. Peter y yo nos fuimos a escalar. Ni siquiera estábamos en casa para que nos molestara.

LOUISE: Qué suerte. A mí sí me molestó. No pude leer nada.

JOHN: ¿Todavía te gusta leer historias de misterio?

LOUISE: Claro.

JOHN: Pues no dejes que se escapen los malos.

LOUISE: No. Ya nos veremos después.

JOHN: Adiós.

B. GRAMMAR AND USAGE

1. EL GERUNDIO. *THE GERUND.*

En inglés, los elementos en forma de *-ing* (verbos que terminan en -ando y -iendo) pueden aparecer en posición de sujeto, objeto y objeto preposicional. Estos gerundios normalmente no se traducen como tal al español, sino que se usan como la forma de infinitivo del verbo.

Mary went hiking last week.
  Mary fue a escalar la semana pasada.

Es importante notar que la forma *-ing* tiene dos usos diferentes: en el presente continuo, usando el verbo *to be* + verbo-*ing*, y como gerundio que funciona como sustantivo. Compare:

He is exercising three times a week.
  El está haciendo ejercicio tres veces por semana.
Exercising is good for you.
  Hacer ejercicio es bueno para ti.
Louise is reading a mystery novel.
  Louise está leyendo una novela de misterio.
Reading is a good way to relax.
  Leer es una buena forma de relajarse.

a. Gerundios como sujeto. *Gerunds as subjects.*

Algunas formas que terminan en *-ing* pueden funcionar como sustantivos, y por lo tanto pueden aparecer como sujetos de una oración. En la posición de sujeto, es más frecuente usar el gerundio que frases en infinitivo. En español se usa el infinitivo.

Gardening is a good form of relaxation.
  Trabajar en el jardín es una buena forma de relajarse.
Hiking is really fun.
  Escalar es muy divertido.
Reading biographies is interesting.
  Leer biografías es interesante.

b. Gerundios como objetos. *Gerunds as objects.*

Algunas formas de gerundio (*-ing*) también se pueden usar en posición de objeto.

I enjoy redecorating the house.
  Me gusta redecorar la casa.

A continuación presentamos algunos verbos que van seguidos de un gerundio en lugar de un verbo en infinitivo.

to admit	admitir	to finish	terminar
to enjoy	disfrutar	to imagine	imaginar
to start	empezar	to miss	extrañar, echar de menos

Sharon finished reading the novel.
  Sharon terminó de leer la novela.
I enjoy gardening.
  Me gusta trabajar en el jardín.
John started redoing the rec room.
  John empezó a redecorar el cuarto de recreo.
I used to have a garden in my country. I miss gardening.
  Yo tenía un jardín en mi país. Echo de menos trabajar en el jardín.

c. Gerundios después de preposiciones. *Gerunds after prepositions.*

Ya que las formas en gerundio funcionan como sustantivos, también se pueden usar después de una preposición *(for, with, about, etc.).*

I thought about inviting John and his wife for dinner.
  Pensé en invitar a John y a su esposa a cenar.
She is an expert at cooking pasta.
  Ella es una experta en cocinar pasta.

Instead of eating at home, they decided to go to a restaurant.
En lugar de comer en casa, decidieron ir a un restaurante.

There's no excuse for eating too much.
No hay ninguna excusa para comer demasiado.

He's very good at organizing things.
El es muy bueno para organizar cosas.

2. GERUNDIO VS. INFINITIVO. *GERUND VS. INFINITIVE.*

En la posición de objeto, a veces es común intercambiar el gerundio por una forma en infinitivo sin que ésto cambie el significado. Estos son algunos de los verbos que pueden usar cualquiera de las dos opciones. La negación se hace con el verbo principal.

to like	gustar	*to continue*	continuar
to begin	empezar	*to love*	gustar/amar
to prefer	preferir	*to hate*	odiar

I like reading/to read romantic poems.
Me gusta leer poemas románticos.

I love watching/to watch television.
Me gusta mirar televisión.

John hates working/to work on Mondays.
A John no le gusta trabajar los lunes.

John started studying/to study French two years ago.
John empezó a estudiar francés hace dos años.

Louise prefers swimming/to swim.
Louise prefiere nadar.

3. EXPRESIONES IDIOMÁTICAS CON EL VERBO *TO TAKE*. *IDIOMATIC EXPRESSIONS WITH "TO TAKE."*

Este es uno de los verbos más comunes en inglés. Con frecuencia se usa en varias expresiones como las siguientes:

take it or leave it	tómalo o déjalo
to be taken ill	enfermarse
to take pride	estar orgulloso/a
to take for granted	no saber valorar (algo o alguien)
to take something well/badly	tomar algo bien/mal

I took our relationship for granted.
No supe valorar nuestra relación.

Louise was taken ill all of a sudden.
Louise se enfermó de repente.

We really take pride in our garden.
Estamos muy orgullosos de nuestro jardín.

This is the best offer I can give you. Take it or leave it.
Este es la mejor oferta que le puedo dar. Tómelo o déjelo.

C. VOCABULARY

NOUNS

hobby	pasatiempo
neighbor	vecino/a
exercising	hacer ejercicio
gardening	trabajar en el jardín
hammering	martillar
hiking	escalar
mystery	misterio
story	historia, cuento
novel	novela
rose	rosa
exercise	ejercicio
success	éxito
relaxation	relajación
pride	orgullo

VERBS

to bother	molestar
to exercise	hacer ejercicio
to enjoy	disfrutar
to recommend	recomendar
to swim	nadar
to invite	invitar
to be proud	estar orgulloso
to garden	trabajar en el jardín
to hike	escalar
to get away	escapar

ADJECTIVES

fun	divertido
great	excelente
lucky	con suerte, afortunado

EXERCISES

A. *Use the vocabulary to fill in the blanks.* (Use el vocabulario para llenar los espacios en blanco.)

time	reading	exercise	hiking	dinner

1. *He doesn't like to* _____. *He prefers to watch sports on TV.*
2. *I thought about inviting you and your family for* _____.
3. _____ *poems is very relaxing.*
4. *Since the weather was beautiful, I decided to go* _____.
5. *Writing letters takes a lot of* _____.

B. *Translate the following sentences into English using gerunds whenever possible.* (Traducir estas frases al inglés usando el gerundio cuando sea posible.)

1. Me gusta nadar en el mar.
2. Sharon prefiere trabajar los fines de semana.
3. En lugar de comer en casa, fueron a un restaurante italiano.
4. Fumar es malo para la salud.
5. Cocinar es una actividad muy difícil.
6. A Peter le gusta comer pasta todos los días.
7. Mi hermana odia trabajar los domingos.
8. Yo hago ejercicio por diversión.
9. Yo juego al fútbol (soccer), pero también me gusta la natación.
10. Leer poemas de amor es muy interesante.

C. *Fill in the blanks using the gerund of the following verbs.* (Llene los espacios en blanco usando el gerundio de los verbos.)

to shop	to drink	to eat
to get up	to visit	to talk
to open	to swim	to travel

EXAMPLE: *I like shopping at big stores.*

1. _____ *ice cream is bad if you're on a diet.*
2. *I enjoy* _____ *coffee in the morning.*
3. *I'm not an early riser. I prefer* _____ *up at 10:00 A.M.*
4. *Antonio likes* _____ *around the world.*
5. _____ *is good for your health.*
6. *I don't like* _____ *to the chairman of the company. He's always very serious.*
7. *On Christmas, people are excited about* _____ *their presents.*
8. *He always enjoys* _____ *San Francisco. It's a beautiful city.*

D. *Fill in the blanks using the appropriate vocabulary from this lesson.*
   (Llene los espacios en blanco usando el vocabulario de esta lección.)
   1. _____ are people who live in the same neighborhood.
   2. _____ is the name of a hobby that deals with working in a garden.
   3. The _____ includes Saturday and Sunday.
   4. To _____ _____ means to escape.
   5. Swimming and running are forms of _____.

E. *Suggested activities.* (Otras actividades sugeridas.)
   1. La próxima vez que hable con un conocido, pregúntele si tiene algún pasatiempo o "hobby." Averigüe en qué consiste, cuándo lo hace y por qué le gusta a esa persona.

CULTURAL NOTE

En los Estados Unidos, al igual que en todos los países, la gente tiene muchas formas de divertirse con varios *hobbies* o pasatiempos. En los EE.UU. es notable el entusiasmo que existe por los ejercicios y por mantenerse en buena forma. Por otro lado, hay personas a las que les gusta trabajar en el jardín de su casa. Ellos se divierten y relajan cultivando flores y plantas en su tiempo libre. Otro pasatiempo del que muchas personas disfrutan es la lectura. Es relativamente cómodo hacerlo, ya sea en el interior de una casa durante la temporada fría, o al aire libre durante el verano y la primavera. Las personas más jóvenes y los niños, al igual que en todo el mundo, siempre tienen pasatiempos que se ponen de moda por un tiempo y que a veces desaparecen rápidamente, tales como los juegos de video y coleccionar objetos o tarjetas de famosos atletas de béisbol o baloncesto.

ANSWERS

A. 1. *exercise* 2. *dinner* 3. *Reading* 4. *hiking* 5. *time*
B. 1. *I like swimming/to swim in the ocean.* 2. *Sharon prefers working/to work on weekends.* 3. *Instead of eating at home, they went to an Italian restaurant.* 4. *Smoking is bad for your health.* 5. *Cooking is a very difficult activity.* 6. *Peter likes eating/to eat pasta every day.* 7. *My sister hates working/to work on Sundays.* 8. *I exercise for fun.* 9. *I play soccer, but I also like to swim/swimming.* 10. *Reading love poems is very interesting.*
C. 1. *Eating* 2. *drinking* 3. *getting up* 4. *traveling* 5. *Swimming* 6. *talking* 7. *opening* 8. *visiting*
D. 1. *Neighbors* 2. *Gardening* 3. *weekend* 4. *get away* 5. *exercise*

LESSON 20
AMERICAN CULTURE AND TELEVISION La cultura estadounidense y la televisión.

A. DIALOGUE

LUNCH BREAK.

FRED: **Hi, how was your weekend?**

JOHN: **I planned to go to Vermont, but because of the weather, we decided to stay home.**

MARY: **Yes, the snow kept me home, too. I watched TV all weekend.**

JOHN: **Did you have a chance to watch the documentary about the Amazon jungle?**

MARY: **No, my husband didn't want to. I was really disappointed. We ended up watching a movie instead.**

FRED: **Which movie did you see?**

MARY: **A rerun of a Hitchcock movie.**

FRED: **I love Hitchcock. I can't get enough of his movies. Isn't *Psycho* great?**

JOHN: **You can't convince me to watch a horror movie. I prefer to watch a sitcom or even a soap opera. Besides, I'd rather read.**

FRED: **I hate to break this up, but we have to get back to work.**

JOHN: **If duty calls . . .**

EL DESCANSO PARA ALMORZAR.

FRED: Hola. ¿Qué tal tu fin de semana?

JOHN: Planeaba ir a Vermont, pero debido al clima decidimos quedarnos en casa.

MARY: Sí, la nieve también me hizo quedarme en casa. Miré televisión todo el fin de semana.

JOHN: ¿Tuviste oportunidad de ver el documental acerca del Amazonas?

MARY: No, mi esposo no quiso. Me decepcioné mucho. En lugar de eso, terminamos viendo una película.

FRED: ¿Qué película viste?

MARY: Una película de Hitchcock que ya habían pasado.

FRED: A mí me encanta Hitchcock. Nunca me canso de ver sus películas. ¿No crees que *Psycho* es excelente?

JOHN: A mí no me pueden convencer para mirar una película de miedo. Prefiero ver una comedia o inclusive una telenovela. Además, me gusta más leer.

FRED: Odio interrumpir esto, pero tenemos que regresar a trabajar.

JOHN: Si el deber nos llama...

B. GRAMMAR AND USAGE

1. EL USO DEL INFINITIVO. *THE USE OF THE INFINITIVE.*

Las formas de infinitivo del verbo se pueden usar de diferentes maneras y en diferentes posiciones en la oración. Sin embargo, estos usos son generalizaciones y no funcionan de manera sistemática con todos los verbos.

a. Como objeto directo. *As direct objects.*

Una forma de infinitivo puede funcionar como el objeto directo de una oración.

I decided to stay home.
Decidí quedarme en casa.

I planned to go to Vermont for the weekend.
Planeé ir a Vermont por el fin de semana.

Los siguientes verbos con frecuencia van seguidos de una forma de infinitivo.

to decide	decidir	*to refuse*	rehusar
to choose	escoger	*to like*	gustar
to expect	esperar algo	*to plan*	planear
to need	necesitar	*to want*	querer

Note que en la lección anterior (18) mencionamos que algunos de estos verbos también pueden aceptar la forma *-ing* (el gerundio).

I don't like to watch *(watching)* **soap operas.**
No me gusta ver telenovelas.

Fred wants to watch his favorite sitcom.
   Fred quiere ver su programa cómico favorito.

Mary decided to stay home and watch the news.
   Mary decidió quedarse en casa y mirar las noticias.

I plan to invite Peter and his family for dinner.
   Tengo planes de invitar a Peter y a su familia a cenar.

She needs to take a vacation.
   Ella necesita tomarse unas vacaciones.

   b. Después de un sustantivo o pronombre. *After a noun or pronoun.*

   A veces se puede usar la forma en infinitivo después de un objeto directo, que con frecuencia es un sustantivo o un pronombre personal. La estructura es verbo + objeto directo + infinitivo.

I convinced her to watch a comedy.
   La convencí para que viera un programa cómico.

   Esta construcción no ocurre con todos los verbos. A continuación presentamos algunos de los verbos que con frecuencia ocurren en la estructura mencionada:

to convince	convencer	*to forbid*	prohibir
to ask	pedir	*to tell*	decir
to permit	dar permiso, permitir	*to persuade*	persuadir

I asked Mary to record the documentary for me.
   Le pedí a Mary que me grabara el documental.

I persuaded her to stop watching soap operas.
   La persuadí para que dejara de ver telenovelas.

I convinced my friend to watch a basketball game with me.
   Convencí a mi amigo para que viera un partido de baloncesto conmigo.

Mary forbids her children to watch TV after 10 P.M.
   Mary le prohibe a sus niños mirar TV después de la 10 P.M.

   c. Después de adjetivos. *After adjectives.*

   La forma de infinitivo del verbo también se puede usar después de un adjetivo. En general, este adjetivo aparece después del verbo *to be* (ser, estar).

It's very important to arrive at work on time.
   Es muy importante llegar a tiempo al trabajo.

Algunos de los adjetivos que con frecuencia van seguidos por una forma de infinitivo son los siguientes:

important	importante	*necessary*	necesario
hard	duro	*essential*	esencial
difficult	difícil	*impossible*	imposible

It's very difficult to understand foreign films.
Es muy difícil entender las películas extranjeras.

It's almost impossible to eat lunch in twenty minutes.
Es casi imposible almorzar en veinte minutos.

It's necessary to exercise frequently.
Es necesario hacer ejercicio con frecuencia.

d. Después de palabras interrogativas. *After question words.*

Cuando el objeto directo incluye una palabra de interrogación, entonces ésta va seguida de una forma de infinitivo.

I don't know what to say.
No sé qué decir.

Peter knows where to buy food.
Peter sabe dónde comprar comida.

Evelyn knows how to record television programs.
Evelyn sabe cómo grabar programas de televisión.

She knows when to return to work.
Ella sabe cuándo regresar al trabajo.

2. ADJETIVOS DE EMOCIÓN. *ADJECTIVES OF EMOTION.*

Un grupo de adjetivos, los de emoción, generalmente van seguidos por el infinitivo. Algunos de esos adjetivos son los siguientes:

proud	orgulloso	*surprised*	sorprendido
angry	enojado	*disappointed*	decepcionado
sad	triste	*anxious*	ansioso

I'm anxious to get home and watch my favorite soap opera.
Estoy ansioso por llegar a casa y mirar mi telenovela favorita.

Sharon is proud to be the new sales director.
Sharon está orgullosa de ser la nueva directora de ventas.

I was surprised to see that my husband liked that documentary.
Me sorprendió ver que a mi esposo le gustó ese documental.

C. VOCABULARY

NOUNS

television	televisión
movie	película
film	película, film, filme
documentary	documental
sitcom	programa cómico
drama	drama
comedy	comedia
soap opera	telenovela
news	noticias

VERBS

to stay	quedarse
to watch	ver, observar, mirar
to convince	convencer
to persuade	persuadir
to forbid	prohibir
to permit	permitir
to end up	terminar
to refuse	rehusar
to expect	esperar

ADJECTIVES

interested	interesado/a
happy	feliz
proud	orgulloso/a
surprised	sorprendido/a
anxious	ansioso/a
disappointed	decepcionado/a
enthusiastic	entusiasmado/a
impossible	imposible
essential	esencial
worried	preocupado/a
angry	enojado/a
jealous	celoso/a

EXERCISES

A. *Translate into English.* (Traduzca al inglés.)
  1. *Estoy feliz de estar en San Francisco.*
  2. *Yo necesito trabajar tiempo extra.*
  3. *Es imposible hablar por teléfono con cuatro personas.*
  4. *¿Tienes tiempo para ayudarme?*
  5. *Sharon quiere ir a Cancún.*
  6. *Peter necesita más tiempo para terminar el examen.*
  7. *No tengo tiempo para ver telenovelas.*
  8. *Me rehuso a mirar telenovelas.*
  9. *La sicología es difícil de entender.*
  10. *Fred quiere visitar Alaska.*

B. *Complete the following sentences by selecting the appropriate infinitive from the column on the right.* (Complete las oraciones siguientes usando el infinitivo apropriato de la columna a la derecha.)

  1. San Francisco is a nice place _____.   a. *to cook*
  2. The job of a teacher is _____ students.   b. *to visit*
  3. It is very easy _____ spaghetti.   c. *to pay*
  4. Sharon wants _____ to the beach.   d. *to teach*
  5. I need more money _____ for my books.   e. *to go*

C. *Fill in the blanks using either an infinitive or a conjugated verb as required.* (Llene los espacios en blanco usando un infinitivo o una forma conjugada del verbo.)

to need	to call	to make	to help	to go

Have you ever made plans for a vacation? There are many things to do ahead of time. For example, it's important (1) _____ hotel reservations. It is also essential (2) _____ the airline to make sure your flights are arranged. You also (3) _____ to take appropriate clothing for the climate of your destination. Sometimes, it is a good idea (4) _____ to a travel agent. They can (5) _____ you solve any problems related to your trip.

D. *Insert words from the column on the right to complete the sentences.* (Use palabras de la columna a la derecha para completar las oraciones.)

  1. The _____ includes Saturday and Sunday.   a. *sitcom*
  2. Basketball and baseball are both _____.   b. *happy*
  3. She wasn't sad. She was very _____.   c. *weekend*
  4. A _____ is a show that makes people laugh.   d. *sports*
  5. A _____ has many actors and actresses.   e. *soap opera*

E. *Suggested activities.* (Otras actividades sugeridas.)
   1. Escriba una breve descripción de su programa de televisión favorito. Incluya información acerca del horario, canal, actores, tipo de programa, etc.
   2. Escriba una escena de una telenovela.

CULTURAL NOTE

En los Estados Unidos existe un sistema televisivo que ofrece una gran variedad de opciones. Además de la programación regular, existen canales de televisión especiales *(cable)* para eventos deportivos, películas recientes, y programas educativos infantiles. Durante el día, los canales básicos ofrecen una variedad de *soap operas* (telenovelas), *talk shows* (programas con invitados especiales), *documentaries* (documentales) y varias ediciones de noticias. Cabe mencionar que las telenovelas son un poco diferentes a las del mundo hispano. Por ejemplo, la novela *General Hospital* es muy popular y ya lleva treinta años de programación continua. Parece que nunca se va a terminar. Por lo general, las del mundo hispano no duran más de un año. Otros programas que son muy populares en este país son los eventos deportivos de baloncesto y de fútbol americano. Sin embargo, el fútbol *(soccer)* todavía no es muy popular en la televisión norteamericana.

ANSWERS

A. 1. *I'm happy to be in San Francisco.* 2. *I need to work overtime.* 3. *It's impossible to talk to four people on the phone.* 4. *Do you have time to help me?* 5. *Sharon wants to go to Cancún.* 6. *Peter needs more time to finish the exam.* 7. *I don't have time to watch soap operas.* 8. *I refuse to watch soap operas.* 9. *Psychology is difficult to understand.* 10. *Fred wants to visit Alaska.*
B. 1. *to visit* 2. *to teach* 3. *to cook* 4. *to go* 5. *to pay*
C. 1. *to make* 2. *to call* 3. *need* 4. *to go* 5. *help*
D. 1. *weekend* 2. *sports* 3. *happy* 4. *sitcom* 5. *soap opera*

FOURTH REVIEW

A. *Fill in the blanks using the appropriate object pronouns (me, you, her, him, it, us, them). (Llene los espacios en blanco usando los pronombres de objeto.)*

EXAMPLE: Linda is a good friend. I really like <u>her</u>.

1. Peter and Sharon came to the party but I never met _____.
2. Evelyn is an excellent teacher. Do you know _____?
3. That was a great movie. I really liked _____.
4. My brother lives in Ohio. Did you meet _____?
5. I wrote a letter yesterday and mailed _____ today.

B. *Complete the sentences using: all, whole, every. (Complete las oraciones utilizando: all, whole, every.)*

EXAMPLE: Fred was very hungry. He ate <u>all</u> the food in the refrigerator.

1. I like to visit my parents almost _____ summer.
2. Linda likes to play tennis. She played the _____ afternoon.
3. He was very thirsty. He drank a _____ gallon of juice.
4. _____ of my sisters have brown hair.
5. Laura talks about money _____ the time.

C. *Change the position of the indirect object. (Cambie la posición del objeto indirecto.)*

EXAMPLE: I sent Laura some flowers. I sent some flowers to Laura.

1. Last summer, my mother gave me two hundred dollars.
2. Sharon wrote a letter to me last week.
3. Peter gave the car to John.
4. My mother read me lots of interesting stories.
5. I sent a postcard to my parents.

D. *Translate the following sentences into English using the future tense. (Traduzca las siguientes oraciones al inglés usando el futuro.)*

1. El próximo mes vamos a visitar Alaska.
2. Ella irá a la playa el jueves.
3. Yo usaré el dinero para comprar regalos de Navidad.
4. Te voy a enseñar las fotografías.
5. Vamos a llegar tarde.

E. *Answer the questions using negative or indefinite words (no, nothing, no one, nobody, nowhere, any, anything, anyone, anybody, anywhere).* (Conteste las preguntas usando palabras indefinidas o negativas.)

EXAMPLE: *Do you have any brothers?*
No, I don't have any brothers.

1. Would you like some coffee? _____, thank you.
2. I don't have _____ change for the telephone.
3. Do you know Peter? No, I don't know _____ with that name.
4. What did you eat for breakfast? I didn't eat _____.
5. Are you going _____ for vacation?
6. I have _____ idea what to cook for dinner.
7. I don't want to talk to you. I have _____ to say to you.
8. Did you meet _____ interesting at the party?
9. Peter doesn't have _____ money to pay the rent.
10. Does Sandra have _____ children?

F. *Use the infinitive or the gerund form to complete the following sentences. Sometimes both are possible.* (Use el infinitivo o el gerundio para completar las siguientes oraciones. Algunas veces las dos formas son posibles.)

EXAMPLE: *Smoking is bad for your health.*

1. _____ chicken is not very difficult. (to cook)
2. I usually enjoy _____ television at night. (to watch)
3. Laura convinced her husband _____ the kitchen. (to paint)
4. Sharon hates _____ more than eight hours a day. (to work)
5. I thought about _____ your sister for lunch. (to invite)

ANSWERS

A. 1. *them* 2. *her* 3. *it* 4. *him* 5. *it*
B. 1. *every* 2. *whole* 3. *whole* 4. *All* 5. *all*
C. 1. *Last summer, my mother gave two hundred dollars to me.* 2. *Sharon wrote me a letter last week.* 3. *Peter gave John the car.* 4. *My mother read lots of interesting stories to me.* 5. *I sent my parents a postcard.*
D. 1. *Next month, we're going to visit Alaska.* 2. *She'll go to the beach on Thursday.* 3. *I'll use the money to buy Christmas presents.* 4. *I'll show you the pictures.* 5. *We're going to be late.*
E. 1. *No* 2. *any* 3. *anybody/anyone* 4. *anything* 5. *anywhere* 6. *no* 7. *nothing* 8. *anybody/anyone* 9. *any* 10. *any*
F. 1. *Cooking* 2. *watching* 3. *to paint* 4. *working/to work* 5. *inviting*

READING 2

A SURPRISE BIRTHDAY PARTY

Yesterday was Emily's birthday. She turned [1] twenty-six. Her friends planned a surprise birthday party [2] for her. She didn't suspect [3] a thing. Actually, at first she thought that everybody forgot her birthday. Her friend Gloria took her shopping [4] after work to distract [5] her from going home at her usual time. A couple of hours gave her friends enough time to decorate [6] the house. Her friend Andrew bought a small chocolate cake, and another friend, Betty, prepared some hors d'oeuvres [7] for the occasion. All the guests gathered [8] in the house and turned the lights off. [9] When Emily finally got home, she found the house quiet and calm. [10] Nothing seemed to be out of the ordinary. [11] But as soon as she opened the door, the lights came on and everybody yelled: [12] "Surprise!"

She was indeed [13] surprised and very happy to see her friends. She cut the cake while everybody sang "Happy Birthday." Everybody enjoyed [14] the party.

1.	*to turn "x" (years old)*	cumplir "x" años
2.	*surprise party*	fiesta de sorpresa
3.	*to suspect*	sospechar
4.	*to go shopping*	ir de compras
5.	*to distract*	distraer
6.	*to decorate*	decorar
7.	*hors d'oeuvres*	aperitivos
8.	*to gather*	reunirse, juntarse
9.	*to turn off*	apagar
10.	*calm*	calmada/o
11.	*out of the ordinary*	fuera de lo normal
12.	*to yell*	gritar
13.	*indeed*	de verdad, en verdad
14.	*to enjoy*	disfrutar

LESSON 21
U.S. FEDERAL AGENCIES.   Agencias federales de los EE.UU.

A. DIALOGUE

AT THE POST OFFICE.

CLERK: **Next!**

EVELYN: **Good morning. I need five airmail stamps, please.**

CLERK: **Sure. Anything else?**

EVELYN: **Yes. I also want a money order for $200.00.**

CLERK: **OK. Please fill out these three forms and sign here.**

EVELYN: **Fine.**

CLERK: **You're sending the money order within the United States, aren't you?**

EVELYN: **No, it's going to Argentina.**

CLERK: **In that case, you need to fill out this form as well.**

EVELYN: **Another form?**

CLERK: **Yes, sorry. Can I help you with anything else?**

EVELYN: **Yes, you have passport applications, don't you?**

CLERK: **Well, for that, you'll have to go stand in that line over there.**

EVELYN: **You're kidding, aren't you?**

CLERK: **No, unfortunately I'm not.**

EVELYN: **How frustrating!**

CLERK: **I know it is. Sorry about that.**

EN LA OFICINA DE CORREOS.

EMPLEADO: ¡El que sigue!

EVELYN: Buenos días. Necesito cinco estampillas aéreas, por favor.

EMPLEADO: Sí. ¿Algo más?

EVELYN: Sí. También necesito un giro postal de $200.00.

EMPLEADO: Sí. Llene estos tres formularios y firme aquí.

EVELYN: Bien.

EMPLEADO: Va a mandar el giro dentro de los EE.UU., ¿verdad?

EVELYN: No, va para Argentina.

EMPLEADO: En ese caso, también necesita llenar este formulario.

EVELYN: ¿Otro formulario?

EMPLEADO: Sí, lo siento. ¿Le puedo ayudar con algo más?

EVELYN: Sí, tiene solicitudes para pasaporte, ¿verdad?

EMPLEADO: Bueno, para eso tiene que ir a ponerse en aquella cola allá.

EVELYN: Está bromeando, ¿verdad?

EMPLEADO: No, desafortunadamente, no es así.

EVELYN: ¡Esto es muy frustrante!

EMPLEADO: Lo sé. Lo siento.

B. GRAMMAR AND USAGE

1. PREGUNTAS AL FINAL DE LA ORACIÓN. *TAG QUESTIONS.*

Las *tag questions* son pequeñas preguntas al final de una oración. En español, normalmente sólo hay dos preguntas de este tipo: "¿no?" y "¿verdad?" Pero en inglés es un poco diferente. Para empezar, cuando el enunciado es positivo, la pregunta es negativa y viceversa.

You have passport applications, don't you?
Tiene solicitudes para pasaporte, ¿verdad?

She doesn't work at the post office, does she?
Ella no trabaja en la oficina de correos, ¿verdad?

Cuando la pregunta es negativa, el hablante normalmente espera una respuesta positiva y viceversa.

You don't charge extra for letters to Argentina, do you?
No cobra extra para enviar cartas a Argentina, ¿verdad?

No, all international mail is the same price.
No, todo el correo internacional cuesta el mismo precio.

a. Con *to be*. With *"to be."*

Cuando el enunciado usa el verbo *to be* como verbo principal en todos los tiempos simples, entonces la pregunta al final también usa la misma forma del verbo.

She was at the post office yesterday, wasn't she?
Ella estaba en la oficina de correos ayer, ¿no?

These aren't airmail stamps, are they?
Estos no son sellos por avión, ¿verdad?

That's all you need, isn't it?
Eso es todo lo que necesita, ¿no?

You weren't here last week, were you?
No estuvo aquí la semana pasada, ¿verdad?

Cuando la oración usa *there's/there are,* esta forma se invierte en la pregunta corta al final:

There's a post office on the corner, isn't there?
Hay una oficina de correos en la esquina, ¿no?

There are two kinds of money orders, aren't there?
Hay dos clases de giros postales, ¿no?

b. Con verbos regulares. *With regular verbs.*

En las oraciones con todos los demás verbos en los tiempos simples, se usa el verbo *to do* para formar la pregunta al final. Las excepciones a esta regla son el verbo *to be,* los verbos modales y otros verbos auxiliares.

You sell international stamps, don't you?
Vende estampillas internacionales, ¿no?

She doesn't like to fill out forms, does she?
A ella no le gusta llenar formularios, ¿verdad?

Your wife applied for a passport, didn't she?
Tu esposa solicitó un pasaporte ¿no?

Evelyn didn't sign the application, did she?
Evelyn no firmó la solicitud ¿verdad?

Sharon and Ann went to the post office yesterday, didn't they?
Sharon y Ann fueron a la oficina de correos ayer, ¿no?

c. Con verbos modales. *With modal verbs.*

Cuando las oraciones tienen un verbo modal (*can, should, could, etc.*), se usa el mismo verbo modal en la pregunta al final.

I can buy stamps at this window, can't I?
Puedo comprar sellos en esta ventanilla, ¿verdad?

Evelyn couldn't find her passport, could she?
Evelyn no podía encontrar su pasaporte, ¿verdad?

She shouldn't get two separate money orders, should she?
No debería comprar dos giros postales separados, ¿verdad?

She will fill out the application tomorrow, won't she?
Ella llenará la solicitud mañana, ¿verdad?

Debe hacerse notar que las preguntas al final de la oración no se pueden formar con los verbos modales *may, might* y *must*.

d. Con tiempos compuestos. *With compound tenses.*

Cuando las oraciones tienen verbos en tiempos compuestos (las que usan verbos auxiliares como *to be* o *to have*) entonces se usa el verbo auxiliar en la pregunta al final de la oración.

She's not going to stand in line again, is she?
No se va a poner en la cola otra vez, ¿verdad?

You're sending this letter to Spain, aren't you?
Va a enviar esta carta a España, ¿verdad?

We're going to get two money orders, aren't we?
Vamos a comprar dos giros postales, ¿verdad?

2. SUSTANTIVOS COMPUESTOS. *COMPOUND NOUNS.*

Algunos sustantivos compuestos tienen significado posesivo pero no usan una forma gramatical de posesión. Un sustantivo se puede usar para modificar al otro. Vea los siguientes ejemplos:

post office	oficina de correos
bank manager	gerente de banco
delivery route	ruta de entrega
travel agent	agente de viajes
credit card	tarjeta de crédito
checking account	cuenta de cheques
traffic jam	embotellamiento de tráfico

My parents went to the post office yesterday.
Mis padres fueron a la oficina de correos ayer.

I'd like to open a checking account, please.
Me gustaría abrir una cuenta de cheques, por favor.

Are you going to pay with a credit card?
¿Va a pagar con una tarjeta de crédito?

Last night, there was a traffic jam on the freeway.
Anoche hubo un embotellamiento de tráfico en la autopista.

My travel agent made all the hotel reservations.
Mi agente de viajes hizo todas las reservaciones de hotel.

3. EXPRESIONES PARA ESTAR DE ACUERDO. EXPRESSING AGREEMENT.

En la conversación, con frecuencia se usan ciertas expresiones y frases para indicarle a la otra persona que se está de acuerdo con lo que dice. Estas palabras son muy útiles para el fluir de una conversación.

I agree.	Estoy de acuerdo.
That's true.	Es cierto, es verdad.
Exactly.	Exactamente.
My words exactly.	Es lo que iba a decir.
Sure.	Seguro, claro que sí.
You're right.	Tienes razón.
I know (it is).	Lo sé.

It's very annoying to fill out so many forms.
Es muy molesto llenar tantos formularios.

I know it is.
Lo sé.

In my opinion, trying to get a passport can be very frustrating.
En mi opinión, tratarde obtener un pasaporte puede ser muy frustrante.

That's true.
Es cierto.

Sending a postcard is more interesting than sending a letter.
Es más interesante mandar una tarjeta postal que una carta.

I agree.
Estoy de acuerdo.

C. VOCABULARY

NOUNS

post office	oficina de correos
stamp	estampilla, sello
money order	giro postal
form	formulario

airmail	correo aéreo
application	solicitud
passport	pasaporte
delivery	entrega
route	ruta
bank manager	gerente de banco

VERBS

to help	ayudar
to sell	vender
to fill out	llenar (formulario)
to sign	firmar
to be kidding	bromear

ADJECTIVES

international	internacional
additional	adicional, otro
frustrating	frustrante
annoying	molesto, incómodo

OTHER USEFUL PHRASES

I agree.	Estoy de acuerdo.
That's true.	Es cierto.
You're right.	Tienes razón.
My words exactly.	Mis mismas palabras.
Exactly.	Exactamente.
Sure.	Claro que sí.
I know (*it is*).	Lo sé.
unfortunately	desafortunadamente

EXERCISES

A. *Form tag questions for the following sentences.* (Forme preguntas al final de las siguientes oraciones.)

EXAMPLE: *Steve studies in Texas, <u>doesn't he</u>?*

1. *You need some stamps, _____?*
2. *Evelyn paid $100 for her dress, _____?*
3. *Sharon doesn't work at the post office, _____?*

4. A passport is an important document, _____?
5. You're going to send me a postcard, _____?
6. Peter didn't get two money orders, _____?
7. Your father went to the post office, _____?

B. *These sentences include compound nouns. Translate them into English.* (Estas oraciones contienen sustantivos compuestos. Tradúzcalas al inglés.)

1. La oficina de correos está en (la avenida) Broadway.
2. El agente de viajes no trabaja los sábados.
3. Ayer hubo un embotellamiento de tráfico.
4. Tengo un balance de $800 en mi cuenta de cheques.
5. El gerente del banco está de vacaciones.

C. *Fill in the blanks in the dialogue using tag questions.* (Llene los espacios en blanco usando las preguntas cortas al final.)

AT THE BANK

Laura: Hello, I'm here to open a savings account.
Employee: OK. You have a driver's license, (1) _____?
Laura: Oh yes. I already filled out the application.
Employee: You didn't sign it already, (2) _____?
Laura: No, not yet.
Employee: Good! You need to sign three copies at the same time.
Laura: OK. There's no monthly fee, (3) _____?
Employee: No.
Laura: We should get an ATM card, (4) _____?
Employee: It would be very useful.
Laura: And my husband can also use the card, (5) _____?
Employee: Yes. But he needs to know your secret code.
Laura: OK. Thanks for everything.
Employee: You're welcome. Bye.

D. *Complete the sentences using the following vocabulary.* (Use el vocabulario para completar las siguientes oraciones.)

| postcard | post office | application |
| to sign | airmail | passport |

1. To send a letter to another country, you need _____ stamps.
2. You can buy stamps and money orders at the _____.
3. A _____ has a picture of the place you're visiting.
4. To open a bank account, it's necessary to fill out an _____.
5. Some countries require all tourists to have a _____.
6. It's important _____ all your job applications.

E. *Suggested activities.* (Otras actividades sugeridas.)

1. La próxima vez que visite la oficina de correos, pregunte cuánto cuestan las estampillas nacionales e internacionales. Además averigüe el costo de los giros de dinero.

CULTURAL NOTE

En los Estados Unidos, al igual que en otros países del mundo, hay cierta cantidad de burocracia en las oficinas del gobierno o de servicios públicos. Por ejemplo, en los hospitales, normalmente hay que llenar varios formularios aun si ya se tiene una cita. Cuando una persona no tiene seguro médico, a veces hay muchos más formularios y papeleo que llenar y preguntas que contestar. Una de las oficinas del gobierno es el servicio postal. Cabe mencionar que esta oficina ofrece los servicios obvios, tales como enviar cartas y paquetes. Además, también venden giros postales (*money orders*) que están respaldados por el gobierno federal. También ayudan a los ciudadanos de este país a procesar las solicitudes para obtener un pasaporte norteamericano. Es normal que una institución que ofrece tantos servicios conlleve cierta de burocracia. Pero a pesar de ello, el servicio postal es uno de los más puntuales y confiables en el mundo entero.

ANSWERS

A. 1. *don't you*   2. *didn't she*   3. *does she*   4. *isn't it*   5. *aren't you*   6. *did he*   7. *didn't he*
B. 1. *The post office is on Broadway.* 2. *The travel agent doesn't work on Saturdays.* 3. *There was a traffic jam yesterday.* 4. *I have a balance of $800 in my checking account.* 5. *The bank manager is on vacation.*
C. 1. *don't you*   2. *did you*   3. *is there*   4. *shouldn't he*   5. *can't he*
D. 1. *airmail*   2. *post office*   3. *postcard*   4. *application*   5. *passport*   6. *to sign*

LESSON 22
EDUCATION. La educación.

A. DIALOGUE

A NEW SCHOOL.

PRINCIPAL: **You just moved here two weeks ago?**

MOTHER: **Yes, we're still trying to adjust to our new home.**

PRINCIPAL: **We will do what we can to help your son make the transition to his new school. I see he finished fifth grade as an honor student.**

MOTHER: **Yes, we're very proud of him. We're just worried that the curriculum is so different here that he will have trouble catching up. Can you recommend a tutor?**

PRINCIPAL: **Sure.**

MOTHER: **We want to help him ourselves, but both my husband and I are working . . .**

PRINCIPAL: **Don't worry, your son may not have any trouble catching up by himself. And if necessary, we will set him up with a tutor. I myself will act as his advisor and watch his progress closely. Let's talk to each other after the first week of classes.**

MOTHER: **Thanks.**

UNA ESCUELA NUEVA.

DIRECTOR: ¿Se acaba de mudar aquí hace dos semanas?

MAMÁ: Sí, todavía estamos tratando de acostumbrarnos a nuestra nueva casa.

DIRECTOR: Haremos todo lo posible para ayudar a su hijo en la transición a la nueva escuela. Veo que terminó el quinto año con honores.

MAMÁ: Sí, estamos muy orgullosos de él. Pero estamos preocupados que el plan de estudios aquí sea muy diferente y le cause problemas para ponerse al corriente. ¿Nos puede recomendar un tutor?

DIRECTOR: Claro.

MAMÁ: Queremos ayudarle nosotros mismos, pero mi esposo y yo trabajamos . . .

DIRECTOR: No se preocupe, es posible que su hijo no tenga ningún problema en ponerse al corriente por sí mismo. Y si es necesario, lo pondremos a trabajar con un tutor. Yo mismo voy a actuar como su consejero y voy a estar muy pendiente de su progreso. Hablemos después de la primera semana de clases.

MAMÁ: Gracias.

B. GRAMMAR AND USAGE

1. VERBOS REFLEXIVOS. *REFLEXIVE VERBS.*

En inglés no hay verbos que sean estrictamente reflexivos. Pero hay un número de verbos que se pueden usar de manera reflexiva al añadir los pronombres reflexivos. Compare:

Tom made a mistake. The teacher corrected him.
Tom cometió un error. El maestro lo corrigió.

The teacher made a mistake. He corrected himself.
El maestro cometió un error. El se corrigió a sí mismo.

Si se usan de manera reflexiva, estos verbos tienen como sujeto y objeto directo a la misma entidad o persona. Estos verbos están en contraste con los verbos que tienen sujeto y objeto directo diferentes.

I cut the bread.
Corté el pan.

I cut myself.
Me corté.

2. PRONOMBRES REFLEXIVOS. *REFLEXIVE PRONOUNS.*

Los pronombres reflexivos concuerdan con el sujeto de una oración. En español, los pronombres reflexivos van antes del verbo o adjuntos a un verbo en infinitivo. En inglés se colocan después del verbo principal de la oración.

Mary hit herself on the arm.
Mary se pegó en el brazo.

Estos son los pronombres reflexivos.

I	myself	me
you (singular)	yourself	te
he	himself	se
she	herself	se
it	itself	se
we	ourselves	nos
you (plural)	yourselves	se (os)
they	themselves	se

Debe notarse que los pronombres reflexivos en singular tienen la terminación -*self* y los plurales terminan en -*selves*.

   a. Como objeto directo. *As direct objects.*

Cuando un pronombre reflexivo aparece como objeto directo, entonces el sujeto y el objeto son la misma persona. Es decir que el sujeto se hace algo a sí mismo.

I cut myself.
   Me corté.
Tom hit himself on the hand.
   Tom se pegó en la mano.

   b. Como objeto indirecto. *As indirect objects.*

Estos pronombres también pueden ser objetos indirectos del verbo. Como mencionamos anteriormente, el pronombre se refiere al sujeto de la oración.

I wrote a note to myself. I didn't want to forget my homework.
   Me escribí una nota a mí misma. No quise olvidar mi tarea.
When I go on vacation, I always send myself a postcard.
   Cuando voy de vacaciones, siempre me envío una tarjeta postal a mí mismo.

   c. Después de preposiciones. *After prepositions.*

A veces los verbos en inglés van seguidos de preposiciones. Cuando el objeto de la preposición se refiere al sujeto, se usan los pronombres reflexivos.

My history teacher talks to himself all the time.
   Mi maestro de historia habla solo todo el tiempo.
Sharon only thinks about herself.
   Sharon sólo se preocupa de sí misma.
I solved all the algebra problems by myself.
   Resolví todos los problemas de álgebra yo sola.

d. Para expresar énfasis. *To express emphasis.*

Estos pronombres también se usan para expresar énfasis o resaltar el hecho de que la persona en cuestión llevó a cabo la acción por sí misma.

This science project is very important. I designed it myself.
Este proyecto de ciencia es muy importante. Lo diseñé yo mismo.

That painting is beautiful. Did you paint it yourself?
Esta pintura es hermosa. ¿La pintó usted mismo?

3. PRONOMBRES REFLEXIVOS VS. PRONOMBRES RECÍPROCOS. *REFLEXIVE VS. RECIPROCAL PRONOUNS.*

Hasta ahora nos hemos concentrado en oraciones con pronombres reflexivos, en los cuales el sujeto y el objeto son la misma persona o entidad. Por otro lado, también existen los pronombres recíprocos. Para su uso se necesita la participación de por lo menos dos personas. La acción de la oración es recíproca. Es decir, se lo hacen uno a otro. Generalmente se usa *each other*. Compare:

The students made several mistakes. They corrected themselves.
Los estudiantes cometieron varios errores. Se corrigieron ellos mismos.

The students made several mistakes. They corrected each other.
Los estudiantes cometieron varios errores. Se corrigieron uno al otro.

Peter and Frank blamed themselves for the problems in the office.
Peter y Frank se culparon a sí mismos por los problemas en la oficina.

Peter and Frank blamed each other for the problems in the office.
Peter and Frank se culparon uno al otro por los problemas en la oficina.

4. ADJETIVOS CON PREPOSICIONES. *ADJECTIVES WITH PREPOSITIONS.*

En inglés hay varios adjetivos que casi siempre van seguidos de alguna preposición sin que ésta cambie su significado.

jealous of	celoso/a de
pleased with	contento/a con
worried about	preocupado/a por
proud of	orgulloso/a de
angry/upset at, with (person)	enojado/a con
angry/upset about (action)	enojado/a por

Tony is worried about the effect of TV on his children.
   Tony está preocupado por el efecto de la televisión en sus niños.

I'm really proud of my wife.
   Estoy muy orgulloso de mi esposa.

Did Mary just buy a new house? I'm jealous of her.
   ¿Mary acaba de comprar una casa nueva? Estoy celosa de ella.

I'm very pleased with your work.
   Estoy muy complacido con su trabajo.

C. VOCABULARY

NOUNS

principal	director (de escuela)
tutor	tutor/a
advisor	consejero/a
curriculum	plan de estudios
mathematics	matemáticas
algebra	álgebra
history	historia
problem	problema
trouble	problema
progress	progreso
major	especialidad
grade	grado, año escolar
course	curso, clase
transition	transición
note	nota, recordatorio
project	proyecto
mistake	error, equivocación

VERBS

to adjust	ajustar(se)
to solve	resolver
to blame	echar la culpa, culpar
to catch up	ponerse al corriente
to correct	corregir
to worry	preocuparse
to act	actuar

ADJECTIVES AND OTHER USEFUL WORDS

jealous	celoso/a
pleased	contento/a
worried	preocupado/a
proud	orgulloso/a
angry	enojado/a
upset	enojado/a
slow	calmado, despacio
nervous	nervioso/a
complicated	complicado/a

EXERCISES

A. *Fill in the blanks in the following dialogue. Select one of the following words.* (Use las siguientes palabras para llenar los espacios en blanco en el diálogo.)

yourself	so	problem
myself	upset	matter

IN THE PRINCIPAL'S OFFICE. (En la oficina del director.)

Teacher: Hi, I need to talk to you for a minute.
Principal: Come on in. What's the _____?
Teacher: My kids are really out of control these days.
Principal: You do seem quite _____.
Teacher: I don't sleep well. I'm pretty tired.
Principal: You need to take care of _____.
Teacher: Nobody told me being a teacher would be _____ difficult.
Principal: Is there a particular _____?
Teacher: No, I think I just need some time for _____.

B. *Fill in the blanks with the appropriate reflexive pronoun.* (Llene los espacios en blanco con el pronombre reflexivo apropiado.)

EXAMPLE: Mary hit <u>herself</u> on the head.

1. John talks to _____ when he's nervous.
2. My sister cut _____ yesterday.
3. Mrs. Jones writes notes to _____ every morning.
4. The students have to paint the picture _____.
5. I'm going to buy _____ a new dress.
6. We have to solve the algebra problems _____.
7. She made a mistake, but she corrected it _____.

C. *Translate the following sentences into English.* (Traduzca las siguientes oraciones al inglés.)

1. Lynda se compró flores para ella misma.
2. Tú mismo tienes que corregir los ejercicios.
3. Mary sólo habla de si misma.
4. Nos vamos al parque.
5. Hoy, tienes que hacer algo especial para ti mismo.
6. Las enfermeras se compraron uniformes nuevos.
7. Me corté.
8. Nos vamos a enviar una postal a nosotros mismos.

D. *Complete the following sentences using subject pronouns, reflexive pronouns, or reciprocal pronouns as necessary.* (Complete las oraciones usando pronombres de sujeto, reflexivos o recíprocos como sea necesario.)

EXAMPLE: <u>She</u> *looks at herself in the mirror.*

1. _____ *bought herself a sweater.*
2. *They were both surprised when they looked at* _____.
3. *The nurse did all the work* _____.
4. _____ *said something wrong and corrected themselves.*
5. *My son is five years old. He knows how to dress* _____.
6. *These pictures are wonderful. I took them* _____.
7. *They both made a mistake, and they corrected it*_____.

E. *Suggested activities.* (Otras actividades sugeridas.)

1. Describa el sistema de educación en su país.
2. Con un amigo que habla inglés, discuta las diferencias entre las escuelas en los EE.UU. y las de su país.

CULTURAL NOTE

La educación en los Estados Unidos no está controlada por un sistema nacional centralizado. Los estados tienen control de sus propios distritos escolares. Los padres tienen la obligación de mandar a los niños a la escuela hasta la edad de diez y seis años aunque la mayoría de los estudiantes terminan la escuela secundaria *(high school)* a los diez y ocho años. El sistema de educación pública es de trece grados, que incluye desde el *kindergarten* hasta el grado doce. Muchos niños también asisten a *pre-school* (grado antes del *kindergarten*) a los tres o cuatro años. En este país se cuentan los años escolares de manera consecutiva. En general, las escuelas públicas proveen todos los libros de texto para los estudiantes. Los fondos para costear los gastos de libros se obtienen de los impuestos que pagan los ciudadanos del país y del estado. Por supuesto que también hay excelentes escuelas privadas, pero en general son bastante caras. Al nivel universitario, el país tiene una gran variedad de universidades, tanto privadas como públicas. A diferencia de las universidades en Latinoamérica, en los Estados Unidos se requiere que todos los estudiantes de universidad tengan aproximadamente dos años de cursos de educación general. Estas clases pueden incluir varios cursos de ciencias, lenguas extranjeras, historia, etc. Después, los estudiantes universitarios seleccionan una especialidad en la cual normalmente cursan entre dos o tres años más. Aunque el costo de la universidad es bastante alto, existen algunos programas de ayuda financiera que ayudan a pagar los costos a los estudiantes de bajos recursos económicos.

ANSWERS

A. 1. *matter* 2. *upset* 3. *yourself* 4. *so* 5. *problem* 6. *myself*
B. 1. *himself* 2. *herself* 3. *herself* 4. *themselves* 5. *myself* 6. *ourselves* 7. *herself*
C. 1. *Lynda bought flowers for herself.* 2. *You have to correct the exercises yourself.* 3. *Mary only talks about herself.* 4. *Let's go to the park.* 5. *Today, you have to do something special for yourself.* 6. *The nurses bought themselves new uniforms.* 7. *I cut myself.* 8. *We're going to send ourselves a postcard.*
D. 1. *She* 2. *each other* 3. *herself* 4. *They* 5. *himself* 6. *myself* 7. *each other*

LESSON 23
CEREMONIES. Ceremonias.

A. DIALOGUE

AT A WEDDING RECEPTION.

ELSA: **The bride looked beautiful, didn't she?**

LINDA: **Yes, and so did the groom. He's so handsome.**

PETER: **You think so?**

LINDA: **Yes, I do.**

PETER: **Hmm.**

LINDA: **Jealous?**

PETER: **No, I have no reason to be. Soon we'll get married ourselves. I'll look very handsome and you'll be a lovely bride.**

ELSA: **Oh, yes. Have you decided on a date for your wedding?**

LINDA: **May 25th.**

ELSA: **What's the matter, Peter? You're suddenly pale.**

PETER: **May 25th. That's . . . so soon.**

LINDA: **Hey, are you getting cold feet?**

PETER: **No, I just didn't realize it would be so soon.**

LINDA: **Neither did I.**

RICK: **Hello. This is a joyous occasion. Don't be so serious.**

ELSA: **Linda and Peter are getting the jitters about their upcoming wedding.**

RICK: **Well, so did we before ours.**

ELSA: **Oh, did we?**

RICK: **Yes. But I'm glad I didn't change my mind.**

EN LA RECEPCIÓN DE UNA BODA.

ELSA: **La novia se veía hermosa, ¿verdad?**

LINDA: **Sí, y también el novio. ¡Es tan guapo!**

PETER: **¿Tú crees?**

LINDA: Sí.

PETER: Hmm.

LINDA: ¿Estás celoso?

PETER: No, no tengo razón para estarlo. Pronto nos vamos a casar. Yo me voy a ver muy guapo y tú vas a ser una novia muy bonita.

ELSA: Ah, sí. ¿Y ya decidieron la fecha de la boda?

LINDA: El 25 de mayo.

ELSA: ¿Qué te pasa Peter? Estás pálido de repente.

PETER: El 25 de mayo. Es tan pronto.

LINDA: Oye, ¿te estás arrepintiendo?

PETER: No, pero no me di cuenta que sería tan pronto.

LINDA: Yo tampoco.

RICK: Hola. Esta es una ocasión feliz. No estén tan serios.

ELSA: Linda y Peter ya tienen dudas acerca de su boda.

RICK: Pues nosotros también las tuvimos antes de la nuestra.

ELSA: ¿De veras?

RICK: Sí, pero me alegro de no haber cambiado de idea.

B. GRAMMAR AND USAGE

1. ADVERBIOS DE CONCORDANCIA. *ADVERBS OF AGREEMENT.*

Los adverbios *so, too, either,* y *neither* se pueden usar para expresar concordancia con la frase anterior. Aparecen en algunos comentarios cortos y mantienen el mismo tiempo verbal de la frase anterior a la que se refieren. Muchas veces se usan en frases con el verbo conjugado *to be* o con los auxiliares *can, do, does,* y *did.*

a. *Too* (también)

El adverbio *too* (también) se usa para expresar concordancia. Se usa en cláusulas afirmativas. Se usa la siguiente estructura:

> sujeto + auxiliar + *too.*

Elsa came to the wedding reception, and Mark did too.
   Elsa vino a la recepción de la boda y Mark también.

The bride looked happy, and the groom did too.
   La novia se veía feliz y el novio también.

En el lenguaje informal, también se puede usar *me too*.

My husband was very nervous during the wedding.
Mi esposo estaba muy nervioso durante la boda.

I was, too./Me too.
Yo también.

Also es otra palabra que tiene el mismo significado que *too*.

We're getting married next month, too.
Nosotros también nos vamos a casar el mes próximo.

We're getting married next month, also.
Nosotros también nos vamos a casar el mes próximo.

b. *So*

Esta palabra tiene el mismo significado que *too*. Ambas palabras se usan en cláusulas afirmativas. *So* también se traduce al español como "también." El uso de *so* implica un orden de palabras diferente. Compare la estructura:

so + auxiliar + sujeto.

Elsa came to the wedding, and so did Mark.
Elsa vino a la boda y Mark también.

I changed my mind, and so did Ann.
Cambié de idea y Ann también.

I'm getting the jitters about our wedding.
Me estoy poniendo nervioso acerca de nuestra boda.

So am I.
Yo también.

My husband was very nervous during the wedding.
Mi esposo estaba muy nervioso durante la boda.

So was I.
Yo también.

c. *Either* (tampoco)

Either ocurre en oraciones negativas. El verbo auxiliar es negativo con el uso de *either*. Se traduce al español como "tampoco." Con respecto al orden de palabras, es el mismo que él de *too*:

sujeto + auxiliar + *either*.

Mark didn't marry Linda, and John didn't either.
Mark no se casó con Linda y John tampoco.

Peter can't go to the reception, and she can't either.
Peter no puede ir a la recepción y ella tampoco.

d. *Neither* (tampoco)

Neither también se usa en oraciones negativas. El orden de palabras corresponde al de la estructura de *so:*

> *neither* + auxiliar + sujeto.

Mark didn't marry Linda, and neither did John.
Mark no se casó con Linda y John tampoco.

Peter can't go to the reception, and neither can she.
Peter no puede ir a la recepción y ella tampoco.

En la lengua informal, se puede usar *me neither.*

I don't like to go to weddings.
No me gusta ir a las bodas.

Neither do I./Me neither.
A mí tampoco.

Either y *neither* también tienen otros usos. Al hablar de dos opciones, *either* representa un significado positivo y *neither* uno negativo. Compare:

Either Mark or Elsa will go to the reception.
Ya sea Mark o Elsa irán a la recepción.

Neither Mark nor Elsa can go to the reception.
Ni Mark ni Elsa pueden ir a la recepción.

Either John or Peter will pay for the honeymoon.
Ya sea John o Peter pagarán por la luna de miel.

Neither John nor Peter will pay for the honeymoon.
Ni John ni Peter pagarán por la luna de miel.

Note que *or* (o) cambia a *nor* (ni) con el uso de *neither.*

2. EXPRESIÓN DE OPINIONES. *EXPRESSING OPINIONS.*

En la conversación, con frecuencia surge la necesidad o posibilidad de expresar sus propias opiniones acerca del tema del que se habla o se discute. A continuación hay algunas frases que facilitan la manera de presentar estas opiniones.

In my opinion, _____.   En mi opinión, _____.
I think (that) _____.   Yo pienso que _____.
I believe (that) _____.   Creo que _____.
If you ask me, _____.   Si me preguntan, _____.

In my opinion, the bride is an excellent dancer.
En mi opinión, la novia baila muy bien.

I think (that) the groom looks pale.
Pienso que el novio se ve pálido.

My mother believes (that) people always drink at weddings.
Mi madre cree que la gente siempre bebe en las bodas.

If you ask me, I think the groom looks very elegant.
Si me preguntas, creo que el novio luce muy elegante.

3. SO + ADJETIVO O ADVERBIO.
SO + ADJECTIVE OR ADVERB.

La palabra *so* se utiliza para modificar el adjetivo o el adverbio. Tiene cierto parecido a la palabra *very*. En español generalmente se usa "tan + adjetivo/adverbio."

Why are you writing so slowly?
¿Por qué estás escribiendo tan lentamente?

Mary is so intelligent. She's the best student in my class.
Mary es tan inteligente. Es la mejor estudiante de mi clase.

How come Peter is always so nervous in class?
¿Por qué está Peter siempre tan nervioso en la clase?

También se usa la estructura *so* + adjetivo/adverbio + *that* para describir lo que ocurrió basado en la situación descrita por el adjetivo o el adverbio.

My son was so intelligent that he graduated with honors.
Mi hijo era tan inteligente que se graduó con honores.

The math problem was so complicated that we had to ask a tutor for help.
El problema de matemáticas era tan complicado que tuvimos que pedirle ayuda a un tutor.

4. EXPRESIONES IDIOMÁTICAS. *IDIOMATIC EXPRESSIONS.*

Hay algunos modismos o expresiones que se usan para expresar que la persona cambia de opinión acerca de algo, tiene dudas, está insegura, o inclusive que se está arrepintiendo de algún compromiso.

to have second thoughts	tener dudas, no estar seguro/a
to change your mind	cambiar de idea
to get cold feet	dudar, acobardarse
to have the jitters	estar nervioso/a

I'm having second thoughts about going to the reception.
No estoy seguro si vaya a la recepción.

I planned to dance with the bride, but I changed my mind.
Planeaba bailar con la novia pero cambié de idea.

My wedding is next week, but I'm getting cold feet.
Me caso la próxima semana pero me estoy acobardando.

C. VOCABULARY

NOUNS

wedding	boda
marriage	matrimonio
reception	recepción
groom	el novio
bride	la novia
bridesmaid	dama de honor
usher	chambelán
jitters	nervios
honeymoon	luna de miel
occasion	ocasión, evento
opinion	opinión
thought	pensamiento

VERBS

to get married	casarse
to have doubts	tener dudas
to turn pale	ponerse pálido
to decide	decidir

ADJECTIVES

glad	alegre, feliz
pale	pálido/a
joyous	feliz, alegre
handsome	guapo
lovely	bonita, agradable
upcoming	cercana, próxima
jealous	celoso/a

EXERCISES

A. *Combine the paired sentences into one by using "so" or "too."* (Combine las oraciones en una sola usando *so* o *too*.)

EXAMPLE: Rick went to a party. I went to the party.
Rick went to a party and <u>so did I</u>./
Rick went to the party, and <u>I did too</u>.

1. Lynda works at a supermarket. Mark works there also.
2. Mark met the bride already. John met her also.
3. She's good friends with Mary. You're good friends with her also.
4. The groom looks very elegant. The bride looks elegant also.
5. The music at the reception was great. The food at the reception was great.
6. Sharon wants to be a bank manager. Peter wants to be a bank manager also.

B. *Translate the following sentences into English.* (Traduzca las siguientes oraciones al inglés.)

1. Lynda no fue a la fiesta.
2. Mary no es cajera y Mark tampoco.
3. El novio y la novia bailaron toda la noche.
4. Peter está teniendo dudas acerca de su boda.
5. John se veía muy guapo en la recepción.

C. *Use the words on the right to complete the following dialogue.* (Use las palabras a la derecha para completar el siguiente diálogo.)

Steve:	Hi, Mary. Do you want to have lunch?	a. *too*
Mary:	Sure. I would like to try the new _____ on the corner.	b. *restaurant*
		c. *perfect*
Steve:	Me _____.	d. *want*
Mary:	What time do you _____ to go?	e. *am*
Steve:	One o'clock?	
Mary:	That sounds _____.	
Steve:	OK. I'll meet you here.	
Mary:	I'm looking forward to it.	
Steve:	So _____ I.	

D. *Replace "either" with "neither" and vice versa.* (Remplace *either* con *neither* y viceversa.)

EXAMPLE: I didn't like the reception. John didn't either.
I didn't like the reception, and neither did John.

1. Sharon doesn't work at a supermarket, and neither do I.
2. The bride didn't enjoy the reception, and the groom didn't either.

3. Elsa doesn't like Mark's family, and John doesn't either.
4. Ann wasn't afraid of the wedding, and the groom wasn't either.
5. John didn't go to the reception, and Mark didn't either.
6. The groom isn't a cashier, and neither is the bride.

E. Use items from the vocabulary list to complete the following sentences. (Use el vocabulario para completar las siguientes oraciones.)

```
students          wedding reception      supermarket
groom             cold feet
```

EXAMPLE: It is necessary to have <u>money</u> to pay for food.

1. A _____ is a party to celebrate the marriage of two people.
2. The _____ is the man who gets married.
3. A tutor is a person who works with _____.
4. Mary is not sure about getting married. I think she has _____.
5. People can buy food and drinks at a _____.

F. Suggested activities. (Otras actividades sugeridas.)

1. Si ud. es casado/a, cuéntele a un/a amigo/a acerca de su boda y la recepción. Si no los es, hágale preguntas a alguien que sí es casado/a.

CULTURAL NOTE

En este país, al igual que en tantos países, en general las bodas son acontecimientos muy especiales. Por ley, siempre tiene que haber una ceremonia civil, que es lo que une a dos personas de manera legal. Con frecuencia, muchas parejas también celebran una ceremonia religiosa. En este país casi todas las personas del clero como pastores, sacerdotes, rabinos, obispos, etc. tienen poder legal para casar a una pareja. Por lo tanto, al llevar a cabo una ceremonia religiosa, usualmente no es necesario tener la civil, ya que el clérigo puede hacer las dos cosas simultáneamente. Como el país está formado de personas con culturas, religiones y tradiciones diferentes, ésto le da una variedad muy interesante al tipo de celebraciones y costumbres que se llevan a cabo en una boda.

ANSWERS

A. 1. *Lynda works at a supermarket, and so does Mark./Lynda works at a supermarket, and Mark does too.* 2. *Mark met the bride already, and so did John./Mark met the bride already, and John did too.* 3. *She's good friends with Mary, and you are too./She's good friends with Mary, and so are you.* 4. *The groom looks very elegant, and the bride does too./The groom looks very elegant, and so does the bride.* 5. *The music was great, and the food was too./The music was great, and so was the food.*
6. *Sharon wants to be a bank manager, and so does Peter./Sharon wants to be a bank manager, and Peter does too.*

B. 1. *Lynda didn't go to the party.* 2. *Mary is not a cashier, and neither is Mark.* 3. *The bride and the groom danced all night.* 4. *Peter is having second thoughts about his wedding.* 5. *John looked very handsome at the reception.*

C. 1. *restaurant* 2. *too* 3. *want* 4. *perfect* 5. *am*

D. 1. *Sharon doesn't work at a supermarket, and I don't either.* 2. *The bride didn't enjoy the reception, and neither did the groom.* 3. *Elsa doesn't like Mark's family, and neither does John.* 4. *Ann wasn't afraid of the wedding, and neither was the groom.* 5. *John didn't go to the reception, and neither did Mark.* 6. *The groom is not a cashier, and the bride isn't either.*

E. 1. *wedding reception* 2. *groom* 3. *money* 4. *cold feet* 5. *supermarket*

LESSON 24
RENTING A CAR.   Alquilando un coche.

A. DIALOGUE

AT A CAR RENTAL AGENCY.

MARK: **Hello. I would like to rent a car for two days.**

AGENT: **OK. What kind of car did you have in mind?**

MARK: **The smallest and cheapest one you have will do.**

AGENT: **A sedan is the least expensive car we have. We have one that is very economical.**

MARK: **Sounds good.**

AGENT: **May I see your driver's license, please?**

MARK: **Sure, here you go.**

AGENT: **Thanks. Please fill out this form. Write your address, and sign your name at the bottom of the page. The price includes unlimited mileage and the mandatory collision insurance.**

MARK: **Oh great! That's better than I thought.**

AGENT: **Here are your keys.**

MARK: **Do I have to return the car to this location?**

AGENT: **No, you can drop it off at any of our local branches.**

MARK: **Thanks.**

AGENT: **You're welcome. Drive safely and buckle up!**

EN UNA AGENCIA PARA ALQUILAR COCHES.

MARK: Hola. Quisiera alquilar un coche por dos días.

AGENTE: Bien. ¿Qué tipo de coche tiene en mente?

MARK: Me servirá el más pequeño y más barato que tenga.

AGENTE: Un sedán es el menos caro. Tenemos uno que es muy económico.

MARK: Eso suena bien.

AGENTE: ¿Puedo ver su licencia de conducir, por favor?

MARK: Claro que sí. Aquí tiene.

AGENTE: Gracias. Llene este formulario, por favor. Ponga su domicilio y firme al pie de la página. El precio incluye el millaje sin límite y el seguro obligatorio contra accidentes.

MARK: ¡Qué bien! Es mejor de lo que yo pensaba.

AGENTE: Aquí tiene las llaves.

MARK: ¿Tengo que devolver el coche a esta oficina?

AGENTE: No, puede dejarlo en cualquiera de nuestras sucursales locales.

MARK: Gracias.

AGENTE: De nada. ¡Maneje con cuidado y póngase el cinturón de seguridad!

B. GRAMMAR AND USAGE

1. *ONE*.

One se puede usar en inglés como pronombre impersonal de sujeto, como pronombre no específico de objeto y como especificador de un adjetivo.

a. *One* como pronombre impersonal. *"One" as an impersonal pronoun.*

Cuando *one* es el sujeto de una oración, tiene el significado de "cualquier persona" y se traduce al español como "uno."

One should always buy accident insurance with a rented car.
Uno siempre debe de comprar el seguro contra accidentes al alquilar un coche.

What does one need to rent a car?
¿Qué necesita uno para alquilar un coche?

b. *One* como pronombre de objeto no específico. *"One" as a nonspecific object pronoun.*

Se puede usar *one* como pronombre para hacer referencia a un objeto no específico.

I need to rent a small car.
Necesito alquilar un coche pequeño.

I think you can rent one at the airport.
Creo que puedes alquilar uno en el aeropuerto.

Ann needs to get a driver's license.
Ann necesita obtener una licencia de conducir.

She can get one at the Department of Motor Vehicles.
Ella puede obtener una en el Departamento de Vehículos.

c. Adjetivo + *one*. *Adjective + one.*

Cuando *one* va después de un adjetivo, se refiere a un sustantivo específico mencionado anteriormente.

What kind of car did you have in mind?
¿Qué tipo de coche tiene en mente?

The cheapest one you have will do.
Me servirá el más barato que tenga.

Which car would you like to take?
¿Cuál coche le gustaría llevarse?

I like all of them, but I'll take the red one.
Me gustan todos pero me voy a llevar el rojo.

2. ADJETIVOS COMPARATIVOS. *COMPARATIVE ADJECTIVES.*

Con frecuencia es necesario comparar dos o más cosas, o inclusive los atributos o adjetivos característicos de varios sustantivos. En inglés hay que tomar en cuenta el número de sílabas de las palabras. Basado en esta pauta, se pueden establecer varias reglas para llevar a cabo comparaciones, aunque no siempre funcionan de manera estricta.

a. Adjetivos monosilábicos y de dos sílabas. *Adjectives with one or two syllables.*

Para formar la forma comparativa de los adjetivos monosilábicos sólo se les añade *-er* al final.

small	→	*smaller*	pequeño	→	más pequeño
cheap	→	*cheaper*	barato	→	más barato
old	→	*older*	viejo	→	más viejo
low	→	*lower*	bajo	→	más bajo

The red car is five years old. The blue one is eight years old.
El coche rojo tiene cinco años. El azul tiene ocho años.

The blue one is older.
El azul es más viejo.

The luxury car costs $150 a day. The sedan costs $40 a day.
El coche de lujo cuesta $150 por día. El sedán cuesta $40 por día.

The sedan is cheaper.
El sedán es más barato.

Note que cuando el adjetivo termina en -e, solo se le añade r.

nice	→	*nicer*	agradable	→ más agradable

Ann is nice, but Alice is nicer.
Ann es agradable, pero Alice es más agradable.

Cuando el adjetivo termina en una consonante precedida por una sola vocal, se duplica la consonante final.

big	→	*bigger*	grande	→ más grande
hot	→	*hotter*	caliente	→ más caliente

This car is too small. Do you have anything bigger?
Este coche es muy pequeño. ¿Tiene algo más grande?

Una excepción a esta regla es el sustantivo *fun*. En el habla informal, se puede usar como adjetivo. Se trata como un adjetivo polisilábico, y su forma comparativa es *more/less fun* (más/menos divertido).

Los adjetivos de *dos* sílabas que terminan en *-y* también usan *-er* para formar su forma comparativa. Cuando el adjetivo termina en *-y*, esta se cambia por una *i* y se añade *-er*.

pretty	→	*prettier*	bonita	→ más bonita
funny	→	*funnier*	cómico	→ más cómico

Helen is pretty, but Mary is prettier.
Helen es bonita, pero Mary es más bonita.

John is funny, but Albert is funnier.
John es cómico, pero Albert es más cómico.

b. Adjetivos con tres o más sílabas. *Adjectives with three or more syllables.*

Para hacer la comparación con estos adjetivos se usan las palabras *more/less* (más/menos) antes del adjetivo. Todos los adjetivos de tres sílabas siguen este patrón. La estructura general que se utiliza es:

> *more/less* + adjetivo.

expensive	→ *more expensive*	caro	→ más caro
	→ *less expensive*		→ menos caro
comfortable	→ *more comfortable*	cómodo	→ más cómodo
	→ *less comfortable*		→ menos cómodo
economical	→ *more economical*	económico	→ más económico
	→ *less economical*		→ menos económico

Excuse me, can we trade the sedan for a sports car?
Perdón, ¿podemos cambiar el sedán por un coche deportivo?

Yes, but not at the same price. The sports car is more expensive.
Sí, pero no por el mismo precio. El coche deportivo es más caro.

The black car is smaller, but it's also more economical.
El coche negro es más pequeño, pero también es más económico.

A luxury car is usually more comfortable.
En general, un coche de lujo es más cómodo.

3. ADJETIVOS SUPERLATIVOS. *SUPERLATIVE ADJECTIVES.*

Para formar los superlativos, se les añade *-est* a los adjetivos de una sola sílaba. Además, al igual que en español, se usa el artículo definido *the* (el, la, los, las) antes del adjetivo.

fast	→	*the fastest*	rápido	→	el más rápido
small	→	*the smallest*	pequeño	→	el más pequeño
tall	→	*the tallest*	alto	→	el más alto

We have many cars. This sports car is the fastest.
Tenemos muchos coches. Este coche deportivo es el más rápido.

The smallest car we have is a Volkswagen. It's very economical.
El coche más pequeño que tenemos es un Volkswagen. Es muy económico.

John is the tallest reservations agent in the company.
John es el agente de reservaciones más alto de la compañía.

Cuando el adjetivo tiene tres sílabas o más, entonces se usa la palabra *most/least* antes del adjetivo y el artículo definido. Esto da la estructura siguiente:

> most/least + adjetivo.

The luxury car is the most comfortable car we have available.
El coche de lujo es el más cómodo que tenemos.

Peter is the most dedicated mechanic in our car rental company.
Peter es el mecánico más dedicado en nuestra compañía de alquiler de coches.

The least expensive car we have available is a four-door sedan.
El coche menos caro que tenemos disponible es un sedán de cuatro puertas.

Debe hacerse notar que algunos de los adjetivos de dos sílabas se usan como los monosilábicos y otros como los polisilábicos.

Además, las formas superlativas de *fun,* cuando se usa como adjetivo, son *the most/least fun.*

También note que cuando el adjetivo termina en *-y,* ésta se cambia por una *i* y se añade *-est.*

Sharon is the prettiest girl in the class.
Sharon es la chica más bonita de la clase.

Peter is the funniest reservation agent.
Peter es el agente de reservaciones más cómico.

4. ADJETIVOS IRREGULARES. *IRREGULAR ADJECTIVES.*

Existen algunos adjetivos que no siguen las normas de la mayoría de los adjetivos para la formación del comparativo y del superlativo. Por lo general, estos casos también son excepciones en español. Compare:

ADJETIVO	COMPARATIVO	SUPERLATIVO
good (bueno)	*better* (mejor)	*the best* (el mejor)
bad (malo)	*worse* (peor)	*the worst* (el peor)

A luxury car was the worst investment of my life.
Un coche de lujo fue la peor inversión de mi vida.

The price of insurance is bad. The cost of an accident is worse.
El precio del seguro es malo. El costo de un accidente es peor.

Lynda is the best reservations agent in this office.
Lynda es la mejor agente de reservaciones de esta oficina.

My insurance company offers better rates.
Mi compañía de seguros ofrece mejores precios.

5. LA ESTRUCTURA DE LAS ORACIONES COMPARATIVAS Y SUPERLATIVAS. *COMPARATIVE AND SUPERLATIVE SENTENCE STRUCTURES.*

Estas estructuras sirven para comparar dos cosas que pueden tener el mismo valor o diferir en cuanto al valor que se le asigna a uno u otro elemento. Compare las siguientes estructuras:

more + *adjective* + *than*	más + adjetivo + que
less + *adjective* + *than*	menos + adjetivo + que
as + *adjective* + *as*	tan + adjetivo + como

Cuando se le da un valor diferente a los dos elementos, entonces se usan las estructuras *more/less . . . than*.

A pickup truck is less economical than a Volkswagen.
Una camioneta es menos económica que un Volkswagen.

A sedan is cheaper than a luxury car.
Un sedán es más barato que un coche de lujo.

Our city branches are more reliable than our airport locations.
Nuestras sucursales en la ciudad son más confiables que nuestras oficinas en los aeropuertos.

I think a red car is more attractive than a gray car.
Creo que un coche rojo es más atractivo que un coche gris.

Cuando se desea comparar dos cosas que tienen el mismo valor, entonces se usa *as + adjetivo + as* (tan + adjetivo + como).

The blue car is as expensive as the red one.
El coche azul es tan caro como el rojo.

A Toyota is as economical as a Nissan.
Un Toyota es tan económico como un Nissan.

En la estructura negativa se usa *not as* + adjetivo + *as . . .*

The sedan is not as fast as the sports car.
El sedán no es tan rápido como el coche deportivo.

Cuando se usan las frases superlativas, algunas de las estructuras más usadas son: *superlative + in a place (in the class, in the world, etc.)* y *superlative + of all* (de todos).

The company said that Toyota is the best car manufacturer in the world.
La compañía dijo que el Toyota es el mejor fabricante de coches del mundo.

A sedan is the cheapest car of all.
Un sedán es el coche más barato de todos.

C. VOCABULARY

NOUNS

rental agency	agencia de alquiler
branch	sucursal
sedan	sedán (de 4 puertas)
sports car	coche deportivo
luxury	lujo

driver's license	licencia de conducir
invoice	factura
mileage	millaje
price	precio
auto insurance	seguro de auto
collision	accidente
truck	camión
pickup truck	camioneta

VERBS

to check	revisar
to drop off	dejar, devolver
to include	incluir
to buckle up	ponerse el cinturón de seguridad
to put on your seat belt	ponerse el cinturón de seguridad

ADJECTIVES

mid-size *(car)*	(coche) mediano/a
cheap	barato/a
economical	económico/a
unlimited	sin límite
better	mejor
worse	peor
safe	seguro/a
mandatory	mandatorio/a, obligatorio/a
local	local

EXERCISES

A. *Rewrite the sentences using the opposite adjectives of comparison.* (Use los adjetivos opuestos para reescribir las frases.)

EXAMPLES: Peter is <u>the tallest</u> mechanic in this company.
  Peter is <u>the shortest</u> mechanic in this company.
  The blue car is <u>cheaper</u> than the red one.
  The blue car is <u>more expensive</u> than the red one.

1. John is <u>the best</u> reservations agent in the office.
2. The price is <u>higher</u> than I thought.
3. I need to rent a <u>luxurious</u> car for a week.
4. This is <u>the worst</u> car rental agency!
5. This car is too <u>small</u> for me.

B. *Underline the word that does not belong in the group.*
(Subraye la palabra que no pertenece al grupo de palabras.)

EXAMPLE: Peter   Lynda   John   <u>expensive</u>

1. mechanic, agent, driver, expensive
2. tall, short, insurance, friendly
3. red, cheap, black, blue
4. luxury, mid-size, keys, sedan
5. invoice, cheaper, better, more expensive
6. to sign, to drive, sports car, to buckle up

C. *Use the following vocabulary words to fill in the blanks in the dialogue.*
(Use el vocabulario para completar el diálogo.)

airport	kind	sedan	agency
cheapest	what	good	best

Peter: Hi, Mark. I need a favor.
Mark: _____ is it?
Peter: I'm going to San Francisco tomorrow. Could you recommend a car rental _____?
Mark: Do you want to pick up the car at the _____?
Peter: Yes.
Mark: What _____ of car do you want?
Peter: The _____ car I can find.
Mark: You'll probably get a four-door _____.
Peter: That sounds _____.
Mark: Well, you have a choice of agencies at the airport. Just look for the _____ price.

D. *Translate these sentences into English.* (Traduzca estas oraciones al inglés.)

1. Por favor firme la factura.
2. El precio no incluye impuestos o seguro.
3. El coche más caro cuesta $140.00 por día.
4. Lynda no tiene licencia de conducir.
5. Mi coche no es tan rápido como el tuyo.
6. Me gustan los coches pequeños. Son muy económicos.

E. *Suggested activities.* (Otras actividades sugeridas.)

1. Llame a una agencia para alquilar coches y pregunte el precio por alquilar un coche compacto.
2. Escriba una pequeña historia acerca de una persona que se le descompuso un coche alquilado en un lugar muy desolado.

CULTURAL NOTE

En los Estados Unidos hay una extensa red de compañías para alquilar autos, y en general es más barato alquilar coches en los EE.UU. que en Latinoamérica. Casi siempre hay que tener una tarjeta de crédito para hacer una reservación y poder alquilar un coche. Los precios varían, dependiendo de varios factores. Uno de los principales es el tipo de coche que se desea (compacto, mediano, de lujo, deportivo, etc.). Casi todos los coches que se alquilan en los EE.UU. son de transmisión automática. Las excepciones son algunos autos deportivos que son de transmisión estándar, y normalmente estos cuestan un poco más. Otro factor que afecta el precio es la edad del conductor. Por lo general, los conductores menores de 25 años, si se les permite alquilar un coche, pagan precios más altos debido a que se les considera un riesgo más alto al conducir. Como hay tantas compañías dedicadas a este negocio, vale la pena preguntar en varias de ellas para obtener el mejor precio posible.

ANSWERS

A. 1. *John is the worst reservations agent in the office.* 2. *The price is lower than I thought.* 3. *I need to rent an economical car for a week.* 4. *This is the best car rental agency!* 5. *This car is too big for me.*
B. 1. *expensive* 2. *insurance* 3. *cheap* 4. *keys* 5. *invoice* 6. *sports car*
C. 1. *what* 2. *agency* 3. *airport* 4. *kind* 5. *cheapest* 6. *sedan* 7. *good* 8. *best*
D. 1. *Please sign the invoice.* 2. *The price does not include taxes or insurance.* 3. *The most expensive car costs $140.00 per day.* 4. *Lynda doesn't have a driver's license.* 5. *My car is not as fast as yours.* 6. *I like small cars. They are very economical.*

LESSON 25
URBAN LIFE.   La vida urbana.

A. DIALOGUE

THE INNER CITY.

ROGER: Carol, this is my sister Linda.

CAROL: Nice to meet you. Roger talks about you all the time.

LINDA: He does?

ROGER: Don't worry. I didn't ruin your reputation.

CAROL: I understand you live on Electric Avenue.

LINDA: Yes, that's right.

CAROL: I used to live there five years ago. I loved going to Sullivan Park. In the summer, people would have picnics there.

LINDA: Not anymore. Unfortunately, the area is becoming more and more dangerous.

CAROL: Really?

LINDA: Yes, there's a lot of crime now: car jackings, muggings, you name it. Even gangs are moving in.

CAROL: That's too bad. When I was living there, it was a really nice neighborhood.

LINDA: Just last week when I was jogging someone broke into my apartment.

CAROL: Did they take anything?

LINDA: No. They were probably scared away by a neighbor.

CAROL: Are you planning to move?

LINDA: Actually, I was thinking about it.

EL GHETTO.

ROGER: Carol, ella es mi hermana Linda.

CAROL: Mucho gusto. Roger siempre habla de ti.

LINDA: ¿Verdad?

ROGER: No te preocupes. No arruiné tu reputación.

CAROL: Creo que vives en la Avenida Electric.

LINDA: Así es.

CAROL: Yo vivía allí hace cinco años. Me encantaba ir al parque Sullivan. En el verano, la gente hacía picnics allí.

LINDA: Ya no. Desafortunadamente, la zona se está poniendo más y más peligrosa.

CAROL: ¿De veras?

LINDA: Sí, ahora hay muchos delitos: robacoches, asaltos, todo lo que te imagines. Hasta están llegando las pandillas.

CAROL: ¡Qué pena! Cuando yo vivía allí, era un barrio muy lindo.

LINDA: Justo la semana pasada, cuando estaba corriendo, alguien entró a mi apartamento.

CAROL: ¿Se llevaron algo?

LINDA: No. Probablemente los asustó un vecino.

CAROL: ¿Estás planeando mudarte?

LINDA: En realidad, lo estaba pensando.

B. GRAMMAR AND USAGE

1. EL PASADO CONTINUO. *THE PAST CONTINUOUS.*

El pasado continuo se forma usando el pasado del verbo *to be* como verbo auxiliar y la forma terminada en *-ing* del verbo principal:

> sujeto + *was/were* + *-ing* (+ objeto).

They were planning to move.
Estaban planeando mudarse.

I was working.
Estaba trabajando.

Was he living in New York during the summer?
¿Estaba viviendo en Nueva York durante el verano?

El pasado continuo normalmente se usa para expresar o enfatizar una actividad que estaba en progreso en un momento en el pasado.

a. Contraste con el pretérito. *Contrast with the simple past.*

El pasado continuo generalmente resalta la continuación de una acción en el pasado. El pretérito da énfasis a una acción con un principio y un final que ocurrió en un momento específico en el pasado. Compare:

Carol was playing tennis in the afternoon.
   Carol estaba jugando al tenis por la tarde.

Diane went to the park yesterday.
   Diane fue al parque ayer.

Lynda was living in Chicago during the summer.
   Lynda estaba viviendo en Chicago durante el verano.

Peter lived in San Francisco two years ago.
   Peter vivió en San Francisco hace dos años.

   b. Acciones interrumpidas. *Interrupted actions.*

Otra manera de distinguir entre el pasado continuo y el pasado simple es analizando las frases que tienen dos eventos. Cuando hay dos acciones y una de ellas interrumpe a la otra, normalmente la primera aparece en el pasado continuo y la acción que interrumpe a la otra va en el pasado simple. Algunas de las palabras que se usan para unir estas dos acciones son *when* (cuando) y *while* (mientras).

Peter was jogging in the park when someone mugged him.
   Peter estaba corriendo en el parque cuando alguien lo asaltó.

We were eating dinner when we heard a gun shot.
   Estábamos cenando cuando escuchamos un disparo.

While I was working at home, the telephone rang.
   Mientras estaba trabajando en casa, sonó el teléfono.

   c. Acciones simultáneas. *Simultaneous actions.*

A veces puede haber dos acciones que ocurren al mismo tiempo, y las dos se pueden expresar tanto con el pasado continuo como con el pasado simple. Es muy importante saber que el uso del pasado continuo indica que las dos acciones estaban en progreso en el momento en que se describen. Por otro lado, el uso del pasado simple implica que las acciones ya se completaron y el evento se puede dar por terminado.

   A veces se usan palabras como *while* (mientras) y *in the meantime* (mientras que) para unir estas dos frases. Compare y note la diferencia de significado:

The city was becoming very dangerous while I was living there.
   La ciudad se estaba poniendo muy peligrosa mientras yo vivía allí.

The city became very dangerous when I lived there.
   La ciudad se puso muy peligrosa cuando yo viví allí. (proceso terminado)

We were playing tennis while my son was playing baseball.
   Estábamos jugando al tenis mientras que mi hijo estaba jugando al béisbol.

We played tennis while my son played baseball.
Nosotros jugamos al tenis mientras que mi hijo jugó al béisbol. (evento terminado)

While we were having a picnic, someone was stealing our car.
Mientras estábamos de picnic, alguien nos estaba robando el coche.

While we had a picnic, someone stole our car.
Mientras estuvimos de picnic, alguien nos robó el coche. (acción terminada)

2. ACCIONES HABITUALES EN EL PASADO: *I USED TO.* HABITUAL ACTIONS IN THE PAST: "I USED TO."

La forma *I used to* + verbo se usa para narrar o expresar un hábito en el pasado o una acción de tipo repetitivo. En español, se usa la forma "solía + infinitivo," o se puede usar el imperfecto. Cuando la acción ocurrió una sola vez, se usa el pasado simple. Compare:

When I was a child, I used to go to Sullivan Park on weekends.
Cuando era niña, solía ir/iba al parque Sullivan los fines de semana.

I went to the park yesterday.
Ayer fui al parque.

Lynda used to hear gun shots in that neighborhood.
Lynda escuchaba balazos en ese barrio.

Carol heard gun shots last week.
Carol escuchó tiros la semana pasada.

My neighbors never used to call the police.
Mis vecinos nunca llamaban a la policía.

Fabiola called the police yesterday
Fabiola llamó a la policía ayer.

Used to también se usa para expresar una situación en el pasado.

I used to live on Electric Avenue.
Vivía en la Avenida Electric.

That used to be a good neighborhood.
Ese era un buen barrio.

3. LA EXPRESIÓN DE ACCIONES HABITUALES CON *WOULD.* EXPRESSING HABITUAL ACTIONS WITH "WOULD."

Con frecuencia, una narración de eventos habituales en el pasado empieza con *I used to* ... y después continúa con el verbo *would* en las oraciones que le siguen.

I used to live near the park. We would have picnics there on weekends.
   Vivía cerca del parque. Solíamos hacer picnics allí en los fines de semana.

This neighborhood used to be safe. We would go to the park until dark.
   Este barrio era seguro. Ibamos al parque y hasta la noche.

4. EXPRESIONES DE EMERGENCIA. *EMERGENCY EXPRESSIONS.*

Hay varias expresiones orales que se pueden usar en casos de emergencia.

Help!	¡Socorro!
Call/dial 911.	Llame/marque el 911.
I'm hurt.	Estoy herido.
Call an ambulance!	¡Llame una ambulancia!
I need a doctor.	Necesito un doctor.
I was robbed.	Me robaron.
Stop him/her.	Deténganlo/a.

This man is hurt. Call an ambulance!
   Este hombre está herido. ¡Llamen a una ambulancia!

In case of emergency, you should dial 911.
   En caso de emergencia, llame al número 911.

C. VOCABULARY

NOUNS

reputation	reputación
gang	pandilla
crime	crimen, delito
gun	pistola
gun shot	balazo, disparo, tiro
mugging	asalto
car jacking	robacoche
robbery	robo
picnic	picnic
neighborhood	vecindario, barrio
violence	violencia
ambulance	ambulancia

VERBS

to ruin	arruinar
to rob	robar
to mug	asaltar
to become	convertirse
to scare (away)	asustar
to plan	planear
to dial	marcar, llamar

ADJECTIVES

dangerous	peligroso/a
terrible	terrible

EXERCISES

A. *Use the vocabulary to complete the following dialogue.* (Use el vocabulario para completar el siguiente diálogo.)

shot	was	watch	used
quickly	violence	that's	

Steve: Hi! Did you _____ the news last night?
John: No, but I watched a crime report on channel 5. There's so much _____ in the big cities like New York, Los Angeles and Chicago.
Steve: I know. Yesterday, I _____ watching TV when I heard a gun _____ in my neighborhood.
John: Really? That _____ to be a safe area.
Steve: It still is. The police responded really _____.
John: Well, _____ good.

B. *Translate into English.* (Traduzca al inglés.)

1. Yo estaba trabajando cuando mi esposa llamó por teléfono.
2. Peter vivió en San Francisco.
3. Este barrio era muy seguro.
4. Mi mamá estaba durmiendo cuando escuchó un balazo.
5. Yo fui al parque la semana pasada.
6. Carol vio un robo y llamó a la policía.

C. *Conjugate the verbs using the past continuous or the simple past.*
(Conjugue los verbos en el pasado continuo o el pasado simple.)

Police officer: Mr. Jones, could you please tell us everything you saw last night?
Mr. Jones: Sure. Last night, I _____ (to eat) dinner when I _____ (to hear) a noise across the street. I looked out of the window and I _____ (to see) three men. They _____ (to run) really fast while they were screaming and _____ (to laugh). That's all I _____ (to see). It _____ (to be) very dark. I _____ (to call) the police immediately.

D. *Use the vocabulary to fill in the blanks.* (Use el vocabulario para llenar los espacios en blanco.)

emergency	park	dangerous	crimes	ambulance

1. Muggings are one of the most common _____ in the city.
2. My wife is very sick. Please call an _____.
3. This area is very _____. There's a lot of crime here.
4. During the summer, many people have picnics in the _____.
5. In case of an _____, dial 911 on the telephone.

E. *Suggested activities.* (Otras actividades sugeridas.)

1. Describa su vecindario.
2. ¿Tiene miedo de la violencia en su vecindario? Discuta eso con un/a amigo/a.

CULTURAL NOTE

En las grandes ciudades de los Estados Unidos, al igual que en la mayoría de los grandes centros urbanos alrededor del mundo, hay muchos problemas de crimen y violencia. Las estadísticas indican que algunas ciudades como Nueva York, Los Angeles, Miami y Chicago son de las más peligrosas en el país. Muchos adolescentes, que con frecuencia son pobres, tienen problemas familiares y sociales y abandonan los estudios escolares. La vida en la calle con frecuencia tiene graves consecuencias que resultan en la asociación con pandillas o *gangs*. Estos grupos de jóvenes llevan a cabo actividades criminales. Pero no todo es negativo. También hay programas para ayudar a los adolescentes a no abandonar sus estudios. Además, también hay organizaciones que tratan de ayudar a los chicos que están ya envueltos en problemas de pandillas, alcoholismo o drogadicción. Tratan de ayudarles a encontrar una alternativa positiva y a ser parte de una sociedad productiva. Como última nota, cabe mencionar que el país tiene un sistema telefónico dedicado especialmente a casos de emergencia. Sólo hay que marcar el número 911 para hablar con un operador que está entrenado para ayudar en casos de emergencia y que puede enviar a la policía, una ambulancia o el servicio de bomberos.

ANSWERS

A. 1. *watch*   2. *violence*   3. *was*   4. *shot*   5. *used*   6. *quickly*   7. *that's*
B. 1. *I was working when my wife called.* 2. *Peter lived in San Francisco.* 3. *This neighborhood used to be very safe.* 4. *My mother was sleeping when she heard a gun shot.* 5. *I went to the park last week.* 6. *Carol saw a robbery and called the police.*
C. 1. *was eating*   2. *heard*   3. *saw*   4. *were running*   5. *laughing*   6. *saw*   7. *was*   8. *called*
D. 1. *crimes*   2. *ambulance*   3. *dangerous*   4. *park*   5. *emergency*

FIFTH REVIEW

A. *Form tag questions with the appropriate verbs.* (Forme la pregunta al final de la oracion con el verbo apropiado.)

EXAMPLE: You need to go to the car rental agency, <u>don't you</u>?

1. That building is the post office, _____?
2. You cut yourself yesterday, _____?
3. They want to rent a small car, _____?
4. You don't have a lot of crime in that town, _____?
5. There's a lot of traffic in Los Angeles, _____?
6. The honeymoon is supposed to be after the wedding, _____?
7. You work at the post office, _____?

B. *Translate into English.* (Traduzca al inglés.)

1. Mi coche es más pequeño que el tuyo.
2. Hay más violencia en las ciudades grandes.
3. El correo internacional cuesta más que el correo nacional.
4. Siempre hay mucho tráfico a las 8:30 A.M.
5. Necesito dos cuartos para esta noche.

C. *Use the appropriate vocabulary to complete the dialogue.* (Use el vocabulario apropiado para completar el diálogo.)

| rooms | beds | sign | second |
| many | taxes | key | have |

AT A HOTEL.

Receptionist: Hello, may I help you?
Sharon: I hope so. Do you have any _____ for tonight?
Receptionist: Yes. How _____ people will be in the room?
Sharon: Two of us.
Receptionist: Do you prefer one or two _____?
Sharon: One please.
Receptionist: OK. The total will be $95.00, including breakfast and _____.
Sharon: Oh good!
Receptionist: This is your receipt. Please _____ here.
Sharon: No problem.
Receptionist: You _____ room 204. Here's your _____.
Sharon: Where's the room?
Receptionist: It's on the _____ floor. It's very easy to find.

D. *Exchange "either" with "neither" and vice versa. Also exchange "so" with "too" and vice versa.* (Cambie *either* por *neither* y viceversa. También cambie *so* por *too* y viceversa.)

EXAMPLES: *Frank lived in New York, and so did Mary.*
Frank lived in New York, and Mary did too.
We didn't go to the park. Mary didn't go either.
We didn't go to the park, and neither did Mary.

1. *Peter went to the office, and Jane did too.*
2. *They didn't buy any stamps, and neither did we.*
3. *Sharon got married last week, and so did Alice.*
4. *I didn't rent a car, and John didn't either.*
5. *Mary is going to a new school this year. Frank is going there, too.*

E. *Fill in the blanks with the appropriate reflexive pronouns.* (Llene los espacios en blanco con los pronombres reflexivos apropiados.)

1. *Yesterday, Mary was cooking and she cut _____.*
2. *Tony likes to fix the car _____.*
3. *We don't need help. We can do it _____.*
4. *Look, Mommy! I painted this picture by _____.*
5. *Emily forgets things very easily, so she writes notes to _____.*

F. *Fill in the blanks with the verb in appropriate form.* (Llene los espacios en blanco con la conjugación verbal apropiada.)

1. *We were eating while the children were _____ at the park. (play)*
2. *I was driving along when, all of a sudden, I _____ an accident. (see)*
3. *Last year, I visited Japan, and my brother _____ to Germany. (go)*
4. *I _____ a reservation, and I asked for a small car. (make)*
5. *Last night, I was _____ Algebra when somebody knocked on the door. (study)*

G. *Complete the sentences using the comparative and superlative forms as necessary.* (Complete las oraciones usando las formas comparativas y superlativas como sea necesario.)

1. *Small cars are _____ than luxury cars. (cheap)*
2. *Johnny is the _____ student in the class. (tall)*
3. *Chicago is more dangerous _____ Los Angeles.*
4. *The dealer said that Toyotas are the _____ cars in the world. (good)*
5. *I don't like small vehicles. Sedans are bad, but motorcycles are even _____.*

ANSWERS

A. 1. *isn't it* 2. *didn't you* 3. *don't they* 4. *do you* 5. *isn't there* 6. *isn't it* 7. *don't you*
B. 1. *My car is smaller than yours.* 2. *There's more violence in big cities.* 3. *International mail costs more than national mail.* 4. *There's always a lot of traffic at 8:30 A.M.* 5. *I need two rooms for tonight.*
C. 1. *rooms* 2. *many* 3. *beds* 4. *taxes* 5. *sign* 6. *have* 7. *key* 8. *second*
D. 1. *Peter went to the office, and so did Jane.* 2. *They didn't buy any stamps, and we didn't either.* 3. *Sharon got married last week, and Alice did too.* 4. *I didn't rent a car, and neither did John.* 5. *Mary is going to a new school this year, and so is Frank.*
E. 1. *herself* 2. *himself* 3. *ourselves* 4. *myself* 5. *herself*
F. 1. *playing* 2. *saw* 3. *went* 4. *made* 5. *studying*
G. 1. *cheaper* 2. *tallest* 3. *than* 4. *best* 5. *worse*

LESSON 26
TRAFFIC.   El tráfico.

A. DIALOGUE

IN A TRAFFIC JAM ON THE FREEWAY.

JOHN: **I hate driving during rush hour.**

SHARON: **I know, but we have to be at work at 9 o'clock sharp.**

JOHN: **And so do a lot of other people. This traffic is bumper to bumper. We're going to be late.**

SHARON: **Look, there's an accident ahead. How about getting off the freeway?**

JOHN: **Good idea. There might be less traffic on the streets.**

SHARON: **Watch out! You just cut off the car behind you, and you didn't even use your blinker.**

JOHN: **Sorry. I usually don't drive as recklessly as I am today.**

SHARON: **I hope not.**

JOHN: **I'm sure we'll go a little faster on the streets. But let me tell you, tomorrow I'll take the train.**

SHARON: **Me too. How about some music?**

JOHN: **Sure. I brought more tapes today. They're in the glove compartment.**

EN UN EMBOTELLAMIENTO DE TRÁFICO EN LA AUTOPISTA.

JOHN: Odio conducir durante la hora de más tráfico.

SHARON: Lo sé, pero tenemos que llegar al trabajo a las 9 en punto.

JOHN: Al igual que mucha gente. Este tráfico va demasiado despacio. Vamos a llegar tarde.

SHARON: Mira, hay un accidente más adelante. ¿Qué tal si nos salimos de la autopista?

JOHN: Buena idea. Puede que haya menos tráfico en las calles.

SHARON: ¡Cuidado! Te le atravesaste al coche detrás de ti y ni siquiera usaste las señales.

JOHN: Lo siento. No suelo manejar tan descuidadamente como hoy.

SHARON: Espero que no.

JOHN: Pienso que voy a poder manejar un poco más rápido por las calles. Pero te aseguro que mañana tomaré el tren.

SHARON: Yo también. ¿Qué tal algo de música?

JOHN: Claro. Hoy traje más cintas. Están en la guantera.

B. GRAMMAR AND USAGE

1. COMPARACIONES CON ADVERBIOS. *COMPARISONS WITH ADVERBS.*

Los adverbios normalmente modifican los verbos o la acción en la oración. Cuando se usan de manera comparativa, implican que se compara con otras veces en que se realiza la misma acción.

Cabe mencionar que, al igual que en español, varias palabras pueden funcionar como adjetivos o como adverbios. Por lo general, los adverbios modifican un verbo o un adjetivo mientras que los adjetivos modifican un sustantivo. Compare:

My car is very slow. (adjective)
Mi coche es muy lento.

He drives so slowly. (adverb)
El conduce muy lentamente.

Big cars are not very fast. (adjective)
Los coches grandes no son muy rápidos.

When there's a traffic jam, I can't drive fast. (adverb)
Cuando hay un embotellamiento de tráfico, no puedo manejar rápido.

Las estructuras comparativas que se usan con los adverbios son las mismas que se usan para la comparación de adjetivos:

as + adverb + as	tan + adverbio + como
adverb + -er/more + adverb + than	más + adverbio + que
less + adverb + than	menos + adverbio + que

I hope that people don't always drive as recklessly as they do on the freeway.
Espero que la gente no conduzca siempre tan imprudentemente como lo hace en la autopista.

Today, traffic is moving a lot more slowly (than on other days).
Hoy, el tráfico se mueve mucho más lentamente.

People drive more recklessly in New York than in San Francisco.
La gente maneja más imprudentemente en Nueva York que en San Francisco.

This morning, we'll arrive at work later than usual.
Hoy vamos a llegar a trabajar más tarde de lo normal.

Para formar el superlativo, añada el articulo definido y *most* (o *-est*) o *least*.

Peter drives very fast. He's the one that drives the fastest.
Peter conduce muy rápido. El es el que conduce más rápido.

She dances the most/least gracefully.
Ella es la que baila mejor/peor.

2. COMPARACIONES CON SUSTANTIVOS. *COMPARISONS WITH NOUNS.*

También se pueden formar comparaciones con sustantivos. Esta comparación está basada en la cantidad del sustantivo en cuestión. Se usa *more/less* + sustantivo.

I would like to have more time to relax in the morning.
Me gustaría tener más tiempo para relajarme en la mañana.

You used to have more cassettes in the glove compartment, didn't you?
Tenías más cintas en la guantera, ¿no?

Very early in the morning, there is less traffic on the freeway.
Muy temprano por la mañana hay menos tráfico en la autopista.

Se usa *fewer* en vez de *less* con sustantivos contables.

There are fewer accidents, too.
Hay menos accidentes, también.

Se usan las mismas tres estructuras comparativas que ya hemos mencionado en capítulos anteriores: *more . . . than, less . . . than, as many/much . . . as.*

There is less traffic in the suburbs than in downtown Los Angeles.
Hay menos tráfico en los suburbios que en el centro de Los Angeles.

This radio doesn't have as many stations as the one in my other car.
Esta radio no tiene tantas estaciones como la radio de mi otro coche.

This freeway has more lanes than the one near my house.
Esta autopista tiene más carriles que la que está cerca de mi casa.

Para formar el superlativo, se usa el artículo definido y *most* o *least/fewest*.

Mary is the one that has the most money.
Mary es la que tiene más dinero.

We have the least money.
Nosotros somos los que tenemos menos dinero.

He has the fewest problems.
El es el que tiene menos problemas.

3. MUST VS. MUSTN'T/HAVE TO VS. DON'T HAVE TO.

a. *Must vs. mustn't.*

El verbo modal *must* se puede usar como auxiliar para indicar obligación. Hoy en día, este verbo se considera formal y se usa raramente. En lugar se usa *to have to* (tenerque).

You must always carry a driver's license when you drive.
Siempre tienes que llevar una licencia de conducir cuando conduces un coche.

You must stop at a red light.
Tienes que parar en una luz roja.

Gramaticalmente hablando, *mustn't* (la contracción de *must not*) es la negación de *must*. Como *must*, se usa raramente hoy en día. Sin embargo, tiene un significado diferente. Significa que una persona no tiene permiso (*not allowed*) para hacer algo. No significa que una persona no tiene obligación.

You mustn't drive over the speed limit.
No puede manejar sobre el límite de velocidad.

You mustn't drive without insurance.
No puede conducir sin tener seguro.

b. *To have to vs. don't have to.*

El significado de *have to* + *verb* (tener que + verbo) es similar al de la forma *must*. Implica obligación de hacer algo.

I have to be on time for work.
Tengo que llegar a tiempo al trabajo.

You have to use your blinker when you make a turn or switch lanes.
Tienes que usar las señales de dirección al doblar o cambiar de carril.

There's traffic ahead. You have to switch lanes.
Hay mucho tráfico adelante. Tienes que cambiar de carril.

La negación de *have to* es simplemente *don't/doesn't have to*. A diferencia de *mustn't,* la negación de *have to* no tiene ninguna connotación de significado diferente. Simplemente implica que la persona no tiene obligación de hacer algo.

I don't have to be at work at 9 o'clock sharp. My work hours are flexible.
No tengo que llegar al trabajo a las 9 en punto. Mis horas de trabajo son flexibles.

We don't have to leave right now. We can wait until there's less traffic.
No tenemos que irnos ahora mismo. Podemos esperar a que haya menos tráfico.

4. WHAT ABOUT/HOW ABOUT?

Estas palabras interrogativas se usan normalmente en situaciones informales. Tienen como función dar una sugerencia o consejo. En general se espera que la persona a quien se habla tome alguna decisión sugerida en la pregunta. La estructura de esta pregunta siempre usa *what about/how about* (¿Qué tal si . . . ?) + sustantivo/verbo en *-ing*. Compare:

This car has a lot of problems. How about buying another one?
Este coche tiene muchos problemas. ¿Que tal si compras otro?

That would be the best thing to do. Unfortunately, I don't have a lot of money.
Eso sería lo mejor. Desafortunadamente, no tengo mucho dinero.

My car broke down. I have to call someone to take me to work.
Se me descompuso el coche. Tengo que llamar a alguien para que me lleve al trabajo.

How about your sister Ann?
¿Qué tal tu hermana Ann?

C. VOCABULARY

NOUNS

traffic	tráfico
rush hour	hora de más tráfico
speed	velocidad
freeway	autopista
exit	salida
lane	carril, línea
bumper	defensa
blinker/turn signal	direccional, señal

glove compartment	guantera
tapes/cassettes	cintas, cassettes
ticket	boleto, multa
traffic jam	embotellamiento de tráfico

VERBS

to cut *(a car)* off	atravesarse
to turn	doblar
to turn on *(radio, TV)*	prender, encender
to switch/to change *(lanes)*	cambiar
to get off *(the freeway)*	salir
to be careful	tener cuidado
to be allowed	tener permiso

ADJECTIVES, ADVERBS AND OTHER USEFUL WORDS

bumper to bumper	tráfico muy lento
fast	rápido/a
careless	descuidado/a
late	tarde
recklessly	imprudentemente
carefully	cuidadosamente

EXERCISES

A. *Translate into English.* (Traduzca al inglés.)

1. Sé que llegaremos tarde al trabajo.
2. Creo que llevaré mi coche al mecánico.
3. Trata de conducir más despacio.
4. Todos tienen que respetar el límite de velocidad.
5. Es difícil manejar cuando está lloviendo.

B. *Use the following vocabulary to complete the dialogue.* (Use el siguiente vocabulario para completar el diálogo.)

to call	to see	to wait	to be	would
to happen	police	to know	let's	

Carol: Why are you late, Mark? I _____ for 45 minutes.
Mark: I'm sorry. I was on my way here when I _____ an accident.

Carol:	How did it _____?
Mark:	I don't know, but two people were hurt. I stopped and _____ an ambulance.
Carol:	And then?
Mark:	I don't _____. I left.
Carol:	Aren't you supposed to wait for the _____?
Mark:	I think you _____ right. I better go back. _____ you come with me?
Carol:	Sure. _____ go.

C. *Fill in the blanks using "mustn't" or "don't have to."* (Llene los espacios en blanco usando *mustn't* o *don't have to*.)

EXAMPLE: You <u>mustn't</u> drive over the speed limit.

1. Children _____ go to school in the summer.
2. You _____ drink and drive.
3. My work hours are flexible. I _____ be there every day.
4. You _____ drive without car insurance.
5. Nobody was hurt in the accident. You _____ call the police. It's not necessary.

D. *Fill in the blanks in the following comparative sentences.* (Llene los espacios en blanco en las siguientes frases comparativas.)

EXAMPLE: Mary drives very fast, and John does too.
Mary drives <u>as fast as</u> John.

1. Mary received three traffic tickets last year. John only got one. Mary received _____ tickets than John.
2. Steve drives slow, but Mary drives even _____.
3. It's 2:00. Peter goes to work at 3:00, and Linda goes at 5:00. Peter has _____ time to pick up the children at school.
4. Ann had two accidents, and Peter never had one. Ann drives _____ recklessly _____ Peter.
5. If you drive _____ carefully, you probably won't have any accidents.

E. *Suggested activities.* (Otras actividades sugeridas.)

1. Escriba una breve historia acerca de dos personas que discuten durante un embotellamiento de tráfico. ¿Cómo se resuelve el problema?
2. Cuando el tráfico se mueve muy despacio, describa lo que usted hace para evitar aburrirse o ponerse nervioso.

CULTURAL NOTE

En varios estados de los EE.UU. es un requisito legal que todos los conductores de coche tengan seguro automovilístico. El requisito mínimo se llama *liability insurance* y cubre los costos de reparación de otro coche en caso de accidente. Además, también cubre los costos médicos de las personas en el otro coche. Existen otros tipos de seguro que también cubren los costos causados al coche del dueño. El precio de un seguro puede verse afectado por varios factores, tales como edad, lugar de residencia, tipo de coche e infracciones anteriores.

Este último factor es muy fácil de verificar, ya que las agencias de policía en este país cuentan con una red de información computarizada que les permite verificar el estatus de una persona por medio de su licencia de conducir. Pero ésto no está limitado a las infracciones de tránsito. Cabe mencionar que a diferencia de los cuerpos de policía de otros países en Latinoamérica, las entidades policiacas de este país tienen una doble función: ellos vigilan el orden civil y la actividad criminal, y además controlan las infracciones de tráfico. Aunque parece demasiado trabajo para los policías, parecen funcionar de manera muy eficiente.

ANSWERS

A. 1. *I know we're going to be late for work.* 2. *I think I'll take my car to the mechanic.* 3. *Try to drive more slowly.* 4. *Everybody must respect the speed limit.* 5. *It's difficult to drive when it's raining.*
B. 1. *waited* 2. *saw* 3. *happen* 4. *called* 5. *know* 6. *police* 7. *are* 8. *Would* 9. *Let's*
C. 1. *don't have to* 2. *mustn't* 3. *don't have to* 4. *mustn't* 5. *don't have to*
D. 1. *more* 2. *slower* 3. *less* 4. *more, than* 5. *more*

LESSON 27
IN THE HOTEL. En el hotel.

A. DIALOGUE

ON THE PHONE.

DAVID: **This is room 209.**

MANAGER: **Yes, how may I help you, sir?**

DAVID: **I would like another room.**

MANAGER: **Is there a problem?**

DAVID: **Well, the shower in my room doesn't work.**

MANAGER: **I'm sorry. I don't have any other rooms available at the moment. But I will send someone to take a look at your shower.**

DAVID: **How soon will that be?**

MANAGER: **It might be about an hour.**

DAVID: **That's unacceptable. I have an appointment in an hour, and I need to take a shower first.**

MANAGER: **I'm sorry, sir. If I could, I would help you.**

DAVID: **So, what do you suggest I do?**

MANAGER: **Well, in the meantime, you could enjoy the complimentary breakfast that we'll send to your room.**

DAVID: **This will hardly take care of the problem, but thanks. And make sure my shower is fixed as soon as possible.**

MANAGER: **Of course. I'll continue to look for another room for you as well. And sorry for the inconvenience.**

HABLANDO POR TELÉFONO.

DAVID: Es el cuarto 209.

GERENTE: Sí, ¿en qué le puedo ayudar señor?

DAVID: Me gustaría cambiar de cuarto.

GERENTE: ¿Hay algún problema?

DAVID: La regadera en el cuarto no funciona.

GERENTE: Lo siento. No tengo ningún otro cuarto disponible en este momento. Pero voy a mandar a alguien para que revise su ducha.

DAVID: ¿Cuánto se va a tardar?

GERENTE: Podría ser una hora.

DAVID: Eso no lo puedo aceptar. Tengo una cita en una hora y necesito bañarme antes.

GERENTE: Lo siento, señor. Si pudiera ayudarle, lo haría.

DAVID: Entonces, ¿qué sugiere que haga?

GERENTE: Pues por el momento, puede disfrutar el desayuno gratuito que le vamos a enviar a su cuarto.

DAVID: Esto apenas resolvería el problema, pero muchas gracias. Y asegúrese de que arreglen la regadera lo más pronto posible.

GERENTE: Claro. Voy a continuar buscándole otro cuarto. Y disculpe la molestia.

B. GRAMMAR AND USAGE

1. PEDIDOS CORTESES. *POLITE REQUESTS.*

En la lección diez habíamos estudiado la forma *would* para hacer preguntas y decir algo de manera más cortés. Compare:

I want to make a reservation for tonight.
Quiero hacer una reservación para esta noche.

I would like to make a reservation for tomorrow.
Me gustaría hacer una reservación para mañana.

I want a room with an ocean view.
Quiero un cuarto con vista al mar.

I would like a room with a garden view.
Me gustaría un cuarto con vista al jardín.

El verbo *can* (poder) es otro verbo que con frecuencia se usa para hacer preguntas. Este verbo también tiene la forma en pasado *could*, que se utiliza para hacer preguntas y oraciones de manera más cortés y placentera. Compare:

Can you give me another room?
¿Me puede dar otro cuarto?

Could you give me a bigger room?
¿Podría darme un cuarto más grande?

Can you send a bottle of wine to my room?
¿Puede mandar una botella de vino a mi cuarto?

Could you please send a couple of sandwiches to my room?
¿Podría mandar un par de sándwiches a mi cuarto, por favor?

Can you give me the check?
¿Puede darme la cuenta?

Could you please bring the check?
¿Podría traer la cuenta por favor?

2. PARA OFRECER AYUDA. *OFFERING HELP.*

Con frecuencia surge una situación en la que hay que ofrecer ayuda a alguien. Hay varias maneras y frases para hacerlo.

Let me help you.	Permítame ayudarle.
How can I help you?	¿Cómo le puedo ayudar?
May I help you?	¿Le puedo ayudar?
Do you need help?	¿Necesita ayuda?
Can I help you?	¿Le puedo ayudar?
What can I do for you?	¿Qué puedo hacer por usted?

Excuse me, ma'am. Can I ask you something?
Disculpe señora. ¿Le puedo hacer una pregunta?

Sure. How can I help you?
Claro. ¿En qué le puedo ayudar?

Hello? Is this the front desk?
Hola. ¿Es la recepción?

Yes. How may I help you?
Sí. ¿En qué le puedo ayudar?

That luggage looks heavy. Do you need any help?
Ese equipaje parece pesado. ¿Necesita ayuda?

You have too much to do. Let me help you.
Usted tiene demasiado que hacer. Permítame ayudarle.

3. VERBOS CON PREPOSICIONES. *VERBS WITH PREPOSITIONS.*

En inglés, existen varios verbos que constan de dos partes: el verbo + una preposición. En español, algunas veces, estos verbos se traducen como un verbo completamente diferente. Algunos ejemplos son los siguientes:

to look for	buscar
to look at	revisar, mirar
to look into	investigar
to look out	ser cuidadoso
to look over	examinar
to take out	sacar
to take away	quitar
to take down	bajar
to take back	devolver
to take off	despegar, quitarse algo
to go away	marcharse, irse
to go back	regresar
to go in	entrar
to go out	salir
to go on	continuar
to go up	subir
to go down	bajar
to get back	regresar
to get over	recuperarse
to get off, out	salir
to get up	levantarse
to get down	bajarse
to get along	llevarse bien
to get away	escaparse, irse

I can't find my keys. Can you help me look for them?
No puedo encontrar mis llaves. ¿Me puedes ayudar a buscarlas?

Look out! The floor is very slippery.
¡Ten cuidado! El piso está muy resbaloso.

This is your hotel bill. Look it over and sign it before you check out.
Esta es su factura del hotel. Revísela y fírmela antes de dejar el cuarto.

Is there a problem with your telephone? I'll look into it.
¿Tiene un problema con el teléfono? Voy a averiguar cuál es.

When I get my room, I'm going to take off my shoes.
Cuando me den mi cuarto, voy a quitarme los zapatos.

I don't like this book. I need to take it back.
   No me gusta este libro. Lo tengo que devolver.

Hurry up. The plane is going to take off in ten minutes.
   Apúrate. El avión va a despegar en diez minutos.

We need to go away for the weekend.
   Necesitamos irnos por el fin de semana.

To find your room, you need to go up to the second floor.
   Para encontrar su cuarto, tiene que subir al segundo piso.

My husband and I are going back to Texas for Christmas.
   Mi esposo y yo vamos a regresar a Texas para la Navidad.

C. VOCABULARY

NOUNS

hotel	hotel
lobby	recepción
room	cuarto, habitación
shower	ducha, regadera
suite	suite
call	llamada
appointment	cita
inconvenience	inconveniencia, molestia

VERBS

to call	llamar
to suggest	sugerir
to look for	buscar
to look at	revisar, mirar
to look over	revisar, mirar
to look into	investigar
to go in	entrar
to go out	salir
to go back	regresar
to go away	marcharse, irse
to go on	continuar
to take away	quitar
to take back	devolver
to take out	sacar
to take off	quitarse algo, despegar
to let someone know	avisar
to check in	registrarse
to check out	salir y pagar

ADJECTIVES AND OTHER USEFUL WORDS

available	disponible
complimentary	gratis, gratuito/a
on the house/free	gratis, gratuito/a
unacceptable	no es aceptable
certainly	claro que sí, por cierto
immediately	inmediatamente
in the meantime	mientras

EXERCISES

A. *Fill in the blanks to complete the dialogue.* (Llene los espacios en blanco para completar el diálogo.)

Receptionist: Sandy Beach Hotel, may I _____ you?
Carol: Hello. Do you _____ any rooms available for tomorrow night?
Receptionist: Yes, we do.
Carol: I would like a double _____, please.
Receptionist: Do you prefer two _____ or a queen-size bed?
Carol: Two beds will be OK.
Receptionist: How many nights?
Carol: How _____ is one night?
Receptionist: $95.00.
Carol: Does the price _____ breakfast?
Receptionist: I'm _____, but it doesn't.
Carol: OK. I'll take the room for two nights.

B. *Translate into English.* (Traduzca al inglés.)
 1. No tenemos cuartos disponibles.
 2. Hotel Surf, ¿le puedo ayudar?
 3. Si usted tiene mensajes, le llamaré por teléfono.
 4. ¿Prefiere una cama o dos camas?
 5. ¿Me podría enviar café al cuarto 123?
 6. ¿Cuánto cuestan los cuartos por una noche?

C. *Fill in the blanks with the vocabulary on the right.* (Llene los espacios en blanco con el vocabulario en la derecha.)

 1. _____ you please call me at 7:00 A.M.?   a. *much*
 2. Please send a _____ of red wine to my room.   b. *could*
 3. How _____ is the suite for two nights?   c. *complimentary*
 4. We'll give you a _____ dinner in our restaurant.   d. *bottle*
 5. During the summer, this shop does a lot of _____.   e. *tonight*
 6. I would like to reserve a room for _____.   f. *business*

D. *Complete these sentences with the appropriate preposition as indicated in parentheses.* (Complete estas oraciones con la preposición apropiada, como se indica entre paréntesis.)

EXAMPLE: *I can't find my keys. I need to look for them. (to search)*

1. *Look _____! You're going to fall. (to be careful)*
2. *Can you please look _____ this contract before you sign it? (to examine)*
3. *I'll send a handyman to look _____ your shower. (to check)*
4. *Please, go _____ with your story. (to continue)*
5. *Would you please help me look _____ my wallet? (to search)*
6. *I don't like this book. I have to take it _____. (to return)*
7. *You need to look _____ for reckless drivers. (to be careful)*

E. *Suggested activities.* (Otras actividades sugeridas.)

1. Llame a un hotel y pregunte cuánto cuestan los cuartos por una noche. Además, averigüe las características del hotel y si hay un restaurante cerca.

CULTURAL NOTE

Los Estados Unidos poseen una gran gama de hoteles, moteles, albergues, campamentos y otros establecimientos para pasar la noche. Hay cadenas de hoteles que con frecuencia tienen un número central de reservaciones para todas sus propiedades en el país y en el extranjero. También hay una red de albergues, o *youth hostels,* que proveen espacio a bajo precio para los jóvenes. Sin embargo, esta cadena de albergues para estudiantes no llega a ser tan extensa como la cadena de *youth hostels* de Europa. Por otro lado, también existen los llamados *country inns,* que normalmente son casas grandes y acogedoras que se han convertido para alquilar habitaciones a un pequeño número de personas. Como se puede ver, hay posibilidades para todos los bolsillos.

ANSWERS

A. 1. *help* 2. *have* 3. *room* 4. *beds* 5. *much* 6. *include* 7. *sorry*
B. 1. *We don't have any rooms available.* 2. *Surf Hotel, may I help you?* 3. *If you have any messages, I'll call you.* 4. *Do you prefer one or two beds?* 5. *Could you send some coffee to room 123?* 6. *How much are the rooms for one night?*
C. 1. *could* 2. *bottle* 3. *much* 4. *complimentary* 5. *business* 6. *tonight*
D. 1. *out* 2. *over* 3. *at* 4. *on* 5. *for* 6. *back* 7. *out*

LESSON 28
GETTING THINGS FIXED. Lograr que arreglen las cosas.

A. DIALOGUE

ON THE PHONE WITH THE LANDLORD.

TENANT: **Hi, Mrs. Rogers. This is Steve, your tenant in apartment 13.**

MRS. ROGERS: **Hi, Steve. I haven't seen you for a long time.**

TENANT: **Well, I've been busy.**

MRS. ROGERS: **What can I do for you?**

TENANT: **There are some problems in the apartment. The faucet in the kitchen is leaking.**

MRS. ROGERS: **OK. I'll send the plumber tomorrow to take a look at it. Anything else?**

TENANT: **Yes. The heater isn't working well.**

MRS. ROGERS: **They still haven't fixed it? I sent someone to look at it last week.**

TENANT: **I know.**

MRS. ROGERS: **What's wrong with it now?**

TENANT: **Well, it makes a lot of noise, and we only get a little heat.**

MRS. ROGERS: **They should have fixed it the first time. I'll call them again.**

TENANT: **Perfect. I'll be here.**

HABLANDO POR TELÉFONO CON EL DUEÑO DEL EDIFICIO.

INQUILINO: Hola, señora Rogers. Le habla Steve, el inquilino del apartamento 13.

SRA. ROGERS: Hola, Steve. Hace mucho tiempo que no te veo.

INQUILINO: Es que he estado ocupado.

SRA. ROGERS: ¿En qué te puedo ayudar?

INQUILINO: Hay algunos problemas con el apartamento. La llave de la cocina está goteando.

SRA. ROGERS: Bien. Mañana voy a mandar al plomero para que la revise. ¿Algo más?

INQUILINO: Sí. La calefacción no funciona muy bien.

SRA. ROGERS: ¿Todavía no la han arreglado? Mandé a alguien a que la revisara la semana pasada.

INQUILINO: Lo sé.

SRA. ROGERS: ¿Qué tiene ahora?

INQUILINO: Pues hace mucho ruido y nos da muy poco calor.

SRA. ROGERS: Deberían haberla arreglado bien la primera vez. Voy a llamar otra vez.

INQUILINO: Perfecto. Aquí estaré.

B. GRAMMAR AND USAGE

1. EL PRESENTE PERFECTO. *THE PRESENT PERFECT.*

El tiempo presente perfecto muchas veces significa que un evento ha concluído en un momento o tiempo que no ha sido determinado. Este tiempo verbal se forma de la manera siguiente:

> *to have* + participio pasado.

I have called the landlord three times.
He llamado tres veces al dueño de la casa.

Tony has left already.
Tony ya se ha ido.

El participio pasado se forma de varias maneras. Una de las más comunes es usando el sufijo del pasado -*ed*. Por ejemplo:

INFINITIVO	PARTICIPIO PASADO
to live (vivir)	*lived*
to fix (arreglar)	*fixed*
to call (llamar)	*called*

My brother has fixed the air conditioner twice.
Mi hermano ha arreglado el aire acondicionado dos veces.

Se puede usar la contracción con el pronombre de sujeto + *have:*

I have/I've called you three times already.
Ya te he llamado tres veces.

Además, hay muchas formas irregulares que tienen que memorizarse (Vea el apéndice al final del libro para encontrar una lista de los verbos irregulares.):

INFINITIVO	PARTICIPIO PASADO
to be (ser, estar)	*been*
to see (ver)	*seen*
to have (tener)	*had*
to eat (comer)	*eaten*

I haven't eaten in this restaurant before.
No he comido en este restaurante anteriormente.

We've been very busy lately.
Ultimamente hemos estado muy ocupados.

    a. Con acciones terminadas. *With completed actions.*

El presente perfecto se usa para indicar que una acción ya ha terminado.

Matthew has left.
Matthew se ha ido.

I have eaten twice today.
Hoy he comido dos veces.

    b. Con *for* y *since*. *With "for" and "since."*

El presente perfecto también puede expresar una acción o un estado que empezó en el pasado pero todavía continúa en el presente. Para expresar estas acciones con frecuencia se usan las palabras *for* (por) y *since* (desde).

I have lived in Houston, Texas, for two years.
He vivido en Houston, Texas por dos años.

I have lived in this apartment since January.
He vivido en este apartamento desde enero.

For y *since* se pueden usar para referirse a una expresión de tiempo. La diferencia es que *for* se refiere al periodo que dura una acción, mientras que *since* se refiere al momento en que la acción empezó.

The air conditioner has been broken since yesterday.
El aire acondicionado ha estado descompuesto desde ayer.

The plumber has been here for three hours.
El plomero ha estado aquí por tres horas.

I haven't seen you since Christmas!
¡No te había visto desde la Navidad!

c. Con *already*. With *"already."*

La palabra *already* se puede usar en preguntas o en oraciones afirmativas. Se refiere a un evento en el pasado. En las preguntas, normalmente se encuentra al final. En las oraciones afirmativas, se puede usar al final de la oración o antes del verbo conjugado, o, en este caso, el verbo auxiliar. La posición de la palabra no cambia el significado de la oración en absoluto.

You have called the landlord three times already.
Ya has llamado tres veces al dueño.

You have already called the landlord three times.
Ya has llamado tres veces al dueño.

Has the electrician taken a look at the air conditioner already?
¿El electricista ha revisado ya el aire acondicionado?

Has the plumber already called you back?
¿Ya te llamó el plomero?

d. Con *yet*. With *"yet."*

La palabra *yet* se puede usar en preguntas y también en oraciones negativas. Cuando se usa en preguntas, tiene el significado "ya." Al usarla en frases negativas, entonces significa "todavía." La palabra *yet* siempre se encuentra al final de la oración.

Have you found a house yet?
¿Ya has encontrado una casa?

No, I haven't found a house yet./No, not yet.
No, todavía no he encontrado una casa./No, todavía no.

Yes, I have already found a house in a residential area.
Sí, ya he encontrado una casa en una zona residencial.

Otra opción en las oraciones negativas (pero no en las preguntas) es la palabra *still*. Significa "hasta este momento," o "hasta ahora." Esta palabra no se coloca al final de la oración.

No, I still haven't found a house.
No, todavía no he encontrado una casa.

Cabe notar que *already* y *still* no se usan exclusivamente con el presente perfecto. También es posible usarlas con el pasado simple y otros tiempos.

The landlord fixed the stove already.
El dueño ya arregló la estufa.

He still wants to go.
El todavía quiere ir.

e. Con *ever/never*. With *"ever/never."*

El presente perfecto puede usar la palabra *never* en las oraciones negativas. En este caso, significa "nunca." Cuando se hacen preguntas, *never* se cambia por *ever* y significa "alguna vez."

Have you ever fixed a faucet by yourself?
¿Alguna vez has arreglado una llave de agua tú misma?

No, I've never fixed anything around the house.
No, nunca he arreglado nada en la casa.

Have you ever visited Lake Michigan?
¿Has visitado el Lago Michigan alguna vez?

No, I've never visited Lake Michigan.
No, nunca he visitado el Lago Michigan.

2. HOW LONG? (¿CUÁNTO TIEMPO?)

Esta pregunta se usa para preguntar cuánto tiempo hace que algo ocurre. Con el presente perfecto se usa para averiguar cuánto tiempo hace que una acción ha estado ocurriendo. Una manera muy común de responder a esta pregunta es usando las palabras *for* o *since*. Las preguntas se forman de la manera siguiente:

> How long + have/has + sujeto + participio . . .

How long has the stove been broken?
¿Cuánto tiempo hace que no funciona la estufa?

Since last week./For a week.
Desde la semana pasada./Hace una semana.

How long have you lived in New York?
¿Cuánto tiempo hace que vives en Nueva York?

Since 1990./For five years.
Desde 1990./Cinco años.

C. VOCABULARY

NOUNS

faucet	llave, grifo
stove	estufa
heater	calefacción
heat	calor
air conditioner	aire acondicionado
plumbing	plomería

plumber	plomero
lock	seguro, candado, cerradura
noise	ruido
handyman	hombre que arregla todo tipo de cosas

VERBS

to leak	gotear
to drip	gotear
to break	quebrar, descomponer
to fix	arreglar, reparar
to take a look	revisar

ADJECTIVES

broken	descompuesto/a
noisy	ruidoso/a

EXERCISES

A. *Write the verbs in the appropriate tense.* (Escriba los verbos en el tiempo apropiado.)

EXAMPLES: *The manager <u>called</u> (to call) yesterday.*
Steve <u>hasn't painted</u> (to paint) his house for three years.

1. *The faucet in the bathroom _____ (to leak) right now.*
2. *John _____ (to hire) a handyman last summer.*
3. *My wife _____ (to call) the landlord tomorrow.*
4. *The toilet _____ (to be) broken since last month.*
5. *Last year, Peter _____ (work) as a plumber.*
6. *I _____ (to live) in this apartment for seven months.*

B. *Complete the following sentences by using: already, yet, ever, never, and since.* (Complete las oraciones usando las palabras: *already, yet, ever, never,* y *since.*)

EXAMPLE: *Have you <u>ever</u> been inside that building? It has a beautiful garden.*

1. *She hasn't called the manager _____ .*
2. *My brother fixed the kitchen faucet _____ .*
3. *Have you _____ tried to hire a handyman? It's a nightmare.*
4. *My family has lived in this house _____ 1965.*
5. *Chris has _____ lived in New York.*

C. *Fill in the blanks using the vocabulary provided.* (Llene los espacios en blanco con el vocabulario proporcionado.)

apartment	call	long	send
message	been	lock	happened

A PHONE CONVERSATION.

Mr. Rogers: Hi. May I speak to Mrs. Garcia, please?
Mrs. Garcia: This is she!¹
Mr. Rogers: Hello. This is Mr. Rogers, the landlord. I'm returning your _____.
Mrs. Garcia: Yes. I left a _____ on your answering machine.
Mr. Rogers: I understand there is a problem with the _____.
Mrs. Garcia: Yes. The lock on the front door doesn't work.
Mr. Rogers: How _____ has it _____ broken?
Mrs. Garcia: It just _____ right now. I am able to lock the door from the inside, but I can't do it from the outside.
Mr. Rogers: OK. I'll _____ the locksmith right away. He'll fix the _____ on your door.
Mrs. Garcia: Thank you. I'll be waiting.

D. *Change these sentences to the present perfect using the information in parentheses.* (Cambie las oraciones al presente perfecto usando la información entre paréntesis.)

EXAMPLES: My brother *fixed* the lock on the door. (negative-yet)
My brother *hasn't fixed* the lock on the door yet.
I *didn't call* my parents last week. (since)
I *haven't called* my parents since last week.

1. My landlord lives in Boston. (for five years)
2. I called my mother in January. (negative-since)
3. Steve painted his house last summer. (negative-since)
4. The heater is broken. (for two weeks)
5. I didn't see the landlord last month. (negative-since)

E. *Suggested activities.* (Otras actividades sugeridas.)

1. ¿Que legustaría que le arreglaran en su apartamento?

---

[1] Hay una regla formal que después del verbo *to be,* se usan pronombres del sujeto (no del objeto). Sin embargo, es común oír frases como *this is her* también.

CULTURAL NOTE

Al rentar o alquilar una casa o apartamento, hay algunos gastos que son responsabilidad del inquilino, y otros que normalmente son del dueño. Existe poca variación al respecto en diferentes ciudades de los Estados Unidos, pero los detalles normalmente se encuentran en el contrato de arrendamiento. En general, el dueño paga el costo del agua. Normalmente, el costo de servicios tales como el gas y la electricidad corren por parte del inquilino, a menos que el contrato lo estipule de otra manera. En los Estados Unidos, las reparaciones del inmueble, tales como los problemas de plomería, electricidad y goteras, son en su mayoría realizadas por el dueño. En muchos edificios de apartamentos es común encontrar a una persona encargada, o *manager,* que es quien se encarga de recoger los pagos de la renta y servir de intermediario entre los inquilinos y el dueño. Con frecuencia, esta persona también es un *handyman,* es decir, una persona que sabe hacer de todo un poco. Normalmente sabe hacer reparaciones pequeñas de plomería y carpintería, se encarga de la limpieza general y hasta hace de cerrajero cuando es necesario.

ANSWERS

A. 1. *is leaking*   2. *hired*   3. *will call*   4. *has been*   5. *worked*   6. *have lived*
B. 1. *yet*   2. *already*   3. *ever*   4. *since*   5. *never*
C. 1. *call*   2. *message*   3. *apartment*   4. *long*   5. *been*   6. *happened*   7. *send*   8. *lock*
D. 1. *My landlord has lived in Boston for five years.* 2. *I haven't called my mother since January.* 3. *Steve hasn't painted his house since last summer.* 4. *The heater has been broken for two weeks.* 5. *I haven't seen the landlord since last month.*

LESSON 29
SETTLING DOWN. Sentar cabeza.

A. DIALOGUE

AT A BACHELOR PARTY.

TONY: **Hey everybody! I'd like to propose a toast to our friend Jerry! He's getting married tomorrow, and I want to wish him all the best.**

JERRY: **Thanks guys. I can't believe this is finally happening. I have a great job and soon I'll have an amazing wife. And we've recently bought a house. I think I have just fulfilled my dreams.**

TONY: **Well, let's hope you don't have a rude awakening.**

JERRY: **You're all just jealous.**

TONY: **Well, you're right and we're all happy for you, buddy. Actually, I have something to confess.**

JERRY: **What's the matter?**

TONY: **Well, I proposed to Gina.**

JERRY: **And?**

TONY: **We got engaged yesterday.**

JERRY: **Congratulations! Cheers!**

EN UNA DESPEDIDA DE SOLTERO.

TONY: ¡Atención! ¡Quiero proponer un brindis por nuestro amigo Jerry! Se casa mañana y le deseo todo lo mejor.

JERRY: Muchas gracias. No puedo creer que finalmente va a pasar. Tengo un trabajo excelente y pronto tendré una esposa fabulosa. Y recientemente hemos comprado una casa. Creo que acabo de hacer realidad mis sueños.

TONY: Pues vamos a esperar que no despiertes a una cruda realidad.

JERRY: Están todos celosos.

TONY: Bueno, tienes razón y todos nos sentimos felices por ti. En realidad, yo tengo algo que confesar.

JERRY: ¿Qué pasa?

TONY: Pues, me le acabo de declarar a Gina.
JERRY: ¿Y?
TONY: Nos comprometimos ayer.
JERRY: ¡Felicidades! ¡Salud!

B. GRAMMAR AND USAGE

1. EL PRESENTE PERFECTO VS. EL PASADO SIMPLE. *THE PRESENT PERFECT VS. THE SIMPLE PAST.*

El tiempo pasado se usa en inglés para expresar o implicar que una acción o evento ha ocurrido en un momento específico en el pasado. Algunas palabras que con frecuencia se usan con el pasado son: *yesterday, last week, an hour ago,* etc. El uso del presente perfecto también indica que un evento ocurrió en el pasado, pero no indica exactamente cuando. Compare:

He went to a bachelor party last week.
   El fue a una despedida de soltero la semana pasada.

He has gone to bachelor parties before.
   El ha ido a despedidas de soltero anteriormente.

Did your father-in-law pay for the wedding?
   ¿Tu suegro pagó por la boda?

Has he ever paid for a wedding?
   ¿El ha pagado por una boda alguna vez?

I saw that movie yesterday.
   Vi esa película ayer.

I have seen that movie, too.
   Yo he visto esa película también.

Como se puede apreciar, algunas palabras como *recently* y *just* se pueden usar con los dos tiempos.

2. JUST Y RECENTLY. *"JUST" AND "RECENTLY."*

Las palabras *just* y *recently* se usan para expresar acciones o eventos que se han llevado a cabo recientemente, aunque no es necesario indicar el momento específico en el que se completaron.

a. *Just*

En inglés se usa el presente perfecto o el pasado simple con eventos o acciones que acaban de ocurrir. La palabra *just* siempre se pone entre el verbo auxiliar (*to have*) y el verbo principal en las oraciones con el presente perfecto, y antes del verbo en las oraciones en pasado simple.

En español normalmente se usa la expresión "acabar de" para indicar que se una acción o evento reciente.

Tony has just gotten engaged./Tony just got engaged.
Tony se acaba de comprometer.

Lynda has just changed her mind.
Lynda acaba de cambiar de idea.

b. *Recently*

La palabra *recently* también indica que una acción se acaba de completar. Esta palabra generalmente va al final de la oración, pero también puede usarse entre el verbo auxiliar y el verbo principal, o simplemente antes del verbo principal. En español también se puede añadir esta palabra ("recientemente") al final.

Debbie hasn't done anything around the house recently.
Debbie no ha hecho nada en la casa recientemente.

She recently lost her job.
Ella perdió su trabajo recientemente.

3. PEDIR EXPLICACIONES. *ASKING FOR EXPLANATIONS.*

Existen varias palabras y expresiones que sirven para pedir información adicional, especialmente cuando hay un problema. Algunas de ellas son frases cortas, y otras se pueden adaptar al tiempo verbal que se usa en la conversación.

What's the matter?	¿Qué pasa?
What's wrong?	¿Qué pasa?
Is there a problem?	¿Hay un problema?
Is (there) something/anything wrong?	¿Tiene(s) algún problema?
Why . . . ?	¿Por qué . . . ?
How come . . . ?	¿Por qué . . . ?

Why haven't you gotten married?
¿Por qué no te has casado?

What's the matter? Why didn't you go to the wedding?
¿Qué pasa? ¿Por qué no fuiste a la boda?

You look tired. Is something wrong?
Te ves cansado. ¿Tienes algún problema?

El uso de *how come* es un poco diferente, ya que no tiene la inversión de sujeto y verbo al formar preguntas.

How come Peter hasn't called?
¿Por qué no ha llamado Peter?

How come you don't want to go to the wedding?
¿Por qué no quieres ir a la boda?

4. EXPRESIONES IDIOMÁTICAS PARA EVENTOS SOCIALES. *IDIOMATIC EXPRESSIONS FOR SOCIAL EVENTS.*

Aquí presentamos varias expresiones que son bastante comunes al dirigirse a ciertas personas en algunas situaciones sociales.

En un funeral:

I'd like to express my condolences./Please accept my condolences.
Acepte mis condolencias/Le acompaño en el sentimiento.

I'm so sorry.
Lo siento mucho.

En una fiesta de cumpleaños:

Happy birthday!
¡Feliz cumpleaños!

Para un brindis:

Cheers!
¡Salud!

Here's to _____.
Por _____.

En una boda o una graduación:

Congratulations!
¡Felicidades!

Saludos en días de fiesta:

Merry Christmas!
¡Feliz Navidad!

Happy Hanukkah!
¡Feliz Hanukkah!

Happy holidays!
 ¡Felices fiestas!

Accidentes:

I'm sorry!
 ¡Lo siento.

Excuse me.
 Perdón.

C. VOCABULARY

NOUNS

bachelor party	despedida de soltero
toast	brindis
guy	muchacho/hombre
buddy	amigo/a (informal)
American dream	sueño americano

VERBS

to get married	casarse
to propose (to someone)	proponer matrimonio, declararse
to propose (a toast/a plan)	proponer
to wish	desear
to achieve	lograr
to confess	confesar

ADJECTIVES AND OTHER USEFUL EXPRESSIONS

engaged	comprometido/a
amazing/fabulous	fabuloso/a
excited	entusiasmado/a
Cheers!	¡Salud!
just	acabar de
recently	recientemente

EXERCISES

A. *Fill in the blanks to complete the sentences in the simple past or the present perfect as necessary. (Llene los espacios en blanco para completar las oraciones usando el pasado simple o el presente perfecto, según sea necesario.)*

EXAMPLES: *I <u>saw</u> Peter yesterday.*
I <u>haven't seen</u> Peter recently.

1. *I _____ (to work-negative) six hours yet.*
2. *Jerry _____ (to buy) a house yesterday.*
3. *_____ you ever _____ (to visit) San Francisco?*
4. *I _____ (to pay) for the reception already.*
5. *They _____ (to live) in Arizona before.*
6. *John _____ (to achieve-negative) the American dream yet.*

B. *Translate into English. (Traduzca al inglés.)*

1. Mi papá no ha visitado Texas.
2. Yo no he encontrado un apartamento todavía.
3. ¿Alguna vez has visitado Los Angeles?
4. Ya encontré la casa de mis sueños.
5. ¿Cuánto tiempo ha vivido en Boston?

C. *Fill in the blanks using the following vocabulary. (Llene los espacios en blanco con el siguiente vocabulario.)*

has	years	tell	worked
she	has	two	has taken

Sandy: Mr. Lee, I have a possible applicant for that secretarial position.
Mr. Lee: Really? Who?
Sandy: My sister-in-law, Mary.
Mr. Lee: _____ she ever _____ in an office?
Sandy: Not exactly. But she _____ been a volunteer in several organizations.
Mr. Lee: Has _____ ever worked with computers?
Sandy: Yes. She _____ classes for three _____.
Mr. Lee: Does she have a job right now?
Sandy: No. She hasn't worked in _____ months.
Mr. Lee: OK. We're interviewing people tomorrow afternoon.
Sandy: Fine. I'll _____ her. Thank you.

D. *Complete the sentences using: yet, already, never, ever, and recently.*
(Complete las oraciones usando: *yet, already, never, ever,* y *recently.*)

1. *Have you _____ been to a bachelor party?*
2. *I don't need another car. I _____ have two cars.*
3. *I haven't been to Alaska _____ .*
4. *Sandy doesn't have any experience. She has _____ worked in an office.*
5. *Has Mary _____ visited your family in Texas?*
6. *I have lived in Chicago for 2 years _____ .*

E. *Suggested activities.* (Otras actividades sugeridas.)

1. Pregúntele a un hombre casado que le dé detalles acerca de su fiesta de despedida de soltero. Pregunte que actividades hicieron en la fiesta.
2. ¿Que es para usted el "sueño americano"?

CULTURAL NOTE

En los Estados Unidos existe la idea de alcanzar o hacer realidad el sueño americano, o *American dream*. Es difícil definirlo, pues significa algo diferente para cada persona. Sin embargo, para mucha gente, éste consiste en tener una familia y lograr ser dueño de su propia casa. En este país la mayoría de las personas que compran una casa lo hacen por medio de préstamos bancarios, que con frecuencia se extienden de 20 a 30 años. Aunque parece ser una deuda grandísima, en realidad vale la pena, ya que los pagos a veces no resultan ser mucho más de lo que se paga de alquiler mensual por una casa o apartamento. Además, mucha gente se beneficia al ser dueños de propiedades, pues pueden reducir los impuestos que tienen que pagar anualmente.

ANSWERS

A. 1. *haven't worked* 2. *bought* 3. *Have, visited* 4. *paid* 5. *lived* 6. *hasn't achieved*
B. 1. *My father hasn't visited Texas.* 2. *I haven't found an apartment yet.* 3. *Have you ever visited Los Angeles?* 4. *I already found my dream house.* 5. *How long have you lived in Boston?*
C. 1. *has* 2. *worked* 3. *has* 4. *she* 5. *has taken* 6. *years* 7. *two* 8. *tell*
D. 1. *ever* 2. *already* 3. *yet, recently* 4. *never* 5. *ever, recently* 6. *already*

LESSON 30
HOUSEHOLD CHORES.   Quehaceres domésticos.

A. DIALOGUE

AT THE DINNER TABLE.

JILL: **Wow! That lasagna was delicious.**

KEN: **Thank you. Does anybody want dessert?**

SANDY: **Yeah, ice cream sounds good to me.**

JILL: **No thanks. I've been gaining too much weight lately.**

SANDY: **Oh, now you're making me feel guilty.**

KEN: **OK. Who's going to wash the dishes?**

JILL: **Not me. I've been cleaning the bathroom every weekend. I even scrubbed the bathtub really well.**

SANDY: **It's not my turn. I've been dusting the furniture for the last three months. Besides, I vacuumed yesterday.**

KEN: **Well, I just cooked dinner. I'm not going to do the dishes also.**

JILL: **OK, OK. Sandy and I will do them together.**

SANDY: **Fine. You wash and I'll dry.**

EN UNA CENA.

JILL: Wow! Esa lasaña estaba deliciosa.

DEBBIE: Gracias. ¿Alguien quiere postre?

SANDY: Sí. Me gustaría un poco de helado.

JILL: No gracias. He estado aumentando mucho de peso últimamente.

SANDY: Ahora me estás haciendo sentir culpable.

DEBBIE: Bien. ¿Quién va a lavar los platos?

JILL: Yo no. Yo he estado limpiando el baño todos los fines de semana y hasta fregué muy bien la bañera.

SANDY: No es mi turno. Ya hace tres meses que yo he estado sacudiendo los muebles. Además, ayer yo pasé la aspiradora.

DEBBIE: Pues yo acabo de cocinar la cena. No voy a lavar los platos también.

JILL: Está bien. Sandy y yo los lavamos entre las dos.

DEBBIE: Bien. Tú lavas y yo los seco.

B. GRAMMAR AND USAGE

1. EL PRESENTE PERFECTO CONTINUO. *THE PRESENT PERFECT CONTINUOUS.*

El presente perfecto continuo se usa para expresar cuanto tiempo ha estado en progreso una acción. La estructura del presente perfecto continuo es la siguiente:

> have/has + been + -ing.

Las contracciones son: *I've been, you've been, he's been* etc.

We have/We've been cleaning.
  Hemos estado limpiando.

She has/She's been working.
  Ella ha estado trabajando.

Se puede usar el presente perfecto continuo cuando no se menciona un momento específico. En este caso, expresa una actividad general. Con frecuencia, se usan las palabras *lately* (últimamente) y *recently* (recientemente).

Recently, my roommates have been leaving dishes in the sink.
  Recientemente, mis compañeros de cuarto han estado dejando los platos en el fregadero.

I've been gaining weight lately.
  He estado subiendo de peso últimamente.

El presente perfecto continuo también usa las palabras *for* (por) y *since* (desde) en sus oraciones. Normalmente van seguidas por una expresión de tiempo.

She's been dusting the furniture for twenty minutes.
  Ella ha estado sacudiendo los muebles por veinte minutos.

I've been vacuuming for an hour.
  He estado pasando la aspiradora por una hora.

We've been waiting here since 2 o'clock.
  Hemos estado esperando aquí desde las dos.

Lynda has been living with us since September.
  Lynda ha estado viviendo con nosotros desde septiembre.

2. EL PRESENTE PERFECTO VS. EL PRESENTE PERFECTO CONTINUO. *THE PRESENT PERFECT VS. THE PRESENT PERFECT CONTINUOUS.*

El presente perfecto continuo es similar al presente perfecto, pues ambos tiempos expresan una acción que empezó en el pasado y continúa en el presente. Con algunos verbos, (*to work, to study, to teach*), no hay diferencia de significado.

She has worked there for a long time.
Ella ha trabajado allí por mucho tiempo.

She has been working there for a long time.
Ella ha estado trabajando allí por mucho tiempo.

a. La continuidad de una acción. *The continuity of an action.*

Se puede usar tanto el presente perfecto continuo como el presente perfecto para expresar continuidad. La diferencia está en que el presente perfecto continuo pone enfatiza que la acción ha estado en progreso sin ninguna interrupción. Compare:

It has rained all day.
Ha llovido todo el día.

It has been raining all day.
Ha estado lloviendo todo el día.

b. Acciones ya completas. *Completed actions.*

Cuando una acción ya ha terminado no se puede usar el presente perfecto continuo. Se debe usar el presente perfecto. Compare:

I've scrubbed the bathtub twice already.
Ya he fregado la bañera dos veces.

She's cooked dinner three times this week.
Ella ha preparado la cena tres veces esta semana.

c. Situaciones recientes. *Recent situations.*

Cuando hay una acción muy reciente y todavía se puede apreciar el resultado de esa acción, se usa sólo el presente perfecto continuo.

Why are your eyes red?
¿Por qué tienes los ojos rojos?

I've been crying.
He estado llorando.

Wow! What a mess. What have you been doing?
¡Wow! ¡Qué desorden! ¿Qué has estado haciendo?

I've been moving the furniture around.
He estado moviendo los muebles.

3. EL PRESENTE CONTINUO VS. EL PRESENTE PERFECTO CONTINUO. *THE PRESENT CONTINUOUS VS. THE PRESENT PERFECT CONTINUOUS.*

El presente continuo expresa una actividad que está en progreso en ese momento. El presente perfecto continuo expresa el tiempo (duración) que una actividad ha estado en progreso.

I am washing the dishes. (right now)
Estoy lavando los platos.

I've been washing the dishes for the last thirty minutes.
He estado lavando los platos por media hora.

We're waiting for you. (at the moment)
Te estamos esperando.

We've been waiting for you since 5 P.M.
Te hemos estado esperando desde las 5 P.M.

4. EXPRESIONES DE TIEMPO. *EXPRESSIONS OF TIME.*

En inglés, al igual que en español, hay varias maneras de expresar el tiempo. Además, algunos adverbios de tiempo con frecuencia están asociados con algún tiempo verbal. Anteriormente ya hemos visto varios de ellos. A continuación los presentamos en forma más esquemática:

a. Con el tiempo presente. *With the present tense.*

Con frecuencia, estas palabras también se usan con el presente continuo. Expresan eventos relacionados al momento del habla.

right now	ahorita, ahora mismo
now	ahora

I need to make some lasagna today.
Necesito cocinar algo de lasaña hoy.

We are vacuuming right now.
Ahora mismo estamos pasando la aspiradora.

Algunos adverbios del presente también se pueden usar con el pasado simple si una acción ocurrió anteriormente.

today	hoy
this week	esta semana
these days	en estos días
this morning	esta mañana

I'm working 40 hours this week./I worked 40 hours this week.
Esta semana estoy trabajando 40 horas./Trabajé 40 horas esta semana.

b. Con el pasado o pretérito. *With the past tense.*

Normalmente se usan con acciones que ya se llevaron a cabo y que también ya han terminado.

last month	el mes pasado
yesterday	ayer
last night	anoche
two years ago	hace dos años
last year	el año pasado

Mary washed the dishes yesterday.
Ayer Mary lavó los platos.

Steve painted his house last year.
Steve pintó su casa el año pasado.

We cooked Italian food last week.
Cocinamos comida italiana la semana pasada.

c. Para eventos que empezaron en el pasado y todavía continúan. *With events in the past that are still continuing.*

Estas palabras se usan con eventos o acciones que se han iniciado en el pasado pero todavía continúan en el presente.

so far	hasta ahora
(up) until/to now	hasta ahora

So far, our new roommate has not given us any problems.
Hasta ahora, nuestro nuevo campañero de cuarto no nos ha dado problemas.

Up until now, we have all been sharing the household chores.
Hasta ahora, todos hemos estado compartiendo los quehaceres domésticos.

C. VOCABULARY

NOUNS

lasagna	lasaña, lasagna
dessert	postre
ice cream	helado
weight	peso
dish	plato
bathtub	tina de baño, bañera
refrigerator	refrigerador
furniture	muebles
roommate	compañero/a (de cuarto)

VERBS

to scrub	fregar
to vacuum	pasar la aspiradora
to dust	sacudir
to dry	secar
to gain	obtener, subir, ganar
to gain (weight)	aumentar, subir de peso
to watch out	tener cuidado
to feel	sentir

ADJECTIVES

delicious	delicioso/a
guilty	culpable

EXERCISES

A. *Rewrite these sentences in the simple past. Replace the underlined information with the material in parentheses. (Cambie las oraciones al pasado. Remplace lo subrayado con la información entre paréntesis.)*

EXAMPLE: *I cook Chinese food on weekends. (yesterday)*
I cooked Chinese food yesterday.

1. *Peter will vacuum tomorrow. (last week)*
2. *I go to the market every day. (yesterday)*
3. *She always eats dessert after dinner. (last night)*
4. *Lynda cleans her room once a week. (last Friday)*
5. *We wash the dishes after lunch. (two hours ago)*

B. *Translate into English.* (Traduzca al inglés.)

1. Voy a lavar los platos más tarde.
2. No he cocinado comida china recientemente.
3. Jimmy acaba de limpiar su cuarto.
4. No me gusta pasar la aspiradora.
5. No fui al supermercado ayer.

C. *Fill in the blanks to complete the sentences.* (Llene los espacios en blanco para completar las oraciones.)

EXAMPLE: *I've called (to call) you three times already.*

1. Sharon has _____ (to work) late this week.
2. I've _____ (to visit) Hawaii before.
3. She _____ (to go) to her son's graduation yesterday.
4. Tom has _____ (to cook) two times this week.
5. My sister and I have _____ (to be) planning a surprise party for our roommate.

D. *Use the vocabulary on the right to fill in the blanks.* (Use el vocabulario a la derecha para llenar los espacios en blanco.)

LOOKING FOR A SUMMER JOB.

Tom: Hi, Al. Have you _____ a job yet?
Al: No, I've _____ looking, but nothing yet.
Tom: It's very hard.
Al: How _____ you?
Tom: Well, I've been _____ at the same place.
Al: Do you mean that job at the _____ ?
Tom: Right.
Al: Do you _____ if they need someone else?
Tom: I _____ think so. Sorry.

a. supermarket
b. working
c. been
d. know
f. about
g. don't
h. found

E. *Use the following words to fill in the blanks in the dialogue.* (Use las siguientes palabras para llenar los espacios en blanco en el diálogo.)

let's	go	have	doesn't	give
fine	went	eaten	liked	ready

DECISIONS, DECISIONS.

Bill: Lynda, are you _____ to go out to dinner?
Lynda: Just _____ me five more minutes.
Bill: OK. Where do you want to _____?
Lynda: It _____ matter. You pick the place.
Bill: _____ you tried the new Chinese restaurant on the corner?
Lynda: No, but my father has _____ there recently. He really _____ it.

Bill: When did he go?
Lynda: I think he _____ there last weekend.
Bill: Well, _____ try that place.
Lynda: _____. I'm ready.

F. *Suggested activities.* (Otras actividades sugeridas.)

1. En su familia, ¿a quién le toca hacer el quehacer?

CULTURAL NOTE

En los Estados Unidos existe un gran sentimiento de independencia. Muchos jóvenes se van a vivir solos a los diez y ocho años. Muchos de ellos viven solos por primera vez al irse a la universidad a esta edad. Otros trabajan y se buscan la vida por sí mismos desde esta temprana edad. Esta manera de vivir influye en la forma en que los jóvenes buscan apartamentos y otros tipos de vivienda. Muchos de ellos necesitan ayuda para no tener que correr con todo el gasto de un hogar. Así que una solución muy práctica es vivir con uno o más compañeros de cuarto o *roommates*. Esto les permite compartir los gastos de la vida independiente. Por lo general, esta experiencia resulta positiva, pero hay que tener mucho cuidado al seleccionar a la(s) persona(s) con la(s) que se va a compartir una casa o apartamento.

ANSWERS

A. 1. *Peter vacuumed last week.* 2. *I went to the market yesterday.* 3. *She ate dessert after dinner last night.* 4. *Lynda cleaned her room last Friday.* 5. *We washed the dishes two hours ago.*
B. 1. *I'll wash the dishes later./I'm going to wash the dishes later.* 2. *I haven't cooked Chinese food recently.* 3. *Jimmy (has) just cleaned his room.* 4. *I don't like to vacuum.* 5. *I didn't go to the supermarket yesterday.*
C. 1. *been working* 2. *visited* 3. *went* 4. *cooked* 5. *been*
D. 1. *found* 2. *been* 3. *about* 4. *working* 5. *supermarket* 6. *know* 7. *don't*
E. 1. *ready* 2. *give* 3. *go* 4. *doesn't* 5. *Have* 6. *eaten* 7. *liked* 8. *went* 9. *let's* 10. *Fine*

SIXTH REVIEW

A. *Complete the following comparative sentences.* (Complete las siguientes estructuras comparativas.)

EXAMPLE: Peter drives very fast. John drives very fast as well.
Peter drives <u>as fast as</u> John.

1. Ann has to clean the bathroom, vacuum, and wash the dishes while Peter only has to cook once in a while. Ann has _____ chores around the house than Peter.
2. Steve drives slow, but Mary drives even _____.
3. Right now, it's 2:00. James goes to work at 3:00, and Linda goes at 5:00. He has _____ time than Linda to go to the market.
4. You should behave a little _____ politely with the customers.
5. Karen had two accidents last year. Tony had two accidents as well. Karen drives _____ recklessly _____ Peter does.

B. *Translate into English.* (Traduzca al inglés.)

1. No tengo que trabajar mañana.
2. Tiene que llevar una licencia de conducir. (obligación)
3. En áreas escolares, no tiene permiso para manejar a más de 15 millas por hora.
4. La calefacción de la casa no funciona. Tienes que llamar al dueño del edificio.
5. No tiene permiso para manejar sin seguro de auto.

C. *Fill in the blanks to complete the dialogue.* (Llene los espacios en blanco para completar el diálogo.)

| available | help | beds | much | would like | one |
| thanks | prefer | up | keys | credit card | |

AT A HOTEL.

Roger: Good afternoon.
Employee: Yes. How may I _____ you?
Roger: I _____ to get a room for tonight, please.
Employee: Let me see if we have anything _____. I'll just look it _____ in the computer here.
Roger: If it's possible, I'd _____ a suite.
Employee: Actually, we do have a suite available. Do you prefer two _____ or one king-size bed?
Roger: Just _____ bed please.
Employee: How many nights?
Roger: Just one. How _____ does it cost per night?
Employee: $150.00.

Roger: OK.
Employee: Would you like to pay cash or with a _____?
Roger: Oh, a credit card.
Employee: OK, sir. Your room number is 254 and these are your _____. Anything else?
Roger: No, _____.
Employee: Enjoy your stay.

D. *Complete the sentences using the appropriate tense (present, past, present perfect, future, etc.). (Complete las oraciones usando el tiempo apropiado.)*

EXAMPLE: *The manager will call (to call-affirmative) the tenants tomorrow.*

1. The hotel _____ (to have-negative) any rooms available yesterday.
2. I _____ (to see-negative) so much traffic since last summer.
3. The faucet _____ (to leak-negative) right now.
4. The air conditioner _____ (to be-affirmative) broken since last month.
5. My wife _____ (to hire-affirmative) a handyman last summer.
6. Ann _____ (to vacuum-affirmative) the living room last week.
7. Sharon _____ (to get married-affirmative) next month.

E. *Form sentences as indicated in parentheses. (Forme oraciones como se indica entre paréntesis.)*

EXAMPLES: *I/drive to work/tomorrow. (obligation-negative)*
I don't have to drive to work tomorrow.
You/drive/over the speed limit. (not allowed)
You mustn't drive over the speed limit.

1. You/make a hotel reservation. (obligation)
2. I/call the landlord. (obligation-negative)
3. You/drive over 25 miles per hour. (not allowed)
4. I already fixed the oven. You/call the landlord. (obligation-negation)
5. This car is too old. I/sell it. (obligation)

F. *Use "already, yet, ever, never, and since" to complete the following sentences. (Use already, yet, ever, never, y since para completar las oraciones.)*

EXAMPLE: *Have you ever visited New York?*
It's a very vibrant city.

1. The handyman fixed the heater _____.
2. I've been working for this company _____ 1971.
3. Ann has _____ been married.
4. Have you _____ tried to hire a handyman? It's a nightmare.
5. Peter hasn't been to San Francisco _____. But he'll be there next summer.
6. My wife called the landlord _____.

ANSWERS

A. 1. *more* 2. *slower* 3. *less* 4. *more* 5. *as, as*
B. 1. *I don't have to work tomorrow.* 2. *You must/have to carry a driver's license.* 3. *In school zones, you musn't drive over 15 miles per hour.* 4. *The heater doesn't work. You have to call the landlord.* 5. *You musn't drive without car insurance.*
C. 1. *help* 2. *would like* 3. *available* 4. *up* 5. *prefer* 6. *beds* 7. *one* 8. *much* 9. *credit card* 10. *keys* 11. *thanks*
D. 1. *didn't have* 2. *haven't seen* 3. *isn't leaking* 4. *has been* 5. *hired* 6. *vacuumed* 7. *will get married/is going to get married*
E. 1. *You must/have to make a hotel reservation.* 2. *I don't have to call the landlord.* 3. *You musn't drive over 25 miles per hour.* 4. *I already fixed the oven. You don't have to call the landlord.* 5. *This car is too old. I must/have to sell it.*
F. 1. *already* 2. *since* 3. *never* 4. *ever* 5. *yet* 6. *already*

READING 3

A TRIP TO CALIFORNIA

Steve and Sandy Smith have decided to get away[1] from the cold weather in Minnesota and take a vacation to California. The climate there is usually warmer than in Minnesota. They have been planning this trip for months. First, they will fly to Los Angeles. They have already rented a car there because they want to have the flexibility to visit different cities at their own pace.[2] While in Los Angeles, they are going to visit Malibu Beach. They have also scheduled[3] visits to two of the most famous museums in the area: The Museum of Contemporary Art and the Huntington Library and Botanical Gardens.[4]

After a few days, they have planned to drive north and stop in the wine country of California. The Napa Valley is especially well-known[5] for its wines and beautiful scenery. Its wineries[6] produce some of the finest wines available.

For the last stop of their vacation, Steve and Sandy will visit the city by the bay: San Francisco. Perhaps[7] the most famous image of this city is the Golden Gate Bridge. This city also offers a wealth of ethnic and cultural diversity, which includes Asians, Hispanics, and Italians. And of course, any visit to San Francisco would be incomplete without a stroll[8] around Fisherman's Wharf. This shopping and dining area is located right on the waterfront and is frequented by both locals and tourists.

1. *to get away* — salirse, escaparse
2. *at their own pace* — a su propio ritmo, cuando lo decidan
3. *to schedule* — incluir en el itinerario
4. *botanical gardens* — jardines botánicos
5. *well-known* — muy conocido
6. *winery* — lugar donde se prepara el vino
7. *perhaps* — quizás
8. *a stroll* — un paseo a pie

LESSON 31
SUMMER IN THE USA.   El verano en los EE.UU.

A. DIALOGUE

AT A BARBECUE.

DAVID: **John, Mary, you made it. Better late than never.**

JOHN: **Well, the directions you gave me were very confusing.**

DAVID: **I apologize. Come on, taste the hors d'oeuvres over here.**

MARY: **Mmm, they're delicious. The person who made them must be a professional.**

DAVID: **My wife Jessica prepared them.**

JOHN: **Where is she, anyway?**

DAVID: **She went to pick up Tommy from summer camp.**

JOHN: **Hey, is it the same one that we went to?**

DAVID: **Yes. Remember our swimming coach?**

JOHN: **Of course. He's the one who taught me how to swim. Have you seen him lately?**

DAVID: **He's the director now.**

JOHN: **Wow, he's moving up in the world.**

MARY: **Is he the one whose son won the swimming competition last year?**

JOHN: **Yeah. That's him.**

DAVID: **OK. The food is ready. Here are the delicious ribs that I promised you.**

MARY: **I'm so hungry.**

EN UNA PARRILLADA.

DAVID: John, Mary, finalmente llegaron. Más vale tarde que nunca.

JOHN: Es que las instrucciones que me diste eran muy confusas.

DAVID: Les pido disculpas. Vengan, tienen que probar los aperitivos.

MARY: Mmm. Están deliciosos. La persona que los preparó debe ser un profesional.

DAVID: Mi esposa Jessica los preparó.

JOHN: ¿Y dónde está?

DAVID: Fue a recoger a Tommy al campamento de verano.

JOHN: Oye, ¿es el mismo al que nosotros íbamos?

DAVID: Sí. ¿Recuerdas al nuestro entrenador de natación?

JOHN: Claro. El es el que me enseño a nadar. ¿Lo has visto últimamente?

DAVID: El es el director ahora.

JOHN: Mira, va progresando.

MARY: ¿Es éste el señor cuyo hijo ganó la competencia de natación el año pasado?

JOHN: Sí, es él.

DAVID: Bien. La comida está lista. Estas son las deliciosas costillas que les prometí.

MARY: Yo tengo mucha hambre.

B. GRAMMAR AND USAGE

1. CLÁUSULAS Y PRONOMBRES RELATIVOS. *RELATIVE CLAUSES AND PRONOUNS.*

Las cláusulas relativas sirven para describir o dar más explicación acerca del sustantivo que les precede. La cláusula relativa ayuda a clarificar el sustantivo con relación a otros sustantivos en la misma clase. Se pueden unir dos oraciones usando los pronombres relativos.

This is my son.
Este es mi hijo.

He won the swimming competition.
El ganó la competencia de natación.

This is my son who won the swimming competition.
Este es mi hijo quien ganó la competencia de natación.

Tommy went to summer camp.
Tommy fue a un campamento de verano.

I learned to swim in that summer camp.
Yo aprendí a nadar en ese campamento de verano.

Tommy went to the summer camp where I learned how to swim.
Tommy fue al campamento de verano donde yo aprendí a nadar.

Los pronombres relativos que aparecen al principio de las cláusulas pueden tener como referencia una cosa o una persona. Estos pueden ser diferentes, según funcionen como sujetos, objetos o posesivos. Compare:

	SUJETO	OBJETO	POSESIVO
PERSONAS	who that	who/whom that	whose
COSAS	which that	which that	whose/of which

2. CLÁUSULAS RELATIVAS CON SUJETOS.
RELATIVE CLAUSES WITH SUBJECTS.

Una cláusula relativa puede tener un pronombre de sujeto y éste se puede referir a una persona o una cosa. Es necesario usar los pronombres relativos apropiados. Sin embargo, en inglés, los pronombres relativos no concuerdan en número ni en género. Cuando se refiere a una persona, se usa el pronombre *who,* y ocasionalmente también se usa *that.*

This is my brother.   *He prepared the ribs.*
    Este es mi hermano.   El preparó las costillas.

This is my brother who prepared the ribs.
    Este es mi hermano quien preparó las costillas.

The person who made these ribs must be a professional cook.
    La persona que preparó estas costillas debe ser un cocinero profesional.

Mr. Hawkins is the one that taught me how to swim in camp.
    El señor Hawkins es quien me enseñó a nadar en el campamento.

Cuando se refiere a una cosa, entonces se usan los pronombres relativos *which* o *that.* En este caso, *which* es el más formal de los dos.

These are the hors d'oeuvres that taste really good.
    Estos son los aperitivos que saben tan sabrosos.

Peter gave us some directions which were not very clear.
    Peter nos dio instrucciones que no eran muy claras.

3. CLÁUSULAS RELATIVAS CON OBJETOS.
RELATIVE CLAUSES WITH OBJECTS.

La cláusula relativa también puede usar un pronombre de objeto, el cual puede referirse a una persona o a una cosa. Cuando se refiere a una persona, entonces se usa el pronombre *whom*.

The man whom I saw was the director of the summer camp.
El hombre que vi era el director del campamento de verano.

Sin embargo, es muy formal y en el habla regular se utiliza más simplemente *who* o *that*.

The man who I saw was the director of the summer camp.
The man that I saw was the director of the summer camp.
El hombre que vi era el director del campamento de verano.

El inglés inclusive permite la omisión del pronombre relativo cuando es uno de objeto. Compare:

The man I saw was the director of the summer camp.
El hombre que vi era el director del campamento de verano.

Cuando se refiere a una cosa, entonces se pueden usar los pronombres relativos *which* o *that*.

The directions which you gave me were very confusing.
The directions that you gave me were very confusing.
Las instrucciones que me diste eran muy confusas.

Además, a veces se puede omitir el pronombre relativo por completo.

The directions you gave me were very confusing.
Las instrucciones que me diste eran muy confusas.

A veces se usan los pronombres relativos que funcionan como objetos indirectos (que aparecen después de una preposición). En estos casos se usan los pronombres *whom/which* o *that*. (Recuerde que *whom* se usa sólamente para personas.)

My son went to a summer camp.
It's the same camp to which I went when I was a child.
It's the same camp that/which I went to when I was a child.
It's the same camp I went to when I was a child.
Mi hijo fue a un campamento de verano. Es el mismo campamento al que yo iba cuando era niño.

Mr. Rogers is the man to whom I spoke at the camp.
Mr. Rogers is the man whom/that I spoke to at the camp.
Mr. Rogers is the man I spoke to at the camp.
  El señor Rogers es el hombre con quien hablé en el campamento.

4. CLÁUSULAS RELATIVAS CON POSESIVOS. *RELATIVE CLAUSES WITH POSSESSIVES.*

Whose es el único pronombre relativo que se usa para describir posesión por parte de un antecedente que es usualmente una persona y a veces una cosa.

Mary wrote some songs.
  Mary escribió algunas canciones.
	I can't remember the names of those songs.
	  No puedo recordar los nombres de esas canciones.

Mary wrote some songs whose names I can't remember.
  Mary escribió algunas canciones cuyos nombres no puedo recordar.

He's the man whose son was in the swimming competition.
  El es el hombre cuyo hijo estuvo en la competencia de natación.

C. VOCABULARY

NOUNS

barbecue	parrillada/asado/barbacoa
hors d'oeuvre/appetizer	aperitivo
summer	verano
camp	campamento
professional	profesional
swimming	natación
coach	entrenador
director	director
world	mundo

VERBS

to prepare	preparar
to make it	lograr algo
to taste	probar
to taste (like)	saber (a algo)
to pick up	recoger
to move up *(in the world)*	progresar
to recall/to remember	recordar

OTHER USEFUL WORDS

lately últimamente
finally finalmente
anyway de todos modos

EXERCISES

A. *Translate into English.* (Traduzca al inglés.)
1. La persona que preparó esta comida es un cocinero profesional.
2. Los chicos que fueron al campamento de verano van a regresar este sábado.
3. Mi esposo sabe cocinar hamburguesas muy bien.
4. Mary es la entrenadora que enseñó a mi hijo a nadar.
5. Estas costillas están buenísimas.

B. *Use the provided vocabulary to complete the dialogue.* (Use el vocabulario proporcionado para completar el diálogo.)

good	who	join	anything	that
money	too	have	barbecue	

PLANS FOR THE 4TH OF JULY.

Tom: Hi, Al. Do you _____ any plans for the 4th of July?
Al: No. I'm going to cancel the party _____ I was going to organize.
Tom: How come?
Al: It's _____ expensive. I don't have enough _____.
Tom: Well, we're going to a _____ at the beach. You're welcome to _____ us.
Al: OK. Thank you. Should I bring _____?
Tom: I'll give you Mary's phone number. She's the one _____ is organizing everything.
Al: OK. Sounds _____.

C. *Use relative clauses to join the paired sentences.* (Use cláusulas relativas para unir los pares de oraciones.)

EXAMPLE: The chef made the food for our party.
The chef works at an Italian restaurant.
The chef who/that works at an Italian restaurant made the food for our party.

1. The coach is now the director of a summer camp. The coach taught me how to swim.

2. *The directions were confusing. I gave directions to the party.*
3. *The 4th of July party was a lot of fun. I was invited to a 4th of July party.*
4. *These are the delicious ribs. I promised you ribs.*
5. *Mary has two children. Mary's children went to summer camp.*

D. *Suggested activities.* (Otras actividades sugeridas.)

1. Imagine que Ud. va a ofrecer una parrillada para varios amigos. Haga una lista de cosas que va a necesitar para esta ocasión.

CULTURAL NOTE

El verano es muy especial en los Estados Unidos. En el mes de junio hay muchas graduaciones en las diferentes escuelas y universidades de todo el país. Durante los meses de junio, julio y agosto, mucha gente sale de vacaciones para aprovechar el buen clima y la belleza natural. Además, el 4 de julio se celebra la independencia de este país. Es tradicional hacer un *barbecue* (asado/parrillada) familiar en este día tan especial. Algunas de las comidas típicas de un *barbecue* son hamburguesas, *hot dogs,* bistecs y pechugas de pollo. Al final del día, casi todas las ciudades tienen un espectáculo de fuegos artificiales para celebrar el aniversario de la independencia.

Hay muchas actividades de verano. Por ejemplo, los estudiantes pueden asistir a la escuela de verano para avanzar en sus estudios o para recuperar materias que no han aprobado durante el año escolar regular. Otra posibilidad para los jóvenes es conseguir un empleo de verano, los cuales son muy populares en esta temporada. Además, muchos adolescentes y niños van a campamentos de verano, donde pueden practicar varios deportes y acampar en varios lugares naturales.

ANSWERS

A. 1. *The person who prepared this food is a professsional cook.* 2. *The kids who went to summer camp are going to come back this Saturday.* 3. *My husband knows how to cook hamburgers very well.* 4. *Mary is the coach who taught my son (how) to swim.* 5. *These ribs are very good.*
B. 1. *have* 2. *that* 3. *too* 4. *money* 5. *barbecue* 6. *join* 7. *anything* 8. *who* 9. *good*
C. 1. *The coach who/that taught me how to swim is now the director of a summer camp.* 2. *The directions (that) I gave to the party were confusing.* 3. *The 4th of July party (that) I was invited to was a lot of fun.* 4. *These are the delicious ribs (that) I promised you.* 5. *Mary has two children who/that went to summer camp.*

LESSON 32
POLITICS AND DEMOCRACY. Política y democracia.

A. DIALOGUE

DISCUSSING POLITICS.

BOB: **Have you been following the presidential campaign this year?**

CHRIS: **More or less. I watched the debate last night.**

MARTHA: **Me too. I liked the Republican candidate.**

BOB: **Really? He's too conservative for me. I know he has gone up in the polls lately, but I think he lost the debate last night.**

CHRIS: **I don't think so. As usual, he showed that he's well informed and that he's a terrific speaker.**

MARTHA: **Besides, he has a lot of experience in Washington, D.C., where he's very well respected. He's a former senator.**

BOB: **Well, I think that the Democrats have a better platform.**

CHRIS: **I haven't made up my mind yet. I still don't know who to vote for.**

HABLAR DE LA POLÍTICA.

BOB: ¿Has seguido de cerca la campaña presidencial este año?

CHRIS: Más o menos. Anoche vi el debate.

MARTHA: Yo también. Me gusta el candidato republicano.

BOB: ¿De veras? Es demasiado conservador para mí. Sé que ha ganado terreno en las encuestas últimamente, pero creo que perdió el debate de anoche.

CHRIS: Yo no lo creo así. Como de costumbre, demostró que estaba bien informado y que es un excelente orador.

MARTHA: Además, tiene mucha experiencia en Washington, D.C., donde es muy respetado. Antes fue senador.

BOB: Pues, creo que los demócratas tienen una plataforma mejor.

CHRIS: Todavía no me he decidido. Aún no sé por quien votar.

B. GRAMMAR AND USAGE

1. *WHERE* Y *WHEN* COMO PRONOMBRES RELATIVOS. *"WHEN" AND "WHERE" AS RELATIVE PRONOUNS.*

Where se refiere a algún lugar que ya ha sido mencionado anteriormente en la cláusula principal. Se puede usar como parte de una cláusula relativa y sirve para reemplazar a *in which, at which, to which,* etc., cuando se trata de un lugar. Como todas las frases relativas, sirve para combinar dos cláusulas.

California is a beautiful state.
Senator Lee was elected there.
California is the beautiful state where Senator Lee was elected.
California es el bonito estado donde se eligió al senador Lee.

She has worked in Washington, D.C.
She is well-respected there.
She has worked in Washington, D.C., where she is well-respected.
Ella ha trabajado en Washington, D.C., donde es muy respetada.

When se refiere a un momento o tiempo mencionado previamente en la cláusula principal. Al igual que *where,* también se puede usar para unir dos cláusulas o para reemplazar algunas frases con *in which, on which,* etc. Estos usos normalmente se refieren a expresiones de tiempo tales como *day, month* o *year.*

1992 was a year of elections.
President Clinton took office.
1992 was the year (when) President Clinton took office.
1992 fue el año cuando el presidente Clinton asumió su cargo.

Al igual que otras cláusulas relativas, se puede omitir *when* y *where* cuando la relativa es mandatoria.

2. CLÁUSULAS RESTRICTIVAS Y NO RESTRICTIVAS Y SU PUNTUACIÓN. *RESTRICTIVE AND NONRESTRICTIVE CLAUSES AND THEIR PUNCTUATION.*

a. Cláusulas restrictivas. *Restrictive clauses.*

La cláusulas adjetivales o relativas "restrictivas" son aquellas que no necesitan comas. No se usan comas si la cláusula relativa es necesaria para modificar al sustantivo que describe.

The senator who gave the speech is the Democratic candidate.
El senador que pronunció el discurso es el candidato demócrata.

The candidate who lost in the polls is from Texas.
El candidato que perdió en las encuestas es de Texas.

    b. Cláusulas no restrictivas. *Nonrestrictive clauses.*

Las cláusulas relativas que necesitan comas se llaman "no restrictivas." En este caso, la cláusula relativa simplemente da más información pero no es necesaria para identificar al sustantivo que modifica. Por lo general, se usan comas si la cláusula relativa modifica un nombre propio.

Senator Jones, who is from Iowa, lost the election.
El senador Jones, que es de Iowa, perdió las elecciones.

Mr. Rogers, who works at the university, gave a great speech.
El Sr. Rogers, quien trabaja en la universidad, dio un discurso excelente.

Cuando se usan comas, no se puede usar el pronombre relativo *that*. Pero cuando no se usan, sí se puede usar. Compare:

Mrs. Jones, whom I saw yesterday, lived in Washington, D.C.
El Sr. Jones, a quien vi ayer, vivió en Washington, D.C.

The lady (whom/that) I saw yesterday lived in Washington, D.C.
La señora que vi ayer vivió en Washington, D.C.

3. EL USO DE *TO, TOO* Y *TWO*. THE USE OF "TO," "TOO," AND "TWO."

Estas palabras con frecuencia se confunden debido a su pronunciación similar. Sin embargo, tienen significados completamente diferentes. Compare:

    a. *To*

Esta palabra se usa como preposición (a, para), o también como marcador de verbo en infinitivo, o sin conjugar.

Chris went to Washington, D.C. last week.
Chris fue a Washington, D.C. la semana pasada.

She studied a lot (in order) to do well on the exam.
Ella estudió mucho para poder salir bien en el examen.

Bob wants to vote today.
Bob quiere votar hoy.

b. *Too*

Esta palabra es muy parecida en uso a la palabra *also,* que significa "también." Normalmente se usa al final de las frases afirmativas y en las correspondientes respuestas cortas.

I like the Republican candidate.
Me gusta el candidato republicano.

I like him, too./Me too.
A mí también me gusta./A mí también.

Además, *too* puede calificar un adjetivo con el sentido de "demasiado."

The Republican candidate is too conservative.
El candidato republicano es demasiado conservador.

c. *Two*

Esta palabra significa solamente el número dos.

This year we have two excellent candidates for president.
Este año tenemos dos candidatos excelentes para presidente.

Chris has two brothers who want to be politicians.
Chris tiene dos hermanos que quieren ser políticos.

C. VOCABULARY

NOUNS

campaign	campaña
debate	debate
candidate	candidato
poll	encuesta
capacity	capacidad
speech	discurso
argument	discusión
senator	senador
speaker	orador
political party	partido político
Republican	republicano
Democrat	demócrata
experience	experiencia

VERBS

to vote	votar
to follow	seguir
to defeat	vencer
to choose	escoger, seleccionar
to rise	subir, aumentar
to present	presentar
to elect	elegir
to gain	subir, adelantar
to make up one's mind	decidir

ADJECTIVES

political	político/a
presidential	presidencial
conservative	conservador/a
liberal	liberal
republican*	republicano/a
democratic*	demócratico/a
educated	educado/a
respected	respetado/a
former	anterior, previo/a
defeated	vencido/a
terrific	excelente
well-liked	apreciado/a
well-informed	bien informado/a
most	la mayoría

EXERCISES

A. *Use the following vocabulary to fill in the blanks and complete the dialogue.* (Use el siguiente vocabulario para llenar los espacios en blanco y completar el diálogo.)

to eat	cafeteria	where	presidents
too	to discuss	when	

A GROUP OF STUDENTS AFTER A HISTORY CLASS.

Emily: Finally! I was falling asleep in class.
Bob: Me _____. It was about 9 o'clock _____ I started to fall asleep.

* Se escribe con mayúscula cuando se refíere al partido político.

Edward: I thought it was interesting when the professor began _____ politics.
Emily: Well, I thought that his comments on former _____ were very interesting.
Bob: I agree. But I was really hungry and I wanted something _____.
Edward: Let's go to the _____.
Bob: Sure, that's _____ the rest of our friends are going to be.

B. *Translate into English.* (Traduzca al inglés).

1. Este mes, Peter va a visitar Washington, D.C.
2. Este es el lugar donde vivió el senador White.
3. El candidato educado no ganó las elecciones.
4. El año pasado Bob votó por primera vez.
5. Hay dos candidatos para senador, pero no me gusta ninguno de ellos.

C. *Fill in the blanks using "to," "too," or "two."* (Llene los espacios en blanco usando *to, too,* o *two.*)

1. Bob went _____ Texas last year.
2. I prefer the Republicans, but I like the Democrats _____.
3. I haven't been impressed with the last _____ presidents.
4. Chris would like _____ live in Washington, D.C.
5. My _____ brothers hate to talk about politics.

D. *Combine the pairs of sentences using "where" or "when."* (Combine los pares de oraciones usando *where* o *when.*)

EXAMPLE: The city is very beautiful. Bob lives there.
The city where Bob lives is very beautiful.

1. 1963 was a terrible year. President Kennedy died then.
2. The city is not very clean. My sister lives there.
3. It was a very cold month. Bob arrived in New York then.
4. I don't like the town. My parents live there.
5. Saturday was a very cold night. Everybody watched the debate on Saturday.

E. *Suggested activities.* (Otras actividades sugeridas.)

1. En una elección presidencial ¿Por quién votaría? ¿Por qué?
2. ¿Cuáles son los 3 temas políticos más importantes para usted? ¿Por qué? Discuta eso con un amigo.

CULTURAL NOTE

Los Estados Unidos tienen un gobierno democrático, y hay elecciones presidenciales cada cuatro años. Washington, D.C. es el centro del gobierno federal. Los presidentes se pueden reelegir sólamente una vez, lo que hace posible que permanezcan en el poder por un período de ocho años consecutivos. Pero cada elección lleva consigo una serie de campañas políticas que sirven inicialmente para reducir la cantidad de candidatos a la presidencia. Normalmente, la disputa por el más alto puesto político del país es entre los dos partidos de más fuerza: el republicano y el demócrata. Cada uno de estos dos partidos tiene una infraestructura bastante desarrollada para apoyar a sus candidatos por medio de promociones y anuncios publicitarios. Además de estos partidos, también existen candidatos que se presentan ocasionalmente como parte de un partido independiente. Obviamente, al igual que todas las elecciones, las campañas consisten en hacer promesas y tratar de ofrecer opiniones al público acerca de lo que se piensa que es un tema crucial en el clima político y económico del momento, tales como más empleos, educación, etc. Durante estas campañas políticas siempre se investigan hasta los más mínimos detalles de la vida privada de los candidatos.

ANSWERS

A. 1. *too* 2. *when* 3. *to discuss* 4. *presidents* 5. *to eat* 6. *cafeteria*
   7. *where*
B. 1. *This month, Peter is going to visit Washington, D.C.* 2. *This is the place where Senator White lived.* 3. *The educated candidate didn't win the election.* 4. *Bob voted for the first time last year.* 5. *There are two candidates for senator, but I don't like either of them.*
C. 1. *to* 2. *too* 3. *two* 4. *to* 5. *two*
D. 1. *1963 was the terrible year when President Kennedy died.* 2. *The city where my sister lives is not very clean.* 3. *It was a very cold month when Bob arrived in New York.* 4. *I don't like the town where my parents live.* 5. *The Saturday when everybody watched the debate was a very cold night.*

LESSON 33

TRAVELING ABROAD.   Viajar al extranjero.

A. DIALOGUE

AT A TRAVEL AGENCY.

JOHN: Hi. I was supposed to pick up my tickets today.

AGENT: Yes, I remember. Please take a seat.

JOHN: Were you able to get me a discount after all?

AGENT: Yes, I got 10% off for you.

JOHN: That's good news.

AGENT: OK. Here are your cruise vouchers, your plane tickets, and a complete itinerary.

JOHN: Is that everything?

AGENT: Well, you know you have to get a passport, right?

JOHN: Yes. I went to the post office, but it was closed.

AGENT: Well, you really ought to go to the Federal Building directly. It'll be faster.

JOHN: Thanks for the tip, but I'd rather wait for the post office to open. The Federal Building is all the way downtown.

AGENT: Yes, but you might not get it in time. Is there anything else I can do for you?

JOHN: No, thanks.

AGENT: Well, have a great trip.

EN UNA AGENCIA DE VIAJES.

JOHN: Hola. Se suponía que iba a recoger mis boletos hoy.

AGENTE: Sí, lo recuerdo. Siéntese por favor.

JOHN: ¿Y al final pudo conseguirme un descuento?

AGENTE: Sí, pude conseguirle un 10% de descuento.

JOHN: Esa es una buena noticia.

AGENTE: Bien. Aquí tiene sus documentos para el crucero, sus boletos para el vuelo y un itinerario completo.

JOHN: ¿Es todo?

AGENTE: Bueno, sabe que tiene que sacar el pasaporte, ¿verdad?

JOHN: Sí. Fui a la oficina de correos pero estaba cerrada.

AGENTE: Bueno, en realidad debería ir directamente al edificio federal. Será mucho más rápido.

JOHN: Bien. Gracias por el consejo, pero prefiero esperar a que abra la oficina de correos. El edificio federal está allá en el centro.

AGENTE: Si, pero es posible que no lo reciba a tiempo. ¿Le puedo ayudar en algo más?

JOHN: No, gracias.

AGENTE: ¡Bien, que tenga un buen viaje!

B. GRAMMAR AND USAGE

1. LOS VERBOS MODALES: TIEMPOS Y ALTERNATIVAS. *MODALS: TENSES AND ALTERNATIVES.*

En la lección 9 ya vimos el uso en el presente de algunos verbos modales como *can, may, might,* y *must.* En esta sección vamos a ver su uso en diferentes tiempos y algunas alternativas para expresar un significado similar.

a. *can/to be able to*

Can generalmente se usa para expresar habilidad. También se puede usar en el pasado *could* con el mismo significado. El participio pasado de *can* (*could* + *have* + participio) implica que algo pudo haber ocurrido pero no llegó a suceder. Este verbo modal no tiene tiempo futuro. Compare:

Emily couldn't go to the travel agency yesterday. She was very tired.
Emily no pudo ir a la agencia de viajes ayer. Estaba muy cansada.

John could have been a successful lawyer. But he became an accountant instead.
John pudo haber sido un abogado con éxito. Pero en lugar de eso se hizo contador.

Una alternativa al verbo modal *can* es *to be able to.* Se puede usar en todos los tiempos.

I wasn't able to get my passport because the post office was closed.
No pude sacar mi pasaporte porque la oficina de correos estaba cerrada.

When I was younger, I was able to run 10 miles a day.
Cuando era joven, podía correr 10 millas por día.

b. *must/to have to*

Must se usa para expresar obligación. Como lo mencionamos anteriormente, *must* es similar en significado a la estructura *have to*, cuyo pasado es *had to*.

I had to go to the post office, but I didn't have time.
Tenía que ir a la oficina de correos pero no tuve tiempo.

La negación *mustn't* no es simplemente lo opuesto, sino que tiene una connotación diferente. Significa no tener permiso para algo (*to not be allowed to*).

American citizens mustn't travel to certain countries without a passport.
Los ciudadanos estadounidenses no tienen permiso para viajar a ciertos países sin pasaporte.

Otro uso especial de este verbo modal es *must have* que significa "probablemente."

I don't know why I got a refund of $25 from Tiki Airlines. The price of my flight must have gone down.
No sé por qué recibí un reembolso de $25 de parte de Aerolíneas Tiki. Probablemente bajó el precio de mi vuelo.

c. *should*

Should se usa tradicionalmente para dar una sugerencia o consejo. Se puede usar en el presente y en el participio presente. La estructura (*should* + *have* + participio) implica que algo debería haber ocurrido pero no llegó a suceder. También puede ser que no debería haber ocurrido y sí llegó a suceder.

You should have made your plane reservations in advance.
Debería haber hecho sus reservaciones de vuelo por adelantado.

She should have paid for the tickets immediately.
Ella debería haber pagado por los boletos inmediatamente.

You shouldn't have made your reservations so late.
No debiste haber hecho tus reservaciones tan tarde.

You shouldn't have waited so long to buy your tickets.
No debiste haber esperado tanto para comprar tus boletos.

d. *ought to*

El uso de *ought to* es muy parecido al uso de *should,* pero espicífacmente se usa para expresar obigación moral o decoro social.

I ought to send some money to my parents in Canada.
Debería mandar algo de dinero a mis padres en Canadá.

My friend invited us to dinner. We ought to give her a gift of appreciation.
Mi amiga nos invitó a cenar. Deberíamos darle un regalo de reconocimiento.

e. *may/might*

May/might expresan posibilidad en el presente y en el futuro.

He may/might be at the airport. (presente)
Quizás esté en el aeropuerto.

She may/might come to the party. (futuro)
Quizás ella venga a la fiesta.

Puede tener otro significado cuando se usa con el presente perfecto (*may/might* + *have* + participio).

We had a great offer last week. I might have gotten you a discount on the hotel reservations.
Tuvimos una gran oferta la semana pasada. Te hubiera podido conseguir un descuento en las reservaciones de hotel.

2. WOULD RATHER.

Esta expresión se usa para indicar preferencia por alguna cosa, pero con relación a otra. Puede sustituir al verbo *prefer*. La estructura es: *would rather* + infinitivo sin *to*. Muchas veces se usa la contracción: *I'd rather, we'd rather, etc.*

I like Thailand, but I'd rather go to Brazil this year.
Me gusta Tailandia, pero preferiría ir a Brasil este año.

I like trains, but I'd rather travel by plane.
Me gustan los trenes, pero preferiría viajar en avión.

Además, esta misma expresión se puede usar en el pasado. En este caso, tiene la siguiente estructura:

> *would rather* + *have* + participio pasado
> *would* + *have* + *rather* + participio pasado.

I enjoyed visiting the museums in Miami, but I'd rather have gone to the beach.
Distruté visitando los museos en Miami, pero hubiera preferido ir a la playa.

Bob received his plane tickets today, but he'd rather have picked them up last week.
Bob recibió sus boletos de avión hoy, pero hubiera preferido recogerlos la semana pasada.

I finally got my passport at the Federal Building, but I still would rather have gone to my local post office.
Finalmente saqué mi pasaporte en el edificio federal, pero hubiera preferido ir a la oficina de correos local.

3. *SUPPOSED TO/HAVE GOT TO/HAD BETTER.*

Estas expresiones tienen usos variados. *To be supposed to* se usa para expresar algo esperado.

I was supposed to make reservations in advance, but I forgot to do it. So, now it'll cost us more money.
Se suponía que yo iba a hacer las reservaciones por adelantado, pero se me olvidó hacerlo. Así que ahora nos va a costar más caro.

Have got to se usa para expresar necesidad. Su uso es muy frecuente en el habla informal. Tiene el mismo significado que *have to*. No tiene otra forma ni en el pasado ni en el futuro. Para el pasado se usa *had to*.

It's late. I've got to go.
Es tarde. Me tengo que ir.

I've got to go to the bank before five.
Tengo que ir al banco antes de las cinco.

Have got to no se usa en formas interrogativas.

Had better expresa una recomendación o sugerencia. Es muy parecido a *should* y *ought to*. La estructura es:

> had better + (not) + infinitivo sin *to*.

Las contracciones son: *I'd better, we'd better,* etc.

We'd better be careful. I don't want to lose the cruise vouchers.
Más vale que tengamos cuidado. No quiero perder los cupones del crucero.

We'd better not leave anything out in the customs declaration form.
Mas vale que no dejemos nada en blanco en el formulario de la declaración de aduana.

Al igual que *have got to,* no tiene forma ni en el pasado ni en el futuro y tampoco se usa en formas interrogativas.

C. VOCABULARY

NOUNS

travel agency	agencia de viajes
discount	descuento
ticket	boleto, billete
trip	viaje
cruise	crucero
voucher	cupón
tip	consejo, propina
downtown	centro de la cuidad

VERBS

to suppose	suponer
to pick up	recoger
to manage	lograr, manejar
to enjoy oneself	divertirse

ADJECTIVES

additional	adicional
complete	completo/a
rather	mejor

OTHER USEFUL WORDS AND EXPRESSIONS

directly	directamente
after all	después de todo
Have a good trip!	¡Buen viaje!
% off	% de descuento

EXERCISES

A. *Negate the following sentences.* (Cambie las siguientes oraciones a la forma negativa.)

EXAMPLE: You should work at night.
You shouldn't work at night.

1. We had to go to the airport at 3 P.M.
2. You were supposed to take your children on vacation this year.
3. You should fly early in the morning.
4. The hotel where I stay in Arizona is very nice.
5. You have to travel on weekends.

B. *Circle the word that does NOT belong in the group of words.* (Marque con un círculo la palabra que no pertenece al grupo de palabras.)

1. airplane, cruise, train, book
2. trip, vacation, Canada, get away
3. additional, extra, more, voucher
4. travel agency, train station, airport, additional
5. tickets, hotel, motel, resort

C. *Change the modal verbs to the past tense as indicated.* (Cambie los verbos modales al pasado como se indica.)

EXAMPLE: I might visit France next year.
I might <u>have visited</u> France last year.

1. She _____ (can) have been a travel agent.
2. My mother was sick last year. She _____ (cannot) travel to Jamaica in December.
3. You should _____ _____ (to get) your passport earlier.
4. The travel agent _____ _____ _____ (may be) able to get a discount for us, but she didn't.

D. *Translate into English.* (Traduzca al inglés.)

1. Tengo que viajar a Argentina. Es una emergencia.
2. Me gustan las montañas, pero preferiría ir a la playa.
3. No pude ir a México el año pasado. No tenía dinero.
4. Tienes que hacer tus reservaciones mañana.
5. Fui a Italia el año pasado, pero hubiera preferido visitar Alemania.

E. *Suggested activities.* (Otras actividades sugeridas.)

1. Llame por teléfono a una agencia de viajes. Pregunte si hay algún especial para tomar un crucero en el Caribe. También pregunte que cosas están incluidas en el precio.

CULTURAL NOTE

Los habitantes de los Estados Unidos viajan mucho dentro del país, pero también existe una gran afición por visitar lugares en el extranjero. Dependiendo del lugar de residencia en los EE.UU., algunos de los lugares preferidos en el extranjero incluyen a los países vecinos de México y Canadá. Otro lugar que atrae mucho turismo de los EE.UU., especialmente durante el invierno, es el Mar Caribe, debido a su variedad de playas e islas y por su proximidad a la costa del este de los EE.UU. También, a pesar de la caída del dólar con respecto a las divisas europeas, Europa continúa siendo uno de los destinos más populares para visitar, especialmente durante el verano.

ANSWERS

A. 1. *We didn't have to go to the airport at 3 P.M.* 2. *You weren't supposed to take your children on vacation this year.* 3. *You shouldn't fly early in the morning.* 4. *The hotel where I stay in Arizona isn't very nice.* 5. *You don't have to travel on weekends.*
B. 1. *book* 2. *Canada* 3. *voucher* 4. *additional* 5. *tickets*
C. 1. *could* 2. *couldn't* 3. *have gotten* 4. *may have been*
D. 1. *I have to travel to Argentina. It's an emergency.* 2. *I like the mountains, but I'd rather go to the beach.* 3. *I couldn't go to Mexico last year. I didn't have any money.* 4. *You have to (must) make your reservations tomorrow.* 5. *I went to Italy last year, but I would rather have visited Germany.*

LESSON 34

THE MEDIA AND COMMUNICATIONS.   Los medios de comunicación.

A. DIALOGUE

FIGHTING OVER THE REMOTE CONTROL.

LISA: **Let me flip through the channels. I'm not sure what's on tonight.**

CHRIS: **Why didn't you buy the TV guide?**

LISA: **When I got to the store, they had already sold every single copy.**

CHRIS: **Well, I know the sports channel is going to televise the boxing match live. It'll be broadcast all over the world!**

LISA: **Let's see what else is on.**

CHRIS: **Wait! Go back to the news.**

LISA: **No, the news is so depressing.**

CHRIS: **What are you looking for?**

LISA: **A sitcom or a movie.**

CHRIS: **Although sitcoms are OK, I'd rather watch a sports event or music videos on MTV any day. Give me the remote control.**

LISA: **No way!**

CHRIS: **Fine. While you watch TV all by yourself, I'll go read the sports section of the newspaper.**

UNA DISCUSIÓN POR EL CONTROL REMOTO.

LISA: Déjame ver en todos los canales. No estoy segura de lo que hay esta noche.

CHRIS: ¿Por qué no compraste una guía de televisión?

LISA: Cuando llegué a la tienda, ya las habían vendido todas.

CHRIS: Bueno, sé que el canal de deportes va a pasar en vivo la pelea de box. ¡La van a transmitir a todo el mundo!

LISA: Veamos que más hay.

CHRIS: ¡Espera! Regresa a las noticias.

LISA: No, las noticias me deprimen.

CHRIS: ¿Qué es lo que buscas?

LISA: Una comedia o una película.

CHRIS: Aunque las comedias son divertidas, preferiría mirar un evento deportivo o videos de música en MTV cualquier día. Dame el control remoto.

LISA: ¡Ni lo pienses!

CHRIS: Bien. Mientras tú miras televisión sola, yo voy a leer la sección de deportes del periódico.

B. GRAMMAR AND USAGE

1. EL PASADO PERFECTO. *THE PAST PERFECT.*

El pasado perfecto indica que una acción se completó antes del momento en que ocurrió otro evento en el pasado.

When I got home, the boxing match had already started.
Cuando llegué a la casa, la pelea de box ya había empezado.

El pasado perfecto no enfatiza un momento específico en el pasado, pero está estrechamente relacionado con el pasado simple. La estructura del pasado perfecto está formada por el pasado del verbo auxiliar *to have (had)* y el participio pasado del verbo principal:

> had + participio pasado.

a. La secuencia de los eventos. *The sequence of events.*

Normalmente los eventos en una frase o narración se acomodan en un cierto orden de acuerdo a la referencia de tiempo que se tenga. En general, si se ordenan dos eventos en el pasado, se pueden ordenar de la siguiente manera: anteponer las acciones en el pasado perfecto a los eventos en el pasado simple.

When I got home, my wife had left already.
Cuando llegué a casa, ya se había ido mi esposa.

We had made all the preparations before everything started.
Habíamos hecho todas las preparaciones antes de que todo empezara.

When I turned the TV on, the news had already started.
Cuando prendí la televisión, ya habían empezado las noticias.

Note que al formar una oración, también es posible intercambiar el orden de las cláusulas:

When I got home, she had left already.
Cuando llegué a casa, ella ya se había marchado.

She had left already when I got home.
Ella ya se había marchado cuando yo llegué a casa.

2. EL PASADO PERFECTO CONTINUO. *THE PAST PERFECT CONTINUOUS.*

Este tiempo enfatiza la duración de una acción que ha estado en progreso antes del momento en que ocurriera otra acción en el pasado.

When Peter came home, we had been watching a movie for an hour.
Cuando Peter llegó a casa, nosotros habíamos estado mirando una película por una hora.

They had been waiting for two hours when Sharon called.
Ellos habían estado esperando por dos horas cuando llamó Sharon.

3. EL PASADO SIMPLE VS. EL PASADO PERFECTO. *THE SIMPLE PAST VS. THE PAST PERFECT.*

Estas dos formas verbales expresan acciones que ocurren o ya ocurrieron en el pasado. Sin embargo, hay algunas diferencias. El pasado simple presenta eventos que ya ocurrieron en un momento específico en el pasado.

We fought over the remote control last night.
Nos peleamos por el control remoto anoche.

We broadcast live from the Olympic Stadium last week.
Transmitimos en vivo desde el estadio olímpico la semana pasada.

Chris watched the news yesterday.
Chris vio las noticias ayer.

El pasado perfecto expresa una actividad que ya ha sido llevada a cabo por completo antes de que ocurriera otro evento en el pasado.

By the time I arrived home, the games had started.
Cuando llegué a casa, los juegos ya habían empezado.

We had finished eating before the games began.
Ya habíamos terminado de comer antes de que empezaran los juegos.

4. LA UNIÓN DE IDEAS. *CONNECTING IDEAS.*

Existen varias palabras que sirven para unir ideas ya sea por contraste, por estilo, por similaridad o por otras razones. Aquí presentamos estas conjunciones y después discutiremos algunas de ellas detalladamente con ejemplos.

and	y
or	o
but	pero
nor	ni
so	así que, entonces
then	entonces
before	antes
after	después
during	durante
while	mientras, mientras que
in spite of	a pesar de que
because	porque
because of	por causa de
though	aunque
although	aunque
therefore	por lo tanto
however	sin embargo
nevertheless	no obstante, sin embargo

a. Coordinación: *and, but, or.* Coordination: "and," "but," "or."

Las conjunciones de coordinación sirven para unir dos cláusulas independientes (dos frases que tienen significado propio) y también partes de oraciones.

Chris has a big screen TV.
Chris likes to watch music videos.
Chris has a big screen TV, and he likes to watch music videos.
   Chris tiene una televisión de pantalla gigante.
   A Chris le gusta mirar videos musicales.
   Chris tiene una televisión de pantalla gigante y le gusta mirar videos musicales.

And (y) sirve para unir ideas o para añadir información. En este caso es posible dejar el pronombre de sujeto nulo en la segunda cláusula si es el mismo que en la primera. Pero no se puede omitir el sujeto si los dos sujetos son diferentes.

At night, I usually eat dinner and watch the news.
   En la noche, normalmente ceno y veo las noticias.

Ann wants to watch the news, and Peter wants to watch MTV.
Ann quiere mirar las noticias y Peter quiere mirar MTV.

But (pero) sirve para oponer ideas o crear cierto contraste entre las dos cláusulas que se unen.

I don't like soap operas, but I enjoy watching sitcoms.
No me gustan las telenovelas, pero disfruto mirando los programas cómicos.

The news is very important, but it's so depressing.
Las noticias son muy importantes pero son tan deprimentes.

Or (o) se usa para presentar opciones o alternativas entre las dos cláusulas.

Do you want to watch television or listen to the radio?
¿Quieres mirar televisión o escuchar la radio?

We can watch a movie or *(we can)* play dominoes.
Podemos ver una película o (podemos) jugar dominó.

   b. Subordinación: *because, though/although. Subordination: "because," "though/although."*

Estas palabras llevan el nombre de subordinación porque cuando unen a las cláusulas, éstas no tienen un valor equivalente. Una oración subordinada no puede aparecer sola. La cláusula subordinada puede ir antes o después de la cláusula principal.

Because (porque) tiene como función introducir una razón que aclara la cláusula principal.

I like to read the newspaper because it covers international news.
Me gusta leer el periódico porque tiene noticias internacionales.

I don't like to watch sports events because I don't like sports.
No me gusta mirar eventos deportivos porque no me gustan los deportes.

Though/although (aunque) se usan para crear un contraste entre dos cláusulas. Significan "aunque" o "a pesar de."

Although I'm very busy tonight, I'm going to watch the news.
Aunque estoy muy ocupado esta noche, voy a mirar las noticias.

c. Conjunciones de tiempo. *Temporal conjunctions.*

As soon as (tan pronto como/en cuanto) indica una relación en la que un evento ocurre inmediatamente después del otro. También se puede invertir el orden de estas frases.

The radio station announced the results of the elections as soon as they were able to confirm them.
La estación de radio anunció los resultados de las elecciones tan pronto como los pudieron confirmar.

While (mientras/mientras que) tiene varios usos. Uno de ellos es *at the same time* (al mismo tiempo). También se puede invertir el orden de estas cláusulas.

While I was watching TV, my sister was reading a magazine.
Mientras yo miraba televisión, mi hermana leía una revista.

During (durante) da énfasis al período en que ocurre una acción.

During the time I was in the hospital, I watched soap operas every day.
Durante el tiempo que estuve en el hospital, miré telenovelas todos los días.

Before/after (antes/después) obviamente indican posterioridad y anterioridad de un evento con relación a otro. Note que en las oraciones con *before/after* no es necesario usar el pasado perfecto porque la relación entre los tiempos o eventos está clara.

I had dinner before I watched television.
Cené antes de mirar televisión.

Our children eat dessert after they have eaten their vegetables.
Nuestros niños comen postre después de haber comido sus verduras.

d. *However, nevertheless, therefore, so* (marcadores de discurso)

Estas palabras se usan como marcadores de transición entre frases o entre grupos de ideas. El contexto de las frases es lo que en realidad determina su significado específico. Con frecuencia estas palabras van separadas del resto de las oraciones por medio de puntuación. Pueden ir al principio de la oración.

However, nevertheless (sin embargo, no obstante) se usan principalmente para presentar un contraste de ideas o para indicar un resultado contrario a lo esperado. Las dos significan "a pesar de eso."

Channel 6 usually has great documentaries. However, they never show any programs for children.
El canal 6 tiene excelentes documentales. Sin embargo, nunca presentan programas para niños.

This radio station never discusses any controversial topics. Nevertheless, they accept the commentary of their reporters regarding political campaigns.
Esta estación de radio nunca discute temas polémicos. No obstante, aceptan los comentarios de sus reporteros acerca de las campañas políticas.

Therefore (por lo tanto) se usa para presentar una relación de consecuencia o resultado.

I didn't watch the weather report last night. Therefore, I was surprised when it started raining.
No miré el informe del clima anoche. Por lo tanto, me sorprendí cuando empezó a llover.

So (así que, entonces) también indica que una cláusula es el resultado de otra.

Bob doesn't like to watch TV, so he reads the newspaper.
A Bob no le gusta mirar TV, así que lee el periódico.

C. VOCABULARY

NOUNS

remote control	control remoto
channel	canal
news	noticias
sitcom	comedia
video	video
event	evento
section	sección
broadcast	transmisión
satellite	por satélite
signal	señal
boxing	boxeo, box
match	pelea (de box)
comedy	comedia

VERBS

to broadcast	transmitir
to televise	pasar por TV, televisar
to print	imprimir
to publish	publicar
to flip (channels)	cambiar de canales
to go back	regresar

ADJECTIVES

depressed	deprimido/a
live	en vivo
outstanding	buenísimo/a
unexpected	inesperado/a
fine	bien

OTHER USEFUL WORDS

nevertheless	no obstante
however	sin embargo
because	porque
therefore	por lo tanto
consequently	por consecuencia
actually	en realidad
absolutely	absolutamente
correctly	de manera correcta

EXERCISES

A. *Use the vocabulary to complete the dialogue.* (Use el vocabulario para completar el diálogo.)

was	read	said	had	watch	but

TALKING ABOUT THE NEWS.

Edward: Hey John. Did you see the news last night?
John: No, I usually don't _____ TV.
Edward: There was a terrible accident on the freeway.
John: Was anybody hurt?
Edward: Yes, three tourists died. They _____ just arrived last week.
John: Oh, I _____ about it in the newspaper this morning. It _____ a red car, right?

Edward: Yeah. That's what they _____ on the news.
John: It's a real tragedy, _____ nobody could do anything.

B. *Translate into English.* (Traduzca al inglés)

1. Yo escucho la radio y miro televisión todos los días.
2. Bob no lee revistas. Sin embargo, le gusta ver las fotos.
3. Hubo un gran accidente en Los Angeles, pero Chris no había visto las noticias.
4. Ayer transmitimos en vivo desde el estadio olímpico.
5. Hoy no hay electricidad. En consecuencia, no puedo mirar mi programa favorito.

C. *Fill in the blanks using the past perfect and the simple past.* (Llene los espacios usando el pasado perfecto y el pasado simple.)

1. *When I got home, the news _____ (to start) already.*
2. *Yesterday, we _____ (to watch) a movie at home.*
3. *By the time I listened to the radio, the traffic report _____ (to finish) already.*
4. *I usually don't read the newspaper, but I _____ the sports section yesterday.*
5. *Last weekend, the reporters had some technical difficulties, but in the end, everything _____ (to be) OK.*

D. *Circle the word that does NOT belong in the group of words.* (Marque con un círculo la palabra que no pertenece al grupo de palabras.)

1. *radio, television, newspaper, ceremony*
2. *connection, reporter, technician, editor*
3. *newspapers, channel, magazines, books*
4. *to read, to listen, to watch, tomorrow*
5. *movies, unexpected, news, traffic report*

E. *Suggested activities.* (Otras actividades sugeridas.)

1. Al hablar con un amigo en inglés, pregúntele cuál es su programa favorito de televisión y por qué. Después, le puede explicar acerca de su propio programa favorito.

CULTURAL NOTE

En los medios de comunicación, algunos canales estadounidenses de televisión transmiten a gran parte del mundo. En el país mismo existen canales de acceso público, pero también hay varias compañías privadas que venden los derechos para ver canales adicionales.

En los Estados Unidos no existe un periódico nacional. Básicamente, cada ciudad tiene su propio periódico, pero los diarios de varias ciudades se distribuyen en todo el país. Algunos de estos diarios incluyen:

The Wall Street Journal, The Los Angeles Times, The Washington Post, The New York Times y *The Chicago Tribune*.

En el campo de lenguas extranjeras en los EE.UU., hay un sinnúmero de emisoras de radio y televisión que transmiten no sólo en inglés, sino también en otras lenguas, tales como chino, japonés, coreano, árabe y español. Además, también existen periódicos en lenguas extranjeras.

ANSWERS

A. 1. *watch*   2. *had*   3. *read*   4. *was*   5. *said*   6. *but*
B. 1. *I listen to the radio and watch television every day. 2. Bob doesn't read magazines. However, he likes to look at the pictures. 3. There was a big accident in Los Angeles, but Chris hadn't seen the news. 4. We broadcast live from the Olympic Stadium yesterday. 5. There's no electricity today. Consequently, I can't watch my favorite program.*
C. 1. *had started*   2. *watched*   3. *had finished*   4. *read*   5. *was*
D. 1. *ceremony*   2. *connection*   3. *channel*   4. *tomorrow*   5. *unexpected*

LESSON 35
BARGAINING. Regateando.

A. DIALOGUE

A YARD SALE.

JESSICA: **Hello! Take a look around. Everything is in good condition.**

PETER: **How much is this reclining chair?**

JESSICA: **It was $100, but I'll give it to you for $80.**

PETER: **That's a bit much. Maybe I'll come back this afternoon.**

JESSICA: **Well, a lot more people will be stopping by later. By this afternoon, I'll probably have sold it.**

PETER: **What's your lowest price?**

JESSICA: **Make me an offer.**

PETER: **I'll give you $50.00.**

JESSICA: **No way. I can't go lower than $75.00.**

PETER: **How about $65.00?**

JESSICA: **Fine. You've got yourself a deal. And come back soon. We'll be selling stuff every weekend.**

PETER: **Yes, maybe I will.**

UNA VENTA FRENTE A LA CASA.

JESSICA: Hola. Eche un vistazo. Todo está en buenas condiciones.
PETER: ¿Cuánto cuesta este sillón reclinable?

JESSICA: Lo tenía por $100, pero se lo doy por $80.

PETER: Es un poco caro. Quizás regrese esta tarde.

JESSICA: Bueno, mucha gente va a pasar por aqui más tarde. Para esta tarde, probablemente ya lo habré vendido.

PETER: ¿Cuánto es lo más barato que me lo puede dar?

JESSICA: Hágame una oferta.

PETER: Le doy $50.00.

JESSICA: De ninguna manera. No puedo dejarlo en menos de $75.00.

PETER: ¿Qué tal $65.00?

JESSICA: Bien. Se lleva usted una ganga. Y regrese pronto. Vamos a estar vendiendo cosas todos los fines de semana.

PETER: Sí, quizás lo haga.

B. GRAMMAR AND USAGE

1. EL FUTURO CONTINUO. *THE FUTURE CONTINUOUS.*

Esta estructura se usa para indicar que una acción o evento estará en progreso ya sea por mucho tiempo o en algún momento determinado en el futuro. Esta estructura no es tan común en español, ya que normalmente se usa el futuro simple para expresar la misma idea. La estructura del futuro continuo es invariable y se forma de la siguiente manera:

> *will* + *be* + participio presente (*-ing*).

You can come back again. We'll be selling stuff every weekend.
Puede regresar otra vez. Estaremos vendiendo cosas todos los fines de semana.

If you buy this sofa today, you'll be relaxing on it tomorrow.
Si compra este sofá hoy, estará descansando en él mañana.

More customers will be coming this afternoon.
Van a venir más clientes en la tarde.

2. EL FUTURO PERFECTO. *THE FUTURE PERFECT.*

Esta estructura enfatiza el hecho de que una acción se habrá llevado a cabo antes de un momento específico en el futuro. Con frecuencia, este momento (que normalmente se menciona) va introducido por la palabra *by* (para). La estructura del futuro perfecto es invariable y se forma usando:

> *will* + *have* + participio pasado (*-ed*).

By this afternoon, we'll have sold everything already.
Para esta tarde, ya habremos vendido todo.

By tomorrow night, my sister will have purchased a new sofa.
Para mañana en la noche, mi hermana habrá comprado un sofá nuevo.

I will have sold the chair by the time you return.
Para cuando regrese, habré vendido la silla.

3. EL FUTURO PERFECTO CONTINUO.
THE FUTURE PERFECT CONTINUOUS.

Este tipo de estructura tiene como objetivo enfatizar la cantidad de tiempo que dura un evento o actividad. En general, es necesario mencionar un momento específico en el futuro para poder usarlo como punto de referencia. La estructura del futuro perfecto continuo también es invariable y se forma usando:

> *will* + *have* + *been* + participio pasado (*-ing*).

Next Saturday, I will have been working here for two weeks.
Para el próximo sábado, habré estado trabajando aquí por dos semanas.

By December, she will have been trying to sell her car for three months.
Para diciembre, ella habrá estado tratando de vender su coche por tres meses.

You should just sell it to me at the lower price. Look, pretty soon we will have been bargaining for twenty minutes.
Debería vendérmelo por el precio más bajo. Mire, muy pronto ya habremos estado regateando por veinte minutos.

4. EXPRESIONES IDIOMÁTICAS PARA NEGOCIAR.
IDIOMATIC EXPRESSIONS FOR NEGOTIATING.

Existen varias frases que se pueden usar para negociar un buen precio al comprar o intentar vender algo.

What's your best offer?
¿Cuál es su mejor oferta?

good/bad deal
buen/mal negocio, compra

excellent choice
buena selección

good value
buen precio

to knock off
rebajar el precio

I'll knock off ten dollars from the regular price.
Le voy a rebajar diez dólares del precio regular.

You bought a new car? This is nice. Excellent choice.
¿Compraste un nuevo coche? Es bonito. Buena selección.

You only paid $30.00 for this dress? That's a good deal.
¿Sólo pagaste $30.00 por este vestido? Es una buena compra.

C. VOCABULARY

NOUNS

chair	silla
reclining chair	sillón reclinable
condition	condición, estado
offer	oferta
sale	venta especial
stuff	cosas (informal)
deal	trato, oferta, ganga, negocio
bucks	dólares (informal)
yard sale/garage sale	venta de cosas (frente a la casa, en el garage)

VERBS

to bargain	regatear
to look around	echar un vistazo
to come back	regresar
to take a look	mirar
to make an offer	hacer una oferta

ADJECTIVES

overpriced	demasiado caro/a
too expensive	demasiado caro/a

EXERCISES

A. *Change these sentences into the future perfect.* (Cambie estas oraciones al futuro perfecto.)

EXAMPLE: *I will sell my old books tomorrow.*
By tomorrow, I will have sold my old books.

1. *I will buy a bicycle next week.*
2. *We'll have a yard sale next Saturday.*
3. *Chris will sell his magazines tomorrow.*
4. *Emily will tell her mother the good news tomorrow night.*
5. *Next Monday, Bob will make an offer on that house.*

B. *Use the vocabulary to complete the dialogue.* (Use el vocabulario para completar el diálogo.)

sold	looking	spend	back	expensive	later
might	knock	deal	interested	business card	

BUYING A USED CAR.

Salesperson: May I help you?
Chris: Yes. I'm _____ in that red sports car.
Salesperson: Excellent choice. At $8,000 it is a really good _____.
Chris: Wow! That's very _____. It's a rather old model.
Salesperson: How much do you want to _____?
Chris: I think I'll keep looking.
Salesperson: Well, we might be able to _____ a little bit off the price.
Chris: I'll come back _____. If you haven't _____ it yet, maybe I'll reconsider.
Salesperson: It's a beautiful car. It _____ not be here when you come back.
Chris: By tomorrow, I will have been _____ for a week, and I'll have a better idea of the prices.
Salesperson: OK. Let me give you my _____. Ask for me when you come _____.

C. *Fill in the blanks to complete the sentences.* (Llene los espacios en blanco para completar las oraciones.)

EXAMPLE: By next week, we will have <u>sold</u> (to sell) all our furniture.

1. Next week, we'll be _____ (to look) around for a new house.
2. By tomorrow, I will _____ bought a reclining chair.
3. I will have been _____ (to wait) for 2 hours by the time you get here.
4. There will _____ (to be) more customers coming this afternoon.
5. By the time you get here, we will have already _____. (to leave)

D. *Translate into English using the future with "will."* (Traduzca al inglés usando el futuro con *will*.)

1. Mañana iré a una venta *yard sale*.
2. El próximo lunes, iremos a buscar un apartamento.
3. Para las 2 P.M., ya habremos vendido todos los libros.
4. Al final del día, habremos ganado más de $100.
5. Para las 8 P.M., habremos estado esperando por 45 minutos.

E. *Suggested activities.* (Otras actividades sugeridas.)

1. Escriba una lista de cosas de las cuales le gustaría deshacerse en una venta enfrente de su casa.
2. Vaya a una venta en frente de una casa en su vecindario y regatee el precio de por lo menos tres cosas.

CULTURAL NOTE

En los Estados Unidos es muy común ver que la gente saca cosas para vender frente a su casa durante los fines de semana. Este tipo de ventas se llama *yard sale* o *garage sale*. Con frecuencia en ellas se venden las cosas que ya no se necesitan, tales como libros antiguos, ropa usada y bicicletas viejas. Además, ésto le ayuda a la gente a deshacerse de artículos que ya sólo sirven para ocupar espacio en la casa o en el garage. Sin embargo, a veces se pueden encontrar unas gangas bastante buenas. Por ejemplo, ocasionalmente hay personas que se mudan de casa y necesitan vender todos sus muebles y decoraciones. En estos casos, a veces se encuentran cosas en muy buenas condiciones y hay que aprovechar los precios bajos que ofrecen. En estas ventas, claro está, la gente regatea todo lo que puede.

ANSWERS

A. 1. *By next week, I will have bought a bicycle.* 2. *By next Saturday, we will have had a yard sale.* 3. *By tomorrow, Chris will have sold his magazines.* 4. *By tomorrow night, Emily will have told her mother the good news.* 5. *By next Monday, Bob will have made an offer on that house.*
B. 1. *interested* 2. *deal* 3. *expensive* 4. *spend* 5. *knock* 6. *later* 7. *sold* 8. *might* 9. *looking* 10. *business card* 11. *back*
C. 1. *looking* 2. *have* 3. *waiting* 4. *be* 5. *left*
D. 1. *Tomorrow, I'll go to a yard sale.* 2. *Next Monday, we'll look for an apartment.* 3. *By 2 P.M., we will have sold all the books.* 4. *At the end of the day, we will have made more than $100.* 5. *By 8 P.M., we will have been waiting for 45 minutes.*

SEVENTH REVIEW

A. *Use relative clauses to join the paired sentences.* (Use cláusulas relativas para unir los pares de oraciones.)

EXAMPLE: The coach is now the director of a summer camp.
 The coach taught me how to play soccer.
 <u>The coach who/that taught me how to play soccer is now the director of a summer camp.</u>

1. The barbecue was a lot of fun. I was invited to a barbecue.
2. The directions were very confusing. I gave directions to the party.
3. These are the plane tickets. I was supposed to give you these plane tickets.
4. Mary has a son. Mary's son is at summer camp right now.
5. These are delicious ribs. I promised you ribs.

B. *Use the vocabulary to complete the dialogue.* (Use el vocabulario para completar el diálogo.)

airport	agency	discount	reservations	postcard	expensive

Tony: Hi, Mary. I heard that you're going to Hawaii on vacation. Did you make your plane _____ already?
Mary: Yes. I went to a travel _____. They took care of everything.
Tony: Were the tickets very _____?
Mary: No, at first I thought the price was too high. But the travel agent was able to get us a really good _____.
Tony: And do you have someone to take you to the _____?
Mary: Yes. My father-in-law is going to take us.
Tony: Well, have a lot of fun. Send me a _____.

C. *Translate the following sentences with relative clauses into English.* (Traduzca al inglés las siguientes oraciones con cláusulas relativas.)

1. La venta que tuvimos la semana pasada en la casa fue un éxito.
2. El sillón reclinable que compré es muy cómodo.
3. Ese es el señor cuyo hijo es el nuevo inquilino en el edificio.
4. El coche que le vendí a tu hermano está en excelentes condiciones.
5. Ayer vino a mi tienda la mujer cuya hija es doctora.

D. *Complete the sentences using the past perfect or the simple past.* (Complete las oraciones usando el pasado perfecto o el pasado simple.)

1. Debbie _____ (to read) the newspaper yesterday.
2. By the time I listened to the radio, the traffic report _____ (to finish) already.
3. Steve _____ (to lose) the remote control last night.

4. When I got home, the news _____ (to start) already.
5. Last weekend, we stayed home and _____ (to watch) a movie.
6. By the time we turned the TV on, the political debate _____ (to begin) already.

E. Fill in the blanks using the vocabulary provided. (Llene los espacios en blanco usando el vocabulario proporcionado.)

1. Every night, I usually eat dinner _____ watch the news.
2. Do you prefer to eat at home _____ go out for pizza?
3. I don't like to travel abroad, _____ I do enjoy visiting national parks.
4. I like to watch the news on channel 13 _____ they broadcast live from the scene.
5. The newspaper printed the new edition _____ the editor approved it.

a. or
b. but
c. and
d. because
e. as soon as

F. Complete the sentences using the appropriate vocabulary. (Complete las oraciones usando el vocabulario apropiado.)

1. Planes arrive and depart from an _____.
2. Politicians often discuss public issues in a _____.
3. A travel agent works at a _____.
4. One of the functions of a _____ is to change the channels on a TV.
5. During a political _____, the candidates make a lot of promises.

ANSWERS

A. 1. *The barbecue (which/that) I was invited to was a lot of fun.* 2. *The directions (which/that) I gave to the party were very confusing.* 3. *These are the plane tickets (which/that) I was supposed to give you.* 4. *Mary has a son who is at summer camp right now.* 5. *These are the delicious ribs (which/that) I promised you.*
B. 1. *reservations* 2. *agency* 3. *expensive* 4. *discount* 5. *airport* 6. *postcard*
C. 1. *The yard sale (which/that) we had last week was very successful.* 2. *The reclining chair (which/that) I bought is very comfortable.* 3. *That's the man whose son is the new tenant in the building.* 4. *The car (which/that) I sold to your brother is in excellent condition.* 5. *The woman whose daughter is a doctor came to my store yesterday.*
D. 1. *read* 2. *had finished* 3. *lost* 4. *had started* 5. *watched* 6. *had begun*
E. 1. *and* 2. *or* 3. *but* 4. *because* 5. *as soon as*
F. 1. *airport* 2. *debate* 3. *travel agency* 4. *remote control* 5. *campaign*

LESSON 36
CULTURAL EVENTS. Eventos culturales.

A. DIALOGUE

THANKSGIVING.

CLAUDIA: Hi, Sandy. How was your Thanksgiving?

SANDY: Wonderful. We all went to my parents' new house.

CLAUDIA: Is that the one near the freeway that was built last year?

SANDY: Yes! Anyway, the turkey was all ready when I got there. But my favorite part is always the stuffing and the mashed potatoes. The pumpkin pie was also fantastic, naturally, since it was made by yours truly. We really pigged out.

CLAUDIA: Who else was there?

SANDY: My brother Tony. He and his friends were watching the football game.

CLAUDIA: Did he finally get his hair cut?

SANDY: Yes. I was surprised.

CLAUDIA: Well, I went out to eat with my daughter. My oven wasn't working.

SANDY: That's too bad.

CLAUDIA: Actually, it was quite nice. At least I didn't have to do all the cooking.

SANDY: Tell me, did you get your oven fixed?

CLAUDIA: No, not yet. It'll be repaired next week.

EL DÍA DE ACCIÓN DE GRACIAS.

CLAUDIA: Hola Sandy. ¿Cómo pasaste el día de acción de gracias?

SANDY: De maravilla. Todos fuimos a la nueva casa de mis padres.

CLAUDIA: ¿Es la casa cerca de la autopista que construyeron el año pasado?

SANDY: Sí. Verás, el pavo ya estaba listo cuando yo llegué. Pero mi parte favorita siempre es el relleno y el puré de papas. El postre de calabaza también estuvo estupendo, naturalmente, ya que lo preparé yo misma. Comimos demasiado.

CLAUDIA: ¿Y quién más fue?

SANDY: Mi hermano Tony. El y sus amigos estaban mirando el partido de fútbol americano.

CLAUDIA: ¿Y finalmente se cortó el pelo?

SANDY: Sí. Me sorprendió.

CLAUDIA: Pues yo salí a cenar con mi hija. Mi horno no funcionaba.

SANDY: Qué pena.

CLAUDIA: En realidad, fue muy agradable. Por lo menos no tuve que cocinar.

SANDY: Dime, ¿y ya te arreglaron el horno?

CLAUDIA: No, todavía no. Lo van a reparar la semana próxima.

B. GRAMMAR AND USAGE

1. ORACIONES PASIVAS. *PASSIVES*.

El uso de estructuras pasivas tiene varias funciones en inglés. Una de las principales es evitar mencionar el agente de una acción, ya sea a propósito o porque no es necesario. La voz pasiva se puede usar en casi todos los tiempos verbales, pero está limitada al uso de los verbos transitivos (aquellos que tienen un objeto como parte de su estructura).

La frase pasiva se forma usando el verbo *to be* + participio pasado del verbo principal. El sujeto de la oración es el objeto directo. Si se desea expresar el agente de manera explícita, se hace por medio de la palabra *by* (por). Compare:

The electrician will fix the oven tomorrow.
   El electricista va a arreglar el horno mañana.

The oven will be fixed tomorrow (by the electrician).
   El horno será arreglado mañana (por el electricista).

Claudia prepared the turkey.
   Claudia preparó el pavo.

The turkey was prepared by Claudia.
   El pavo fue preparado por Claudia.

En estas frases normalmente se tiene como intención restarle importancia a la persona que realiza la acción. En español se puede usar la conjugación correspondiente a "ellos" aunque no se sepa de quien se trata. Las oraciones pasivas se pueden formar con casi todos los tiempos como presente, pasado, futuro, etc. Normalmente no se usa con los tiempos perfectos progresivos.

The stuffing is always prepared with a secret recipe.
   Siempre se prepara el relleno con una receta secreta.

The turkey will already be prepared by the time I get there.
   El pavo estará ya preparado cuando llegue.

My parents' house was built last year.
   La casa de mis padres fue construida el año pasado.

My stove was fixed while I went to buy groceries.
   Mi estufa fue reparada mientras fui a comprar comestibles.

2. ALTERNATIVAS A LAS CLÁUSULAS RELATIVAS. *ALTERNATIVES TO RELATIVE CLAUSES.*

El participio pasado puede servir para reemplazar una cláusula relativa en una oración. En este caso, el participio pasado se encuentra en posición después del sustantivo. Como consecuencia, se elide el pronombre relativo y el verbo *to be*.

The house that was built next to the freeway belongs to my parents.
The house built next to the freeway belongs to my parents.
   La casa construída junto a la autopista pertenece a mis padres.

The turkey that was prepared last year was very good.
The turkey prepared last year was very good.
   El pavo preparado el año pasado estaba muy bueno.

También se puede usar el participio presente:

The people who are celebrating Thanksgiving with me think the food is delicious.
The people celebrating Thanksgiving with me think the food is delicious.
   La gente que celebra el día de acción de gracias conmigo piensa que la comida está deliciosa.

3. LAS ESTRUCTURAS CAUSATIVAS. *CAUSATIVES.*

Hay varias expresiones idiomáticas que usan la estructura

> *have* + participio pasado
> *get* + participio pasado

para expresar que alguien le pide a otra persona que haga algo.

I'm getting/having the oven fixed.
　Me van a arreglar el horno.

Es necesario recordar que este tipo de frase es mucho más común en el lenguaje informal. Es importante notar que el uso de la estructura pasiva implica que alguien más está llevando a cabo la acción en lugar de que el sujeto lo haga el mismo. Compare:

I'm fixing my car.
　Estoy arreglando mi coche.
I'm getting/having my car fixed.
　Me están arreglando el coche.
Bob cut his hair.
　Bob se cortó el pelo. (él mismo)
Bob got/had his hair cut. (by someone)
　Bob se cortó el pelo. (alguien se lo cortó)
I'm currently redecorating my house.
　Actualmente estoy redecorando mi casa.
I'm getting/having the house redecorated.
　Me están redecorando la casa.

Aunque las frases causativas sólo se usan cuando el sujeto (gramatical) no es el agente de la acción, también se pueden usar las expresiones de voz activa. Por ejemplo:

Peter cut his hair.
　Peter se cortó el pelo.

Esta frase puede tener el significado de *Peter got his hair cut,* pero no viceversa.
　Estas frases no son tan comunes en español, ya que normalmente se usa la conjugación de "ellos" para lograr el mismo efecto. A veces también se recurre a una frase perifrástica como "mandé" o "ordené."

Bob had the oven fixed. (somebody fixed it)
　Bob ordenó que arreglaran el horno. (alguien lo arregló) Bob mandó arreglar el horno.

C. VOCABULARY

NOUNS

Thanksgiving	día de acción de gracias
turkey	pavo
stuffing	relleno
mashed potatoes	puré de papas
ham	jamón
cranberry sauce	carándano agno
pineapple	piña
pumpkin	calabaza
pie	pastel, postre
oven	horno
gravy	salsa

VERBS

to burn	quemar
to pig out	comer demasiado (informal)
to bake	hornear
to repair	reparar, componer
to redecorate	redecorar
to get drunk	emborracharse
to get something fixed	hacer arreglar algo

ADJECTIVES AND OTHER USEFUL EXPRESSIONS

cultural	cultural
fixed	compuesto/a, arreglado/a
not yet	todavía no
yours truly	yo mismo/a (informal)

EXERCISES

A. *Translate into English.* (Traduzca al inglés.)

1. El horno fue reparado por el electricista.
2. Tony pidió que entregaran dos pizzas a domicilio.
3. La mejor parte de la cena fue el postre.
4. Yo siempre me corto el pelo a fin de mes.
5. Claudia hizo un pastel de calabaza.

B. *Use the vocabulary to complete the dialogue.* (Use el vocabulario para completar el diálogo.)

could	was	let's	smells
know	hungry	cooked	turkey

AT THE DINNER TABLE.

Father: I'm glad you all _____ be here tonight. Let's eat!
Mary: Pass the _____, please.
John: I haven't eaten anything all day. I'm really _____.
Father: This turkey was _____ very slowly. It's very tender and juicy.
Mary: I can tell. It _____ good, too.
John: You should taste the stuffing, too.
Father: It _____ prepared with secret ingredients.
Mary: I don't _____ what you did, but it's delicious.
Father: Well, _____ enjoy it.

C. *Change the following sentences from the active to the passive voice.* (Cambie las oraciones en voz activa a voz pasiva.)

EXAMPLE: *Jill prepared the turkey.*
          The turkey was prepared by Jill.

1. The electrician fixed the oven.
2. His construction company built three houses.
3. An electrician repaired the stove.
4. Mary signed a contract yesterday.
5. Sharon organized the Thanksgiving celebration.

D. *Use the vocabulary in this chapter to complete the sentences.* (Use el vocabulario en este capítulo para completar las oraciones.)

1. A _____ is an animal that is traditionally eaten at Thanksgiving.
2. The turkey and other meats are usually cooked in an _____.
3. An _____ can fix an electric oven.
4. Watching a _____ game is a Thanksgiving tradition.
5. Thanksgiving is always celebrated in the _____ of November.

E. *Suggested activities.* (Otras actividades sugeridas.)

1. Hablando con un amigo, déle una descripción de un día de fiesta tradicional en so país. Presente detalles.

CULTURAL NOTE

En los Estados Unidos se celebra el día de acción de gracias o *Thanksgiving* el último jueves de noviembre. Este es un día de fiesta que no está basado en razones puramente religiosas, sino en tradiciones históricas. Se trata de recordar y agradecer la manera en que los indios estadounidenses ayudaron a los pioneros ingleses cuando éstos acababan de llegar a lo que hoy es los Estados Unidos. Los indios les ofrecieron comida cuando los ingleses no sabían cómo obtenerla ni cómo cultivarla.

Hoy en día es una fiesta familiar en la que lo tradicional es preparar ciertos platillos que se han convertido en símbolo de este día. El pavo es el platillo principal, y se sirve con el relleno que lleva dentro.

Dentro de las actividades que se llevan a cabo en este día se incluye mirar un partido de fútbol americano. Siempre hay una competencia de este deporte popular que se transmite en algunos canales de televisión. A veces muchos familiares y amigos viajan largas distancias para reunirse en este día especial en que se da gracias por la familia, los amigos y otras cosas que se consideran especiales. Después, se procede a la gran cena.

ANSWERS

A. 1. *The oven was repaired by the electrician.* 2. *Tony had two pizzas delivered at home.* 3. *The best part of dinner was dessert.* 4. *I always get my hair cut at the end of the month.* 5. *Claudia made (cooked) a pumpkin pie.*
B. 1. *could* 2. *turkey* 3. *hungry* 4. *cooked* 5. *smells* 6. *was* 7. *know* 8. *let's*
C. 1. *The oven was fixed by the electrician.* 2. *Three houses were built by his construction company.* 3. *The stove was repaired by an electrician.* 4. *A contract was signed by Mary yesterday.* 5. *The Thanksgiving celebration was organized by Sharon.*
D. 1. *turkey* 2. *oven* 3. *electrician* 4. *football* 5. *month*

LESSON 37
SERVICES. Servicios.

A. DIALOGUE

MY CAR BROKE DOWN.

MECHANIC: Good morning. What seems to be the problem?

EMILY: Well, my car stopped all of a sudden, and I couldn't get it started again. So, I had it towed here.

MECHANIC: If you leave it here, I'll try to check it later.

EMILY: Is there any way you could work on it right away? I'm late for work as it is.

MECHANIC: Well, if you give me a minute, I'll see what I can do.

EMILY: Thanks so much.

A little later.

MECHANIC: I jump started your car and it's running fine. But you'll need a new battery soon.

EMILY: Not today. I need to get to work.

MECHANIC: Suit yourself. But if you don't get a battery soon, you'll have the same problem again.

SE ME DESCOMPUSO EL COCHE.

MECÁNICO: Buenos días. ¿Cuál es el problema?

EMILY: Pues el coche se paró de repente y no pude prenderlo otra vez. Así que, pedí que la grúa me lo trajera hasta aquí.

MECÁNICO: Si lo deja aquí, trataré de revisarlo más tarde.

EMILY: ¿Podría revisarlo ahora mismo? Ya estoy atrasada para el trabajo.

MECÁNICO: Bien, si me da un minuto, veré lo que puedo hacer.

EMILY: Muchas gracias.

Un poco más tarde.

MECÁNICO: Le pasé corriente al coche y está funcionando bien. Pero pronto va a necesitar una batería nueva.

EMILY: Hoy no. Necesito ir a trabajar.

MECÁNICO: Allá usted. Pero si no compra otra batería pronto, tendrá el mismo problema otra vez.

B. GRAMMAR AND USAGE

1. LAS ORACIONES CON *IF* PARA PRESENTAR CONDICIONES. *IF–SENTENCES TO PRESENT CONDITIONS.*

Al igual que en español, estas oraciones consisten en dos partes—la condición (o la cláusula con *if*) y la cláusula principal (efecto). Sirven para unir dos oraciones: una es la condición para que la otra pueda ocurrir.

It rains tomorrow. (condición) *I will not go out.* (efecto)
Llueve mañana. No saldré.

If it rains tomorrow, I won't go out.
Si llueve mañana, no saldré.

You're going to be late for work today. (condición) *You need to call the supervisor.* (efecto)
Vas a llegar tarde al trabajo hoy. Necesitas llamar al supervisor.

If you're going to be late for work today, you need to call your supervisor.
Si vas a llegar tarde al trabajo hoy, necesitas llamar al supervisor.

2. GENERALIZACIONES. *GENERALIZATIONS.*

Se pueden usar las cláusulas con *if* para expresar una idea o una situación que es real. Con frecuencia, esto se considera como generalizaciones. La estructura de la oración es la siguiente:
  Cláusula con *if* en el presente, la cláusula principal en el presente.

If you have car trouble, a mechanic is the best person to call.
Si tiene problemas mecánicos, es bueno llamar a un mecánico.

If you're late for work, you need to notify your office.
Si llegas tarde a trabajar, necesitas notificar a la oficina.

Se puede invertir el orden de las cláusulas.

3. PROBABILIDAD. *PROBABILITY.*

Este tipo de cláusulas se usa para referirse a alguna condición de la cual depende otro evento en el futuro. En la opinión del hablante, es muy posible que ocurra dicha condición. La estructura es la siguiente:
Cláusula con *if* en el presente, cláusula principal en el futuro.

If you don't fix the car now, you'll have the same problem again.
Si no arregla el coche ahora, tendrá el mismo problema otra vez.

If the battery is dead, we'll have to jump start your car.
Si la batería no funciona, tendremos que pasarle corriente a su coche.

Además, se puede invertir el orden de las cláusulas, como en las de generalización, en las cláusulas de probabilidad. Sin embargo, hay una pequeña diferencia de puntuación cuando la cláusula con la condición va al final. Compare:

If the battery is dead, the car won't start.
Si la batería no funciona, el coche no va a encender.

The car won't start if the battery is dead.
El coche no va a encender si la batería no funciona.

4. *BEEN VS. BEING.*

Con frecuencia, los hablantes de español tienen dificultad para distinguir entre estas dos conjugaciones del verbo *to be,* especialmente en la pronunciación. Es muy común usar estas formas con las estructuras pasivas.

La forma *been* (participio pasado) se usa con el verbo auxiliar *to have* para formar el presente/pasado perfecto o el presente/pasado perfecto continuo.

My car has been towed to the auto shop.
Mi coche ha sido remolcado al taller.

I had been there for 30 minutes.
Había estado allí por 30 minutos.

It had been raining for ten days when I arrived there.
Había estado lloviendo por diez días cuando llegué.

La forma *being* (participio presente) se usa con el verbo auxiliar *to be* para formar oraciones con el pasivo continuo.

My car is being checked right now.
Están revisando mi coche ahora mismo./Lo están revisando ahora mismo.

Bob's car was being towed when I arrived.
Se estaban llevando el coche de Bob cuando yo llegué.

C. VOCABULARY

NOUNS

auto shop	taller de mecánica
mechanic	mecánico
battery	batería
gasoline	gasolina
garage	garage, taller
tow truck	grúa
services	servicios
transportation	transportación, transporte

VERBS

to tow	llevar con grúa, remolcar
to tow away	remolcar
to break down	descomponerse
to stop working	dejar de funcionar
to check	revisar
to start *(car)*	encender, prender
to jump start	pasar corriente, hacer un puente
to be late	llegar tarde
to seem	parecer
to leave	dejar, partir
to notify	notificar
to get somewhere	llegar a algún lugar

ADJECTIVES AND OTHER USEFUL PHRASES

extra	adicional
right away	enseguida
to help oneself	servirse
Suit yourself!	¡Allá usted!

EXERCISES

A. *Complete the following sentences using "been" or "being."* (Complete estas frases con *been* o *being.*)

EXAMPLE: *Charles has <u>been</u> waiting for 45 minutes.*

1. *I have _____ working as a mechanic for 15 years.*
2. *My car is _____ repaired right now.*
3. *Bob has _____ driving the same car for almost 10 years.*
4. *My secretary has never _____ late for work.*
5. *I looked out of the window and his car was _____ towed away!*

B. *Use the vocabulary to complete the following dialogue.* (Use el vocabulario para completar el siguiente diálogo.)

minutes	stopped	happened	broke	again	if

CALLING HOME.

Chris: Hello?
Sharon: Hi, honey. My car _____ down.
Chris: What _____?
Sharon: The car made a lot of noise, and then it _____.
Chris: Did you try to start it _____?
Sharon: Yes, but it didn't work.
Chris: Don't worry. _____ you tell me where you are, I'll come pick you up.
Sharon: OK. I'm at the corner of Cloverfield and Colorado.
Chris: Fine. I'll be there in fifteen _____.

C. *Translate into English.* (Traduzca al inglés.)

1. *Si el coche no funciona, llama al mecánico.*
2. *He estado esperando la grúa por 30 minutos.*
3. *Si deja el coche aquí, estará listo para mañana.*
4. *Mi papá es el único mecánico que revisa mi coche.*
5. *Tuve que pagar $150 para remolcar mi coche al taller.*

D. *Combine these paired sentences to form if–sentences.* (Combine estos pares de oraciones para formar oraciones con *if.*)

EXAMPLE: *My car doesn't work. I call a mechanic.*
If my car doesn't work, I'll call a mechanic.

1. *You leave the car here. I check it later. (future)*
2. *The car doesn't start. We need to call a mechanic. (present)*
3. *You call a tow truck. They take your car to the shop. (future)*
4. *It is an emergency. You can use our phone. (present)*
5. *It rains tomorrow. I am late for work. (future)*

E. *Suggested activities.* (Otras actividades sugeridas.)
   1. Hablando con un conocido, pregúntele si le puede recomendar a un mecánico que sea honesto y confiable. Obtenga su nombre y número de teléfono.
   2. Escriba una breve escena acerca de una persona que se le acabó la gasolina del coche y se le quedó en la autopista.

CULTURAL NOTE

Hay muchas ciudades que tienen un excelente sistema de transporte público. Sin embargo, hay otras sedes urbanas tales como Los Angeles, Houston y Miami en las que el uso del coche se ha convertido en una necesidad diaria. Para acomodar el uso de tantos coches, se han desarrollado varios servicios, tanto públicos como privados. Por ejemplo, cada estado proporciona un sistema de teléfonos de emergencia que se encuentran junto a las principales autopistas.

En el sector privado, hay varias compañías que venden una participación en clubes para emergencias automovilísticas. Estos clubes cobran una cuota y proporcionan varios servicios a sus miembros en las autopistas y carreteras de todo el país. Al llamarles, ellos le pueden llevar gasolina, cambiarle una llanta desinflada, pasarle corriente a la batería, abrir su coche si se le olvidó la llave, o proporcionar una grúa para llevar el coche a un taller mecánico. Como ven, este servicio puede ser muy útil en caso de emergencia.

ANSWERS

A. 1. *been* 2. *being* 3. *been* 4. *been* 5. *being*
B. 1. *broke* 2. *happened* 3. *stopped* 4. *again* 5. *If* 6. *minutes*
C. 1. *If the car doesn't work, call the mechanic.* 2. *I have been waiting for the tow truck for 30 minutes.* 3. *If you leave the car here, it'll be ready by tomorrow.* 4. *My father is the only mechanic who/that checks my car.* 5. *I had to pay $150 to tow my car to the auto shop.*
D. 1. *If you leave the car here, I'll check it later.* 2. *If the car doesn't start, we need to call a mechanic.* 3. *If you call a tow truck, they'll take your car to the shop.* 4. *If it is an emergency, you can use our phone.* 5. *If it rains tomorrow, I'll be late to work.*

LESSON 38
MUSIC. La música.

A. DIALOGUE

AT A NIGHTCLUB.

CINDY: **What a great band!**

EDWARD: **Yes. The drummer was great.**

CINDY: **I thought the saxophone player was outstanding.**

EDWARD: **You know, I could've been a great musician myself if I had pursued it more seriously.**

PETER: **Really? What instrument did you play?**

EDWARD: **The piano. I was really into rock and roll.**

PETER: **So, how come you never pursued a career in music?**

EDWARD: **Well, I was afraid the work wouldn't be steady enough.**

CINDY: **What about now?**

EDWARD: **If I had more time, I would pursue it as a hobby.**

PETER: **I think you should.**

EDWARD: **I would've liked to have been able to keep up with it.**

PETER: **I know what you mean. I wish I had continued playing, too.**

EDWARD: **There's always tomorrow.**

EN UN CLUB NOCTURNO.

CINDY: ¡Qué buen grupo!

EDWARD: Sí. El baterista era excelente.

CINDY: Creo que él que toca el saxofón estuvo formidable.

EDWARD: ¿Saben qué? Yo podría haber sido un excelente músico si me hubiera dedicado con más seriedad.

PETER: ¿De veras? ¿Qué instrumento tocabas?

EDWARD: El piano. Me gustaba mucho el rock and roll.

PETER: ¿Por qué nunca seguiste una carrera en música?

EDWARD: Bueno, tenía miedo que el trabajo no fuera muy estable.

CINDY: ¿Y por qué no lo haces ahora?

EDWARD: Si tuviera más tiempo, lo haría como pasatiempo.

PETER: Pienso que deberías hacerlo.

EDWARD: Me hubiera gustado haber podido continuar.

PETER: Yo te entiendo. A mí también me hubiera gustado continuar tocando.

EDWARD: Todavía hay tiempo en el futuro.

B. GRAMMAR AND USAGE

1. CLÁUSULAS CON *IF* PARA PRESENTAR CONDICIONES HIPOTÉTICAS EN EL PRESENTE. *IF-CLAUSES TO PRESENT HYPOTHETICAL CONDITIONS IN THE PRESENT.*

En la lección anterior vimos algunos usos de las frases con *if*.

If I have time, I'll play the saxophone. (es posible)
  Si tengo tiempo, tocaré el saxofón

En esta sección presentamos otros usos de estas frases para expresar eventos hipotéticos. Es decir, para especular acerca de algo en el presente/futuro o para crear alguna hipótesis acera de algo que podría haber sucedido en el pasado. La frase que describe el evento condicional es la frase con *if.*
  Para hablar de situaciones hipotéticas en el presente o el futuro, sean frases irreales o imaginarias, se usa la frase *if* con el verbo en el pasado + la cláusula condicional (*would* + infinitivo sin *to.*)

En español, el verbo de la frase en pasado siempre se usa en subjuntivo, lo que le da un matiz de más inseguridad o posibilidad. En inglés, la estructura condicional para usar la frase independiente se forma con *would* + infinitivo sin *to*. A veces se usan otros verbos modales.

If I had more time, I would play the guitar more often.
  Si tuviera más tiempo, tocaría la guitarra más seguido.

If I knew a music manager, I could become a musician.
  Si conociera a un agente de música, podría convertirme en músico.

En las frases condicionales hipotéticas con el verbo *to be* sólo se usa la forma *were*. Esta forma es una de las formas de subjuntivo en inglés. (Vea la lección 40 para encontrar las otras.)

If I were a musician, I would sing in many concerts.
Si fuera músico, cantaría en muchos conciertos.

If she were rich, she would dedicate all her time to music.
Si fuera rica, ella dedicaría todo su tiempo a la música.

Es necesario notar la diferencia entre eventos reales o irreales. Compare:

If I have money, I will go to a concert next week. (real/posible)
Si tengo dinero, iré a un concierto la próxima semana.

If I had enough money, I would go to a concert next week. (irreal/imposible)
Si tuviera dinero, iría a un concierto la próxima semana.

If I become a musician, I'll record new songs. (real/posible)
Si me hago músico, grabaré canciones nuevas.

If I became a musician, I would record new songs. (irreal/imposible)
Si me hiciera músico, grabaría canciones nuevas.

2. CLÁUSULAS CON *IF* PARA PRESENTAR CONDICIONES HIPOTÉTICAS EN EL PASADO. *IF-CLAUSES TO PRESENT HYPOTHETICAL CONDITIONS IN THE PAST.*

En las oraciones condicionales que tratan de expresar lo que no ocurrió en el pasado, se usa el pasado perfecto en la cláusula con *if*. En la frase independiente, se usa un verbo modal y el presente perfecto del indicativo:

> (*would, could, should, might*) + *have* + participio pasado.

If I had practiced enough, I would have been a great musician.
Si hubiera practicado lo suficiente, habría sido un excelente músico (pero no practiqué).

If I hadn't stopped playing the guitar, I might have been able to get a job with a band.
Si no hubiera dejado de tocar la guitarra, podría haber conseguido un trabajo con una banda (pero dejé de tocar le guitarra).

Con *I* + *had* también se puede usar la contracción *I'd*.

If I'd had more money, I could have pursued a career in music.
Si hubiera tenido más dinero, podría haber seguido una carrera en música (pero no tenía más dinero).

3. LA OMISIÓN DE *IF* Y EL ORDEN DE PALABRAS. *THE OMISSION OF "IF" AND WORD ORDER.*

A veces es posible encontrar que se omite la palabra *if* de la oración condicional, especialmente en el lenguaje oral. En este caso hay una modificación del orden de palabras. Cuando se omite *if,* se invierten el verbo y el sujeto. Compare:

If I had been more patient, I could have become a musician.
Si hubiera tenido más paciencia, podría haberme hecho músico.

Had I been more patient, I could have become a musician.
De haber tenido más paciencia, podría haberme hecho músico.

Sin embargo, la última forma es de uso más literario.

4. EXPRESAR DESEOS. *EXPRESSING WISHES.*

Para expresar el deseo por algo que normalmente no se tiene o no se sabe hacer en el momento del habla, la estructura que se usa es: *would like + infinitive.* Se usa la misma estructura que la de una petición cortés.

I don't know how to play the saxophone.
No sé tocar el saxofón.

I would like to know how to play the saxophone.
Me gustaría saber tocar el saxofón.

I don't have tickets for tonight's concert.
No tengo boletos para el concierto de esta noche.

I would like to have tickets for tonight's concert.
Me gustaría tener boletos para el concierto de esta noche.

Una alternativa muy común es usar la estructura *wish* + pasado del verbo principal para expresar algo en el presente o en el futuro. Estas formas también son de subjuntivo.

I don't have time to listen to music.
No tengo tiempo para escuchar música.

I wish I had *(the)* **time to listen to music.**
Ojalá tuviera tiempo para escuchar música.

I don't own a piano.
No tengo piano.

I wish I owned a piano.
Ojalá tuviera un piano.

I am not a millionaire.
   No soy millonario.

I wish I were a millionaire.
   Ojalá fuese millionario.

Cuando hay otro sujeto y otro verbo después del verbo inicial, los dos aparecen en el pasado.

I wish I had friends who understood me.
   Ojalá tuviera amigos que me entendieran.

C. VOCABULARY

NOUNS

nightclub	club nocturno
performance	espectáculo
music	música
career	carrera, profesión
musician	músico
rock and roll	rock and roll
band	banda, grupo musical
instrument	instrumento
piano	piano
saxophone	saxofón
drums	batería
guitar	guitarra

VERBS

to practice	practicar
to continue	continuar
to wish	desear
to pursue	seguir, tratar de lograr
to bet	apostar
to keep up	mantener el ritmo
to mean	significar

ADJECTIVES

classical	clásico/a
outstanding	fabuloso/a, formidable
popular	popular
steady	estable

EXERCISES

A. *Use the vocabulary to complete the following dialogue.* (Use el vocabulario para completar el siguiente diálogo.)

sorry	would	go	have
tickets	could	band	other

AN INVITATION TO A CONCERT.

Tony: Hi, Mary. I have two _____ to a rock concert. _____ you like to go with me?
Mary: I'm _____. I wish I _____ go, but I have plans.
Tony: Come on. I know you'd really like this _____.
Mary: If I had the time, I would _____.
Tony: Can't you change your plans?
Mary: No. If you had told me earlier, I would _____ cancelled everything else.
Tony: I guess we'll go some _____ time.
Mary: Sure, and thanks for the offer.

B. *Change the following sentences into hypothetical situations.* (Cambie las siguientes oraciones para crear situaciones hipotéticas.)

EXAMPLE: *I don't have money. I can't leave my job to become a musician.*
If I had money, I could leave my job to become a musician.

1. She doesn't have time. She doesn't go to night clubs.
2. I didn't live in the 60s. I didn't experience rock and roll.
3. I don't have any tickets. I can't go to the concert.
4. I didn't have a piano. I couldn't practice at home.
5. The teacher doesn't know the song. He can't help us.

C. *Translate into English.* (Traduzca al inglés.)

1. Si tuviera tiempo, iría a conciertos de música clásica.
2. De haber tenido dinero, yo habría tomado clases privadas de piano.
3. Si ella hubiera estudiado ballet, ella podría haber sido bailarina profesional.
4. Si tuviera tiempo, aprendería a tocar el saxofón.
5. Desearía tener amigos a los que les gustara la música clásica.

D. *Underline the word that does NOT belong in the group.* (Subraye la palabra que no pertenece al grupo.)

1. *saxophone, piano, guitar, opera*
2. *ballet, classical, tango, flamenco*
3. *actor, musician, instrument, actress*

4. *drums, ballet, guitar, violin*
5. *sang, dancing, listening, playing*

E. *Suggested activities.* (Otras actividades sugeridas.)

1. Haga una lista de 10 cosas que le gustaría que combiaran en su lugar de trabajo.
2. ¿Qué haría usted si fuera el presidente de los EE.UU.?

CULTURAL NOTE

En los Estados Unidos hay muchísima variedad de música para el público. Algunos ejemplos de música muy popular son el *rock, country, jazz, rap,* musica clásica *(classical),* etc. Todas las ciudades grandes tienen anfiteatros o estadios en los que se organizan conciertos, especialmente para los jóvenes. La industria de la música es un negocio muy grande y tiene mucha influencia a varios niveles. Por ejemplo, hay canales de televisión que se especializan en pasar contínuamente videos de los artistas musicales favoritos. Uno de los pioneros de este tipo de empresas fue el canal *MTV (Music Television),* que ha llegado a adquirir proporciones mundiales, ya que se televisa en varios países. Además, MTV ha reconocido el poder de la música en otras lenguas y ha creado una versión que se llama *MTV International,* en la que presenta videos en varios idiomas.

En el campo del baile, este país tiene clubes nocturnos para practicar cualquier tipo de baile de varios países. Algunos de los bailes que han empezado en los EE.UU. y se han hecho muy populares son: los de *country, swing,* el *twist,* y sobre todo los de *rock and roll.* La música de cantantes populares estadounidenses va más allá de las fronteras y se puede escuchar en las discotecas y clubes nocturnos de todo el mundo.

ANSWERS

A. 1. *tickets* 2. *would* 3. *sorry* 4. *could* 5. *band* 6. *go* 7. *have* 8. *other*
B. 1. *If she had time, she would go to night clubs.* 2. *If I had lived in the 60s, I would have experienced rock and roll.* 3. *If I had tickets, I could go to the concert.* 4. *If I'd had a piano, I could have practiced at home.* 5. *If the teacher knew the song, he could help us.*
C. 1. *If I had time, I would go to classical music concerts.* 2. *If I'd had money, I would have taken private piano lessons.* 3. *If she had studied ballet, she could have been a professional ballerina.* 4. *If I had time, I would learn how to play the saxophone.* 5. *I wish I had friends who liked classical music./I would like to have friends who like classical music.*
D. 1. *opera* 2. *classical* 3. *instrument* 4. *ballet* 5. *sang*

LESSON 39

CULTURAL DIVERSITY IN THE U.S. La diversidad cultural en los EE.UU.

A. DIALOGUE

HERITAGE.

BETH: **Shannon told me you're sending Jessica to an after-school Chinese language program.**

WAYNE: **Yes, we want to make sure that she has a chance to use Chinese on a daily basis.**

BETH: **I think it's great that you're doing this. There are several languages in my background, but none of them were passed on to me.**

WAYNE: **Really? What languages?**

BETH: **Well, my mother's parents were English and German, and I think my father's parents were from Mexico.**

WAYNE: **You're not sure?**

BETH: **No! I asked my dad where his family came from and he said he didn't really know. In fact, I'm not even sure what his last name used to be before his family changed it. I know his father spoke Spanish, but he wouldn't teach it to his kids because it might inhibit their English.**

WAYNE: **What a shame!**

BETH: **I think so, too. I wish I had learned another language as a child. It's more difficult as an adult.**

LA HERENCIA.

BETH: Shannon me dijo que vas a mandar a Jessica a un programa para estudiar chino después de clase.

WAYNE: Sí, nos queremos asegurar de que tenga oportunidad de hablar en chino todos los días.

BETH: Creo que lo que haces es buenísimo. Mi familia hablaba varias lenguas pero no me enseñaron ninguna.

WAYNE: ¿De veras? ¿Qué lenguas?

BETH: Bueno, los padres de mi madre eran de Inglaterra y Alemania, y creo que los padres de mi padre eran de México.

WAYNE: ¿No estás segura?

BETH: ¡No! Yo le pregunté a mi papá de donde era su familia y dijo que no lo sabía con seguridad. De hecho, no estoy segura cuál era su apellido antes de que su familia lo cambiara. Sé que su padre hablaba español, pero no se lo enseñó a sus hijos porque tenía miedo que les causara problemas con el inglés.

WAYNE: ¡Qué lástima!

BETH: Estoy de acuerdo. Ojalá hubiera aprendido otra lengua cuando era niña. Es más difícil cuando eres adulto.

B. GRAMMAR AND USAGE

1. LA MANERA DE REPORTAR LO DICHO. *REPORTED SPEECH.*

Existen dos maneras de comentar o repetir lo que ha dicho otra persona: se puede repetir directa o directamente.

a. La forma de citar un enunciado. *Reported statements.*

En inglés, si se desea citar lo que una persona ha dicho literalmente, normalmente se representa por medio de comillas ("x") al principio y al final del enunciado.

She said, "I want to learn Chinese."
Ella dijo: "Quiero aprender chino."
Sharon shouted, "I don't like to study after school."
Sharon gritó: "No me gusta estudiar después de clase."

Pero también se puede reportar lo que se ha dicho de manera indirecta. Esto conlleva ciertos cambios en la estructura de las frases que se usan. Veamos algunos de ellos en comparación con la manera de citar literalmente. Note que en el *reported speech* se usan los pronombres de tercera persona para reportar lo que dijo otra persona.

She said, **"I don't know much about my family."**
Ella dijo: "No sé mucho acerca de mi familia."
She said (that) she didn't know much about her family.
Ella dijo que no sabía mucho acerca de su familia.
At his birthday party, Peter shouted, **"I love presents."**
En su fiesta de cumpleaños, Peter gritó: "Amo a los regalos."
At his birthday party, Peter shouted (that) he loved presents.
En su fiesta de cumpleaños, Peter gritó que él amaba los regalos.

Note que *that* se puede omitir.

b. La manera de reportar preguntas. *Reported questions.*

Cuando hay una pregunta que se reporta de manera indirecta, la estructura de la oración cambia para ser la de un enunciado. Es decir, no hay signo de interrogación ni inversión de verbo y sujeto. Además, tampoco se usa el verbo auxiliar *do*. Compare:

Cindy asked me, **"When are you going to start studying Spanish?"**
Cindy me preguntó: "¿Cuándo vas a empezar a estudiar español?"

Cindy asked me when I was going to start studying Spanish.
Cindy me preguntó cuándo iba a empezar a estudiar español.

Grandpa asked me, **"What does your brother do after school?"**
El abuelo me preguntó: "¿Qué hace tu hermano después de clase?"

Grandpa asked me what my brother does after school.
El abuelo me preguntó qué hace mi hermano después de clase.

Cuando una oración no tiene un pronombre interrogativo (en una pregunta del tipo sí/no), se usa *whether* o *if* para reportar lo que otra persona preguntó.

Ping asked me, **"Do you want to learn more about your family's history?"**
Ping me preguntó: "¿Quieres saber más acerca de la historia de tu familia?"

Ping asked me if I wanted to learn more about my family's history.
Ping me preguntó si quería saber más acerca de la historia de mi familia.

Cindy asked, **"Do you like Spanish music?"**
Cindy me pregunto: "¿Te gusta la música española?"

Cindy asked whether I liked Spanish music.
Cindy me preguntó si me gustaba la música española.

c. La manera de reportar el imperativo. *Reported imperatives.*

Finalmente, cuando el material de cita textual es un orden en imperativo, ésta se cambia y se usa *to tell/to say + infinitive* para reportarla de manera indirecta. En español, esta reestructuración demanda el uso del subjuntivo.

John told his son, **"Go home and bring your brother."**
John le dijo a su hijo: "Ve a tu casa y trae a tu hermano."

John told his son to go home and bring his brother.
John le dijo a su hijo que fuera a su casa y trajera a su hermano.

Grandpa told Peter, **"Don't stop practicing your native language."**
El abuelo le dijo a Peter: "No dejes de practicar tu lengua nativa."

Grandpa told Peter not to stop practicing his native language.
El abuelo le dijo a Peter que no dejara de practicar su lengua nativa.

2. PREGUNTAS INDIRECTAS. *INDIRECT QUESTIONS.*

Hay ocasiones en que se puede incluir una pregunta dentro de una oración declarativa. Ejemplos:

I (don't) know...	(No) sé...
I am (not) sure...	(No) estoy seguro/a
I wonder...	Me pregunto si...

Is your father going to come to the party?
    ¿Viene tu padre a la fiesta?

I don't know if my father is going to come to the party.
    No sé si mi padre va venir a la fiesta.

En este caso se llaman preguntas indirectas debido a que la oración no lleva consigo las características típicas de una pregunta. Las preguntas indirectas no usan el signo de interrogación. Además, no hay inversión de sujeto y verbo, ni tampoco se usa el verbo auxiliar *do*.

Where does she live?
    ¿Dónde vive?

I don't know where she lives.
    No sé dónde vive (ella).

Las preguntas indirectas van introducidas por un elemento interrogativo *(what, that, when, why, etc.)*.

Where is the family picnic going to be held?
    ¿Dónde va a ser el picnic familiar?

I'm not sure where the family picnic is going to be held.
    No estoy seguro dónde va a ser el picnic familiar.

Cuando la pregunta directa no tiene un pronombre interrogativo, las frases indirectas también pueden ir precedidas por palabras como *if* o *whether*.

Are you going to visit your family this summer?
    ¿Vas a visitar a tu familia este verano?

I don't know if I am going to visit my family this summer.
    No sé si voy a visitar a mi familia este verano.

Do you want to learn Spanish or not?
 ¿Quieres aprender español o no?

I don't know whether I want to learn Spanish or not.
 No sé si quiero aprender español o no.

C. VOCABULARY

NOUNS

Chinese	chino (lengua)
program	programa
hope	esperanza
basis	base
background	herencia (familiar)
last name	apellido
fear	miedo
shame	vergüenza
ancestor	antepasado

VERBS

to make sure	asegurarse
to come from	ser de (origen)
to pass on	pasar algo (tradición)
to inhibit	inhibir
to shout	gritar

ADJECTIVES AND OTHER USEFUL EXPRESSIONS

after-school	después de clase
daily	todos los días, díariamente
enough	suficiente
German	alemán/a
English	inglés/a
Mexican	mexicano/a
What a shame!	¡Qué vergüenza/pena!

EXERCISES

A. *Fill in the blanks to complete the dialogue.* (Llene los espacios en blanco para completar el diálogo.)

she's	Chinese	wanted	was	enjoy

TALKING AT A BAR.

Bertha: Two more beers, please.
John: Did you _____ the party last night?
Bertha: Yes. I liked the music. Where's your wife?
John: She said that she _____ to go visit her mother.
Bertha: And you didn't go with her?
John: No, she told me that she _____ going by herself.
Bertha: Is her mother _____?
John: No, _____ German. Her father is Chinese.
Bertha: When am I going to meet your wife?
John: Soon. I think you two will get along.

B. *Change these sentences from quoted speech to reported speech.* (Cambie estas oraciones usando la manera de reportar algo que alguien ha dicho.)

EXAMPLE: She said, "I don't like to study Spanish."
She said (that) she doesn't like to study Spanish.

1. Peter said, "I don't know much about my family."
2. Sharon shouted, "I am not interested in the party."
3. They said, "We went to my father's house yesterday."
4. Cindy claimed, "I was at school yesterday."
5. Grandpa said, "I enjoy listening to Mexican music."

C. *Translate into Spanish.* (Traduzca al español.)

1. Cindy dijo que a ella no le gustaba estudiar chino.
2. El dijo: "Me gusta la música alemana."
3. John dijo que su papá no es de México.
4. Peter le dijo a su hijo que se fuera a casa.
5. El le dijo a su hermano: "Vete al parque y allí me esperas."

D. *Complete the following sentences using the appropriate vocabulary.* (Complete las siguientes oraciones usando el vocabulario apropiado.)

Chinese	a child	to shout	Spanish	birthday

1. Chinese, German, and _____ are all languages.
2. To talk very loudly means _____.
3. A _____ party is held on the day a person was born.

4. *I love _____ food, especially egg foo yung.*
5. *It's easier to learn a language when you are _____. It's more difficult when you are an adult.*

E. *Suggested activities.* (Otras actividades sugeridas.)

1. Dibuje su árbol genealógico. ¿Que sabe acerca de sus antepasados?

CULTURAL NOTE

Hay una cultura distintiva que es americana, pero para describir la cultura de los Estados Unidos es necesario hacer referencia a la diversidad cultural que existe en este país. Esta es una nación en que la mayoría de los habitantes son inmigrantes, o son decendientes de alguna generación que vino a este país anteriormente. La variedad de grupos culturales, étnicos y sociales enriquece la cultura estadounidense. Varias tradiciones y días festivos están ya arraigados en la vida de varias ciudades. Por ejemplo, el Día de San Patricio es una gran celebración de origen irlandés que se celebra el 17 de marzo. La celebración del Cinco de Mayo conmemora la herencia mexicana, y este es un festival importante en el suroeste del país. En ciudades como San Francisco, Los Angeles y Seattle existe una numerosa comunidad china que celebra con gran fervor el Año Nuevo Chino, que no coincide con el primero de enero del calendario Gregoriano. En fin, esta diversidad hace que el ambiente cultural del país sea muy rico y variado.

Al haber tantos grupos culturales en el país, ésto conlleva el uso de la lengua nativa. Pero hay grupos que no llegan a transmitir la lengua materna a sus hijos, y como resultado, ellos sólo aprenden inglés. Pero hoy en día es más común darse cuenta del valor que tiene ser bilingüe, ya sea por motivos culturales, profesionales o para comunicarse.

ANSWERS

A. 1. *enjoy* 2. *wanted* 3. *was* 4. *Chinese* 5. *she's*
B. 1. *Peter said (that) he didn't know much about his family.* 2. *Sharon shouted (that) she is not interested in the party.* 3. *They said (that) they went to their father's house yesterday.* 4. *Cindy claimed (that) she was at school yesterday.* 5. *Grandpa said (that) he enjoyed listening to Mexican music.*
C. 1. *Cindy said (that) she didn't like to study Chinese.* 2. *He said, "I like German music."* 3. *John said (that) his father is not from Mexico.* 4. *Peter told his son to go home.* 5. *He told his brother, "Go to the park and wait for me there."*
D. 1. *Spanish* 2. *to shout* 3. *birthday* 4. *Chinese* 5. *a child*

LESSON 40

THE HOLLYWOOD CRAZE. La fascinación con Hollywood.

A. DIALOGUE

THE TABLOIDS.

EMILY: **Did you hear the latest scandal about Elizabeth Taylor?**

KAREN: **No, what is it?**

EMILY: **There's a rumor that she's actually married to two people.**

FRANK: **Give me a break! Where do you get these things?**

EMILY: **From the tabloids. I read it yesterday, when I was in line at the market.**

FRANK: **If I were you, I wouldn't believe that sensationalist trash. Those magazines are not exactly the most reliable source.**

KAREN: **Have you seen the previews for her new movie?**

FRANK: **Yes. It's nothing to write home about.**

EMILY: **But the critics said that it was a real tearjerker.**

KAREN: **Well, the movie's coming out next week. I suggest we go see it and judge for ourselves.**

EMILY: **Maybe. I'll get back to you.**

LA PRENSA SENSACIONALISTA.

EMILY: ¿Escuchaste el último escándalo de Elizabeth Taylor?

KAREN: No. ¿De qué se trata?

EMILY: Hay un rumor de que está casada con dos personas.

FRANK: ¡Qué tonterías! ¿De dónde sacas estas cosas?

EMILY: De las revistas. Lo leí ayer cuando estaba haciendo cola en el supermercado.

FRANK: Si yo fuera tú, no creería esa basura sensacionalista. Esas revistas no son exactamente la mejor fuente de información.

KAREN: ¿Han visto los cortos comerciales de su nueva película?

FRANK: Sí, pero no es nada que valga la pena.

EMILY: Pero los críticos dijeron que era una película que te hace llorar.

KAREN: Pues, la película se estrena la semana próxima. Sugiero que vayamos a verla y juzguemos para nosotras mismas.

EMILY: Quizás. Luego te contesto.

B. GRAMMAR AND USAGE

1. EL SUBJUNTIVO. *THE SUBJUNCTIVE.*

El uso del subjuntivo es muy poco común en inglés. Su uso es muy limitado y no llega a tener tantas complicaciones de conjugación como en otras lenguas romances. A veces se usa la forma de infinitivo sin *to* del verbo. Además de los usos que vimos en lección 38, el subjuntivo se usa en las siguientes circunstancias:

a. Con verbos de influencia. *With verbs of influence.*

El subjuntivo se puede usar después de algunos verbos de influencia. Algunos verbos que desencadenan el uso del subjuntivo son los siguientes. Su tiempo no influye a la forma del subjuntivo.

to suggest	sugerir
to demand	demandar
to recommend	recomendar
to insist	insistir

I suggest (that) you stop reading the tabloids.
Te sugiero que dejes de leer la prensa sensacionalista.

I recommend (that) she leave immediately.
Recomiendo que ella se vaya inmediatamente.

I demand (that) he be quiet now.
Demando que (él) se callara ahora.

b. Con expresiones impersonales. *With impersonal expressions.*

También se puede usar el subjuntivo con la estructura

$$\boxed{\textit{it is/was} + \text{adjetivo} + \textit{that} \ldots}$$

It's important that everyone have food and housing.
Es importante que todos tengan comida y vivienda.

It's essential that he come on time.
Es esencial que él llegue a tiempo.

It's necessary that you stop watching TV.
Es necesario que dejes de ver televisión.

2. BECAUSE VS. BECAUSE OF.

Debido a que estas dos formas son muy parecidas en inglés, tienden a confundir a los hablantes de español y se llegan a usar de manera equivalente. Sin embargo, estas dos palabras tienen significados diferentes y se usan en contextos distintos. Compare:

a. *Because* (porque).

Esta palabra tiene función subordinante y generalmente introduce a una cláusula completa.

Some actors don't like being famous because they sacrifice their private lives.
A algunos actores no les gusta ser famosos porque sacrifican su vida privada.

Se puede invertir el orden de las cláusulas.

I couldn't go to the movies because I had to work.
No pude ir al cine porque tuve que trabajar.

Because I had to work, I couldn't go to the movies.
Porque tuve que trabajar, no pude ir al cine.

b. *Because of* (debido a/por causa de).

Esta frase va seguida por un sustantivo simple o una frase sustantiva pero nunca por una oración completa.

I couldn't eat popcorn at the theater because of my stomachache.
No pude comer palomitas de maíz en el teatro debido a mi dolor de estómago.

También se puede invertir el orden de las cláusulas. Compare:

Cindy couldn't go to the movies because of her shift at work.
Cindy no pudo ir al cine debido a su turno de trabajo.

Because of her shift at work, Cindy couldn't go to the movies.
Debido a su turno de trabajo, Cindy no pudo ir al cine.

3. EXPRESIONES IDIOMÁTICAS. *IDIOMATIC EXPRESSIONS.*

En la lengua oral es muy común usar varias frases idiomáticas. Veamos algunas de ellas.

I'll get back to you.
Luego te contesto.

It's something/nothing to write home about.
(No) es algo que valga la pena.

I'll take a rain check.
   Lo posponemos para después.

Give me a break!
   ¡No lo puedo creer!

I'll let you know.
   Después te aviso.

Mary:	**I heard that Elizabeth Taylor has two husbands.**	
	Escuché que Elizabeth Taylor tiene dos esposos.	
Tony:	**Give me a break! Where do you get these things?**	
	¡No lo puedo creer! ¿De dónde sacas estas cosas?	
Frank:	**Hi, Karen. Would you like to go to the movies?**	
	Hola, Karen. ¿Te gustaría ir al cine?	
Karen:	**I'm sorry, but I already have plans. Can I take a rain check?**	
	Lo siento, pero ya tengo planes. ¿Lo podemos dejar para otra ocasión?	

C. VOCABULARY

NOUNS

scandal	escándalo
tabloids	prensa sensacionalista
rumor	rumor
actor	actor
lead (actor)	actor principal
magazine	revista
source	fuente (de información)
trash	basura
tearjerker	que hace llorar
preview	corto comercial
critic	crítico (persona)
shift	turno

VERBS

to suggest	sugerir
to recommend	recomendar
to demand	demandar
to miss	perder, echar de menos
to date/to go out with	salir con alguien
to bother	molestar

ADJECTIVES AND OTHER USEFUL WORDS

sensationalist sensacionalista
emotional emocionante
reliable confiable
because porque
because of debido a

EXERCISES

A. *Translate into English.* (Traduzca al inglés.)
   1. Si yo fuera tú, trataría de ser actor.
   2. Tony me trata como si fuera su hermana pequeña.
   3. La mamá de Andy no lee la prensa sensacionalista porque no dicen la verdad.
   4. Si yo fuera tú, iría al cine más seguido.
   5. John no pudo ir al cine debido a su turno de trabajo.

B. *Fill in the blanks to complete the sentences.* (Llene los espacios en blanco para completar las oraciones.)
   1. If I _____ the president of this company, I wouldn't allow any tabloids in the office.
   2. If Elizabeth Taylor were here, she _____ be able to clarify a few things about her personal life.
   3. If I were you, I would _____ to the movies tonight.
   4. The show is going to begin. If I _____ you, I would sit down already.
   5. If John weren't at work, he _____ come and watch this video with us.

C. *Complete the sentences with either "because" or "because of."* (Complete las oraciones usando ya sea *because* o *because of.*)
   1. I couldn't come _____ I was at work.
   2. She doesn't read the tabloids _____ they are not very reliable sources of information.
   3. _____ his work, he couldn't go to the theater yesterday.
   4. She didn't organize the picnic _____ she was tired.
   5. _____ his heart condition, Frank Sinatra couldn't finish his show last Saturday.

D. *Join the two sentences using the subjunctive to create a hypothetical situation.* (Una las dos oraciones con el subjuntivo para crear una situación hipotética.)

   EXAMPLE: *I'm not the owner of this night club.*
   I wish I could find better singers.
   If I were the owner of this night club, I would find better singers.

1. *I'm not you. I wish I could read the tabloids.*
2. *I'm not Elizabeth Taylor. I wish I had made a lot of movies.*
3. *I'm not a father. I wish I could take my son to the movies.*
4. *I'm not you. I wish I didn't believe the stories in the tabloids.*
5. *She's not a mother. She wishes she could play with her children.*

E. *Suggested activities.* (Otras actividades sugeridas.)

1. Lea una revista sensacionalista y note 10 cosas que probablemente no son ciertas.
2. ¿Quién es su estrella de cine favorita? ¿Qué cosas le gustaría preguntarle?

CULTURAL NOTE

En los Estados Unidos existe una gran fascinación por las estrellas del mundo del cine, del teatro, de la música y de la televisión. Hay varios programas de televisión que se dedican a informar lo más reciente acerca de las estrellas. Otra industria que ha llegado a ser un gran negocio es la de la prensa sensacionalista *(tabloids)* que se publica usualmente en periódicos y revistas. Este tipo de prensa informa mucho sobre la vida profesional y privada de las estrellas. Este tipo de negocio continúa debido a la demanda e interés que existe por estos productos. La gente parece estar fascinada por las noticias, o chismes, acerca de las grandes figuras, como Elizabeth Taylor, Clint Eastwood, Frank Sinatra y muchas otras estrellas. Además, a veces los artistas demandan a las revistas, ya que a veces estas "exageran" las noticias y les llegan a hacer publicidad negativa.

Cabe mencionar que este tipo de revistas y periódicos se encuentra a la venta en lugares muy convenientes. Normalmente se pueden encontrar junto a la caja registradora de los supermercados. Así que es muy común ver a personas que toman la revista para hojearla mientras esperan para pagar, y terminan comprándola para llevársela a su casa.

ANSWERS

A. 1. *If I were you, I would try to be an actor.* 2. *Tony treats me as if I were his little sister.* 3. *Andy's mother doesn't read the tabloids because they don't tell the truth.* 4. *If I were you, I'd go to the movies more often.* 5. *John couldn't go to the movies because of his shift at work.*
B. 1. *were* 2. *would* 3. *go* 4. *were* 5. *would*
C. 1. *because* 2. *because* 3. *Because of* 4. *because* 5. *Because of*
D. 1. *If I were you, I would read the tabloids.* 2. *If I were Elizabeth Taylor, I would have made a lot of movies.* 3. *If I were a father, I could take my son to the movies.* 4. *If I were you, I wouldn't believe the stories in the tabloids.* 5. *If she were a mother, she could play with her children.*

EIGHTH REVIEW

A. *Combine the two sentences to form if-sentences.* (Combine las dos oraciones para formar oraciones con *if*.)

EXAMPLE: There's an emergency. You need to call 911.
If there's an emergency, you need to call 911.

1. You want to get a drink. We go to a bar. (future)
2. The car doesn't start tomorrow. I am late for work. (future)
3. Tell me where you are. I come pick you up. (future)
4. You read the tabloids every week. You believe everything they say. (future)
5. You like parades. You enjoy the St. Patrick's Day parade in Chicago. (future)

B. *Translate the following sentences into English.* (Traduzca al inglés las oraciones siguientes.)

1. Cindy dijo que su coche se descompuso ayer.
2. Peter dijo: "El pavo es definitivamente mi comida favorita."
3. Frank dijo que no le gusta leer la prensa sensacionalista.
4. Jim le dijo a su hermano: "Vete al bar y allí me esperas."
5. Cindy dijo que iba a llegar tarde al trabajo.
6. Karen dijo: "Elizabeth Taylor se va a casar otra vez."

C. *Use the vocabulary to complete the dialogue.* (Use el vocabulario para completar el diálogo.)

| mashed | was | delicious | eat |
| let's | turkey | pleasure | |

THANKSGIVING.

Mother: Come on in. I'm so glad you made it.
Cindy: It's our _____, Mom.
Karen: I'm really hungry. When are we going to _____?
Mother: The food's ready. _____ get started.
Karen: I'll have some _____, please.
Cindy: I've decided to become a vegetarian. But I'll have some stuffing and some _____ potatoes.
Mother: How's the turkey?
Karen: It's _____. You have to give me the recipe.
Mother: It _____ prepared with secret special ingredients.
Cindy: Well, let's dig in!

D. *Change the following sentences from quoted speech to indirectly reported speech.* (Cambie estas oraciones para reportar indirectamente lo que dice la persona.)

EXAMPLE: *Jane said, "St. Patrick's Day is my favorite holiday."*
Jane said that St. Patrick's Day was her favorite holiday.

1. Peter said, "I don't like to drink green beer."
2. They said, "We want to go home."
3. Grandpa shouted, "I love Mexico."
4. Cindy said, "I don't like birthday parties."
5. Ann said, "My mother is not from Ireland."

E. *Join the two sentences by using the subjunctive to create hypothetical situations.* (Una las dos oraciones con el subjuntivo para crear situaciones hipotéticas.)

EXAMPLE: *I'm not the president of the U.S.*
I wish I could declare a new holiday.
If I were the president of the U.S., I would declare a new holiday.

1. I'm not Sylvester Stallone. I wish I were in a movie.
2. I don't know how to prepare a turkey. I wish I could have Thanksgiving dinner at my house next year.
3. I'm not you. I wish I didn't believe the tabloids.
4. I'm not Elizabeth Taylor. I wish I had made a lot of movies.
5. I'm not you. I wish I could drink some green beer on Saint Patrick's Day.

F. *Fill in the blanks with the appropriate vocabulary.* (Llene los espacios en blanco con el vocabulario apropiado.)

1. Thanksgiving and St. Patrick's Day are both _____.
2. A _____ is a person who can fix cars.
3. Beer, brandy, and whiskey are all alcoholic _____.
4. The newspapers and magazines which report on events related to famous people are called the _____.
5. When you have an emergency, you need to dial the number _____.
6. The traditional food for Thanksgiving is _____.
7. _____ is the food that goes inside the Thanksgiving turkey.
8. The father of my mother is my _____.
9. To _____ means to talk very loud.
10. A _____ _____ takes your car away to an auto shop.

ANSWERS

A. 1. *If you want to get a drink, we'll go to a bar.* 2. *If the car doesn't start tomorrow, I will be late for work.* 3. *If you tell me where you are, I'll come pick you up.* 4. *If you read the tabloids every week, you'll believe everything they say.* 5. *If you like parades, you'll enjoy the St. Patrick's Day parade in Chicago.*
B. 1. *Cindy said (that) her car broke down yesterday.* 2. *Peter said, "Turkey is definitely my favorite food."* 3. *Frank said (that) he doesn't like to read the tabloids.* 4. *Jim told (said to) his brother, "Go to the bar and wait for me there."* 5. *Cindy said (that) she was going to be late for work.* 6. *Karen said, "Elizabeth Taylor is getting married again."*
C. 1. *pleasure* 2. *eat* 3. *Let's* 4. *turkey* 5. *mashed* 6. *delicious* 7. *was*
D. 1. *Peter said (that) he didn't like to drink green beer.* 2. *They said (that) they wanted to go home.* 3. *Grandpa shouted (that) he loved Mexico.* 4. *Cindy said (that) she didn't like birthday parties.* 5. *Ann said (that) her mother was not from Ireland.*
E. 1. *If I were Silvester Stallone, I would be in a movie.* 2. *If I knew how to prepare a turkey, I would have Thanksgiving dinner at my house next year.* 3. *If I were you, I wouldn't believe the tabloids.* 4. *If I were Elizabeth Taylor, I would have made a lot of movies.* 5. *If I were you, I would drink some green beer on Saint Patrick's Day.*
F. 1. *holidays* 2. *mechanic* 3. *drinks/beverages* 4. *tabloids* 5. *911* 6. *turkey* 7. *Stuffing* 8. *grandfather* 9. *shout/yell* 10. *tow truck*

READING 4

GOING TO A BASEBALL GAME

Last weekend, Chris and Betty took their sons Tom and Albert to a baseball game in New York. They hadn't been to a baseball game in almost nine months. The whole family enjoys going to the stadium to watch the home team, the New York Mets.[1] Albert is especially excited since he would like to be a professional pitcher[2] when he grows up. If the family had more free time, they would attend every game of the season.[3] The Mets were playing the Los Angeles Dodgers.[4] It was an exciting game.

But watching the game was only part of the experience. Everybody cheered[5] for the players and participated in the "wave."[6] And of course, they couldn't go to a baseball game without eating hot dogs. Baseball fans[7] claim that a hot dog at the stadium tastes better there than anywhere else.

At the end of the game, the family was happy because their favorite team had won. The score was 5–1 in favor of the New York Mets. As they were walking back to the car, Albert continued to dream[8] about becoming a famous baseball player some day.

1. *Mets*	nombre del equipo de Nueva York
2. *pitcher*	lanzador de pelota (en el béisbol)
3. *season*	temporada de béisbol
4. *Dodgers*	nombre del equipo de Los Angeles
5. *to cheer*	gritar/aplaudir (por el equipo favorito)
6. *the wave*	la ola (de gente en un estadio)
7. *fans*	aficionados
8. *to dream*	soñar

APPENDIXES (Apéndices)

A. GLOSSARY OF COUNTRIES (Glosario de naciones)

1. INGLÉS-ESPAÑOL ENGLISH-SPANISH

COUNTRY	PAIS	NATIONALITY
Argentina	Argentina	Argentinean, Argentine
Austria	Austria	Austrian
Brazil	Brasil	Brazilian
Canada	Canadá	Canadian
Chile	Chile	Chilean
China	China	Chinese
Colombia	Colombia	Colombian
Costa Rica	Costa Rica	Costa Rican
Denmark	Dinamarca	Danish
Egypt	Egipto	Egyptian
England	Inglaterra	English
France	Francia	French
Germany	Alemania	German
Greece	Grecia	Greek
Guatemala	Guatemala	Guatemalan
Holland/the Netherlands	Holanda	Dutch
India	India	Indian
Ireland	Irlanda	Irish
Italy	Italia	Italian
Japan	Japón	Japanese
Mexico	México	Mexican
Norway	Noruega	Norwegian
Panama	Panamá	Panamanian
Peru	Perú	Peruvian
Poland	Polonia	Polish
Portugal	Portugal	Portuguese
Russia	Rusia	Russian
Scotland	Escocia	Scottish

Spain	España	*Spanish*
Sweden	Suecia	*Swedish*
Switzerland	Suiza	*Swiss*
Turkey	Turquía	*Turkish*
United States	Estados Unidos	*American*

2. ESPAÑOL-INGLÉS *SPANISH-ENGLISH*

País	Country	Nationality
Alemania	*Germany*	*German*
Argentina	*Argentina*	*Argentinean, Argentine*
Austria	*Austria*	*Austrian*
Brasil	*Brazil*	*Brazilian*
Canadá	*Canada*	*Canadian*
Chile	*Chile*	*Chilean*
China	*China*	*Chinese*
Colombia	*Colombia*	*Colombian*
Costa Rica	*Costa Rica*	*Costa Rican*
Dinamarca	*Denmark*	*Danish*
Escocia	*Scotland*	*Scottish*
Egipto	*Egypt*	*Egyptian*
España	*Spain*	*Spanish*
Estados Unidos	*United States*	*American*
Francia	*France*	*French*
Grecia	*Greece*	*Greek*
Guatemala	*Guatemala*	*Guatemalan*
Holanda	*Holland/The Netherlands*	*Dutch*
India	*India*	*Indian*
Inglaterra	*England*	*English*
Irlanda	*Ireland*	*Irish*
Italia	*Italy*	*Italian*
Japón	*Japan*	*Japanese*
México	*Mexico*	*Mexican*
Noruega	*Norway*	*Norwegian*
Panamá	*Panama*	*Panamanian*
Perú	*Peru*	*Peruvian*
Polonia	*Poland*	*Polish*
Portugal	*Portugal*	*Portuguese*
Rusia	*Russia*	*Russian*
Suecia	*Sweden*	*Swedish*
Suiza	*Switzerland*	*Swiss*
Turquía	*Turkey*	*Turkish*

B. GRAMMAR SUMMARY
(Resumen de gramática)

1. EL ARTÍCULO. *THE ARTICLE.*

El inglés tiene solamente un artículo definido (*the*) y dos artículos indefinidos (*a* antes de consonantes y *an* antes de vocales).

The man is eating an apple and a banana.
El hombre está comiendo una manzana y una banana.

Con frecuencia, no se usa el artículo definido en inglés cuando la palabra siguiente es determinada.
    Con los días de la semana y las estaciones:

next Tuesday   el martes próximo

Con nombres abstractos:

Love is blind.   El amor es ciego.

Con nombres que se refieren a colores o sustancias:

I don't like red.   No me gusta el rojo.

Con nombres que se refieren a una clase, o a una especie:

Cats and dogs are faithful.   Los perros y los gatos son fieles.

Con nombres que se refieren a artes o a ciencias:

I like music and history.   Me gusta la música y la historia.

Con ciertos nombres geográficos:

Alaska is a cold state.   Alaska es un estado frío.

Con nombres de idiomas:

Tommy is studying French.   Tommy está estudiando francés.

Con nombres de avenidas, calles, plazas, etc.:

Mary lives on Main Street.   Mary vive en la calle Main.

Con ciertas expresiones comunes:

last month	el mes pasado
all day long	todo el día
at work	en el trabajo

Con partes del cuerpo y artículos de vestir se usa el adjetivo posesivo en lugar del artículo definido:

Take your shoes off. Quítese los zapatos.

El artículo definido nunca se usa al expresar la hora:

It's six o'clock. Son las seis.

En inglés, el artículo indefinido se usa en algunos contextos en los que normalmente no se usa en español.
Antes de las palabras *hundred* (ciento), *thousand* (mil):

a thousand dollars mil dólares

Antes de un oficio, profesión, título, nacionalidad, etc.:

He's a student. Es estudiante.

2. CONTRACCIONES. *CONTRACTIONS.*

En el inglés informal se usan contracciones con el verbo *to be* y con otros verbos auxiliares. En la lengua muy formal escrita se evita el uso de las contracciones.

a. Con el pronombre personal:

I'm	*I am*
he's	*he is*
they've	*they have*
I'll	*I will*
I'd	*I would*

b. Con la negación *not:*

isn't	*is not*
aren't	*are not*
wasn't	*was not*
weren't	*were not*

haven't	*have not*
hasn't	*has not*
hadn't	*had not*
don't	*do not*
doesn't	*does not*
didn't	*did not*
won't	*will not*
shouldn't	*should not*
wouldn't	*would not*
can't	*cannot*
mustn't	*must not*

c. Con palabras interrogativas:

How's your father? (How is . . . ?)	¿Cómo está tu papá?
Where's . . . ? (Where is . . . ?)	¿Dónde está . . . ?
What's . . . ? (What is . . . ?)	¿Qué es . . . ?

3. LOS ADJETIVOS. *ADJECTIVES*.

El adjetivo en inglés no tiene género (masculino, femenino) ni número (singular, plural) y precede al sustantivo que modifica:

a young boy   un muchacho joven

Al igual que con los nombres, también es posible formar adjetivos compuestos de varias formas en inglés:

light blue	azul claro
hardworking	muy trabajador
lightheaded	se marea fácil, un poco mareado
poorly lit	mal iluminado

4. EL CASO POSESIVO. *THE POSSESSIVE*.

Se forma generalmente al añadir *-'s* después del nombre de la persona que posee el sustantivo:

a child's toy   el juguete de un niño

Se le añade un apóstrofo al final a los sustantivos en plural y a los nombres propios de más de una sílaba que terminan en *-s*:

the girls' skirts   las faldas de las muchachas

A veces, se puede usar la forma más larga con *of*. Por ejemplo, *a doctors' conference* puede ser *a conference of doctors* (una conferencia de doctores).

5. COMPARATIVO Y SUPERLATIVO. *THE COMPARATIVE AND SUPERLATIVE.*

Comparativos y superlativos regulares:

nice → *nicer* → *the nicest*
expensive → *more expensive* → *the most expensive*

Comparativos y superlativos irregulares mas comunes:

good	→	*better*	→	*best*	bueno	→	mejor	→	lo mejor
bad	→	*worse*	→	*worst*	malo	→	peor	→	lo peor
little	→	*less*	→	*least*	poco	→	menos	→	lo menos
much	→	*more*	→	*most*	mucho	→	más	→	lo más

6. LOS PRONOMBRES PERSONALES. *PERSONAL PRONOUNS.*

a. Pronombres del sujeto:

I	yo
you	tú, usted
he	él
she	ella
it	
we	nosotros, nosotras
you	vosotros, vosotras, ustedes
they	ellos, ellas

b. Pronombres del complemento directo e indirecto:

me	me, mí
you	te, ti; le, usted
him	lo, le, él
her	la, le, ella
it	lo, la, ello
us	nos, nosotros, nosotras
you	os, vosotros, vosotras; les, ustedes
them	los, las, les, ellos, ellas

c. Pronombres reflexivos:

myself	me
yourself	te; se
himself	se
herself	se
itself	se
oneself	se
ourselves	nos
yourselves	os; se
themselves	se

d. Pronombres recíprocos:

Each other se usa sólamente cuando se refiere a dos personas:

They love each other.
    Se aman (uno al otro).

One another se usa cuando se refiere a dos o más personas:

The girls argued with one another.
    Las chicas discutieron (entre ellas).

7. PRONOMBRES RELATIVOS. *RELATIVE PRONOUNS.*

	SUJETO	OBJETO	POSESIÓN
PERSONAS	who, that (quien, que)	who(m), that (a quien)	whose (de quien, cuyo)
COSAS	which, that (que)	which, that (que, el cual)	whose (de quien, cuyo)

Además se pueden usar *where* y *when* como pronombres relativos de objeto.

8. PRONOMBRES Y ADJETIVOS INTERROGATIVOS. *INTERROGATIVE ADJECTIVES AND PRONOUNS.*

who?	¿quién?
(to) whom?	¿a quién?
whose?	¿de quién?
which?	¿cuál?
what?	¿qué?

| where? | ¿dónde? |
| when? | ¿cuándo? |

9. ADJETIVOS Y PRONOMBRES DEMOSTRATIVOS.
DEMONSTRATIVE ADJECTIVES AND PRONOUNS.

Estos adjetivos y pronombres no tienen género en inglés.

this	este, esta, esto
these	estos, estas
that	ese, esa, aquel, aquella, aquello
those	esos, esas, aquellos, aquellas
this one	éste, ésta
that one	ése, ésa, aquél, aquélla

10. ADJETIVOS Y PRONOMBRES POSESIVOS.
POSSESSIVE ADJECTIVES AND PRONOUNS.

a. Adjetivos posesivos

my	mi, mis
your	tu, tus; su, sus
his	su, sus
her	su, sus
its	su, sus
our	nuestro, nuestra; nuestros, nuestras
your	vuestro, vuestra; vuestros, vuestras; su, sus
their	su, sus

b. Pronombres posesivos

mine	el mío, la mía, los míos, las mías
yours	el tuyo, la tuya, los tuyos, las tuyas; el suyo, la suya, los suyos, las suyas
his	el suyo, la suya, los suyos, las suyas
hers	el suyo, la suya, los suyos, las suyas
ours	el nuestro, la nuestra, los nuestros, las nuestras
yours	el vuestro, la vuestra, los vuestros, etc. el suyo (de usted) etc.
theirs	el suyo, la suya, etc.

11. ORACIONES NEGATIVAS. *NEGATION*.

Cuando el verbo principal es el verbo *to be,* se usa este verbo para llevar a cabo la negación. En este caso, el verbo no cambia.

She is at the beach.
Ella está en la playa.

She is not at the beach.
Ella no está en la playa.

Cuando en la oración aparece sólo un verbo y no es *to be,* se usa el auxiliar *do* (*does, did*) para la negación. Después de *does* y *did,* se usa la forma de infinitivo sin la preposición *to.*

She studies at night.
Ella estudia por la noche.

She doesn't study.
Ella no estudia.

Cuando hay un verbo auxiliar (*to be, to have,* modales), se usa este verbo para hacer la negación.

I can work tomorrow.
Puedo trabajar mañana.

I can't work tomorrow.
No puedo trabajar mañana.

I have eaten.
Ya he comido.

I haven't eaten.
No he comido.

12. PREGUNTAS. *QUESTIONS*.

El orden de palabras en la oración cambia en las preguntas. Se invierte el verbo y el sujeto:
    Cuando aparece el verbo *to be,* ya sea como verbo principal o auxiliar, u otro verbo auxiliar, éste se usa para formar la pregunta.

They are all hungry.	Todos tienen hambre.
Are they all hungry?	¿Tienen todos hambre?
I have made a mistake.	Me he equivocado.
Have I made a mistake?	¿Me he equivocado?

You can go. Usted puede ir.
Can you go? ¿Puede usted ir?

Cuando no aparece el verbo *to be* o un verbo auxiliar, se usa el auxiliar *do* para formar preguntas en la forma *do/did* + infinitivo sin *to*.

She eats chicken every day.
Ella come pollo todos los días

Does she eat chicken?
¿Come ella pollo?

I went to the park.
Fui al parque.

Did you go to the park?
¿Fuiste (tú) al parque?

13. LOS ADVERBIOS. *ADVERBS.*

La terminación o sufijo del inglés *-ly*, corresponde a la terminación adverbial del español "-mente."

necessarily	necesariamente
quickly	rápidamente
exclusively	exclusivamente

14. LAS PREPOSICIONES. *PREPOSITIONS.*

Una preposición en español a menudo corresponde a varias en inglés. La traducción es aproximada. Algunas de las preposiciones más comunes:

at, to	a
in, into, within, inside	en
out, out of, outside	fuera
on, upon	sobre
over, above	encima de
under, below	debajo de
between, among	entre
before, in front of	ante, delante de, enfrente de
behind, in back of	detrás de
up	arriba
down	abajo
by, near, close to, beside	al lado de

against	contra
along	a lo largo de
about	acerca de
around	alrededor de
from	desde
of	de
through, across	por
by, for	por
with	con
without	sin
except, save	excepto
for, in order to	para
in spite of	a pesar de

15. LAS CONJUNCIONES. *CONJUNCTIONS.*

Algunas de las conjunciones más comunes:

and	y, e
or	o, u
but	pero, sino, mas
that	que
as	cuando, como, puesto que
since	puesto que
if, whether	si
why	por qué
because	porque
yet, still, however	sin embargo
then	entonces
therefore	por lo tanto
while	mientras
as soon as	tan pronto como
unless	a menos que
till, until	hasta que
since	puesto que, como
before	antes que
provided that, so that	con tal que
though	aunque, bien que

16. LOS TIEMPOS VERBALES. *VERB TENSES.*

El infinitivo se forma con la preposición *to: to walk* (caminar).

LOS TIEMPOS SIMPLES. *THE SIMPLE TENSES.*

a. *The present indicative* (el presente indicativo): en la tercera persona añada -s.

b. *The simple past* (el pasado simple): añada -ed en todas las personas.

c. *The future* (el futuro): use el verbo modal *will* + infinitivo sin *to*.

d. *The conditional* (el condicional): use el verbo modal *would* + infinitivo sin *to*.

LOS TIEMPOS COMPUESTOS. *THE COMPOUND TENSES.*

a. *The present perfect* (el presente perfecto): use el presente de *to have* + participio pasado.

b. *The past perfect* (el pasado perfecto): use el pasado de *to have* + participio pasado.

c. *The future perfect* (el futuro perfecto): use *will* + *have* + participio pasado.

d. *The past conditional* (el pasado condicional): use *would* + *have* + participio pasado.

e. *The present continuous* (el presente continuo): use el presente de *to be* + participio presente.

f. *The past continuous* (el pasado continuo): use el pasado de *to be* + participio presente.

g. *The future continuous* (el futuro continuo): use *will* + *be* + participio presente.

h. *The conditional continuous* (el condicional continuo): use *would* + *be* + participio presente.

i. *The present perfect continuous* (el presente perfecto continuo): use el presente de *to have* + *been* + participio presente.

j. *The past perfect continuous* (el pasado perfecto continuo): use el pasado de *to have* + *been* + participio presente.

k. *The future perfect continuous* (el futuro perfecto continuo): use *will* + *have been* + participio presente.

The past participle (el participio pasado): añada *-ed* al infinitivo (sin *to*) en los verbos regulares.

The present participle (el participio presente): añada *-ing* al infinitivo sin *to*.

17. LA CONJUGACIÓN DE UN VERBO REGULAR. *THE CONJUGATION OF A REGULAR VERB.*

TO WORK   TRABAJAR

a. *Present*

I work	yo trabajo
you work	tú trabajas, Ud. trabaja
he works	él trabaja
she works	ella trabaja
it works	trabaja
we work	nosotros (nosotras) trabajamos
you work	vosotros (vosotras) trabajáis, Uds. trabajan
they work	ellos (ellas) trabajan

b. *Past*

I worked	yo trabajé
you worked	tú trabajaste, Ud. trabajó
he/she/it worked, etc.	él trabajó, etc.

c. *Present Perfect*

I have worked	yo he trabajado
you have worked	tú has trabajado, Ud. ha trabajado
he/she/it has worked, etc.	él ha trabajado, etc.

d. *Past Perfect*

I had worked	yo había trabajado
you had worked, etc.	tú habías trabajado, Ud. había trabajado, etc.

e. Future

I will work	yo trabajaré
you will work, etc.	tú trabajarás, Ud. trabajará, etc.

f. Future Perfect

I will have worked	yo habré trabajado
you will have worked, etc.	tú habrás trabajado, Ud. habrá trabajado, etc.

g. Present Conditional

I would work	yo trabajaría
you would work, etc.	tú trabajarías, Ud. trabajaría, etc.

h. Past Conditional

I would have worked	yo habría trabajado
you would have worked, etc.	tú habrías trabajado, Ud. habría trabajado, etc.

i. Imperative

Work!	¡trabaje!
let's work	trabajemos

j. Infinitive

to work	trabajar

k. Progressive (continuous) Forms

Present:	I am working	estoy trabajando
Past:	I was working	estaba trabajando
Present perfect:	I have been working	he estado trabajando
Future:	I will be working	estaré trabajando
Conditional:	I would be working	estaría trabajando
Past perfect:	I had been working	había estado trabajando
Future perfect:	I will have been working	habré estado trabajando
Past conditional perfect:	I would have been working	habría estado trabajando

18. EL IMPERATIVO. *THE IMPERATIVE.*

a. Para la segunda persona se usa el infinitivo sin *to* y sin el pronombre:

Go to your room!   ¡Ve a tu cuarto!
Be quiet!   ¡Cállate!

La primera persona del plural del imperativo se forma con el verbo *to let.*

Let's go!   ¡Vamos! ¡Vámonos!
Let's eat!   ¡Hay que comer! ¡Comamos!

19. LA VOZ PASIVA. *THE PASSIVE VOICE.*

a. Para formar la voz pasiva se usa el verbo *to be* + el participio pasado (+ por + sujeto/agente).

The oven was fixed by the electrician.
El horno fue arreglado por el electricista.

The turkey was prepared with a special recipe.
El pavo fue preparado con una receta especial.

20. LOS VERBOS MODALES. *MODAL VERBS.*

VERBO MODAL	SIGNIFICADO	SUSTITUTO
can, could	poder	*to be able*
may, might	tener permiso, ser posible	*to be allowed*
must	deber	*to have to*
will, would	(futuro)	*to be going to*
shall, should	deber	*to have to, to be obliged to*
ought to	tener obligación	*to be obliged to*

C. IRREGULAR VERBS
(Verbos irregulares)

INFINITIVE	PAST	PAST PARTICIPLE	MEANING
to bear	bore	born	soportar, sufrir
to beat	beat	beaten	pegar
to become	became	become	hacerse, convertirse
to begin	began	begun	empezar
to bend	bent	bent	doblar
to bet	bet	bet	apostar
to bind	bound	bound	unir
to bite	bit	bitten	morder
to bleed	bled	bled	sangrar
to blow	blew	blown	soplar
to bring	brought	brought	traer
to build	built	built	construir
to burst	burst	burst	estallar
to buy	bought	bought	comprar
to catch	caught	caught	coger
to choose	chose	chosen	elegir
to come	came	come	venir
to cost	cost	cost	costar
to cut	cut	cut	cortar
to deal	dealt	dealt	tratar
to do	did	done	hacer
to draw	drew	drawn	arrastrar
to drink	drank	drunk	beber
to drive	drove	driven	conducir
to eat	ate	eaten	comer
to fall	fell	fallen	caer
to feed	fed	fed	alimentar
to feel	felt	felt	sentir
to fight	fought	fought	luchar
to find	found	found	encontrar
to fly	flew	flown	volar
to forget	forgot	forgotten	olvidar
to forgive	forgave	forgiven	perdonar
to freeze	froze	frozen	helar, congelar
to get	got	gotten	obtener, conseguir
to give	gave	given	dar
to go	went	gone	ir
to grow	grew	grown	crecer

to hang	hung	hung	colgar
to have	had	had	tener, haber
to hear	heard	heard	oír
to hide	hid	hidden	esconder
to hit	hit	hit	golpear
to hold	held	held	tener, coger
to hurt	hurt	hurt	herir
to keep	kept	kept	guardar
to know	knew	known	conocer, saber
to lay	laid	laid	poner
to lead	led	led	guiar
to leave	left	left	dejar
to lend	lent	lent	prestar
to let	let	let	permitir
to lie	lay	lain	acostarse
to lose	lost	lost	perder
to make	made	made	hacer
to mean	meant	meant	significar
to meet	met	met	encontrarse
to owe	owed	owed	deber (algo)
to pay	paid	paid	pagar
to quit	quit	quit	dejar
to read	read	read	leer
to ring	rang	rung	sonar
to rise	rose	risen	subir
to run	ran	run	correr
to see	saw	seen	ver
to shake	shook	shaken	sacudir
to sell	sold	sold	vender
to send	sent	sent	mandar
to set	set	set	poner
to shine	shone	shone	brillar
to shoot	shot	shot	tirar, disparar
to show	showed	shown	mostrar
to shrink	shrank	shrunk	encoger
to shut	shut	shut	cerrar
to sing	sang	sung	cantar
to sink	sank	sunk	hundir
to sit	sat	sat	sentarse
to sleep	slept	slept	dormir
to slide	slid	slid	resbalar
to speak	spoke	spoken	hablar
to spend	spent	spent	gastar
to split	split	split	hender

to spread	*spread*	*spread*	difundir
to stand	*stood*	*stood*	estar/ponerse de pie
to steal	*stole*	*stolen*	robar
to stick	*stuck*	*stuck*	pegar, prender
to strike	*struck*	*struck*	golpear
to swear	*swore*	*sworn*	jurar
to sweep	*swept*	*swept*	barrer
to swim	*swam*	*swum*	nadar
to swing	*swung*	*swung*	columpiar
to take	*took*	*taken*	tomar
to teach	*taught*	*taught*	enseñar
to tear	*tore*	*torn*	romper, rasgar
to tell	*told*	*told*	decir, contar
to think	*thought*	*thought*	pensar
to throw	*threw*	*thrown*	echar
to wear	*wore*	*worn*	llevar, vestir, usar
to weep	*wept*	*wept*	llorar
to win	*won*	*won*	ganar
to write	*wrote*	*written*	escribir

D. WRITING LETTERS
(Cómo escribir cartas)

1. INVITACIONES FORMALES Y RESPUESTAS.
FORMAL INVITATIONS AND RESPONSES.

A. INVITACIONES

Mr. and Mrs. John Zamora
request the honor of your presence
at the marriage of their daughter
Sandy Angelica
to
Mr. Victor Smith
on Sunday, the second of July
Nineteen hundred and ninety-five
at four-thirty in the afternoon

Our Lady of Pilar Church
Main Street and Lincoln Boulevard
Seattle, Washington

El señor John Zamora y Señora solicitan el honor de su presencia en la boda de su hija, Sandy Angelica, con el señor Victor Smith, que se llevará a cabo el domingo dos de julio del presente año, a las 4:30 de la tarde. Tendrá lugar en la iglesia de Nuestra Señora del Pilar, situada en la Calle Main y el Boulevard Lincoln, Seattle, Washington.

Mr. and Mrs. Peter Levenfeller cordially invite you to a reception given for their daughter Annemarie, on Saturday evening, November 24, 1995, at nine o'clock, at the Yacht Club.

El Señor Peter Levenfeller y Señora le invitan a la recepción que darán en honor de su hija Annemarie, el sábado 24 de noviembre de 1995, a las nueve de la noche en el Yacht Club.

B. RESPUESTAS

Mr. and Mrs. Steve Houston thank Mr. and Mrs. Levenfeller for their kind invitation and regret that they are unable to attend due to a previous engagement.

El Señor Houston y Señora agradecen al Señor Levenfeller y Señora por su amable invitación y se disculpan por no poder asistir debido a un compromiso previo.

Mr. and Mrs. Brown thank you for your kind invitation and will attend with pleasure the reception on November 24th.

El Señor Brown y Señora les agradecen su invitación y con gusto asistirán a la recepción del sábado 24 de noviembre.

2. FORMAS DE AGRADECIMIENTO. *THANK YOU NOTES.*

August 3, 1995

Dear Sandy,

I just wanted to say hello and let you know that I received the beautiful picture frame you sent me. I used it for one of my wedding pictures. I've hung it on the wall in the family room, and you can't imagine how nice it looks.

I hope to see you at Julie's party tomorrow. I think it's going to be a lot of fun.

I hope your family is well. Everyone here is fine.

Love,

Joyce

---

3 de agosto, 1995

Querida Sandy:

Quería saludarte y decirte que recibí el precioso marco que me enviaste. Lo usé para enmarcar una foto de mi boda. Lo he colgado en una de las paredes del cuarto de familia y no te imaginas lo lindo que luce.

Espero verte mañana en la fiesta de Julie. Creo que va a estar muy divertida.

Espero que tu familia se encuentre bien. Aquí todos estamos bien.

Cariños,

Joyce

3. CARTAS DE NEGOCIOS. *BUSINESS LETTERS.*

July 6, 1995

28 Electric Avenue
Apartment 13
Berkeley, CA   94720

New Hobbies Magazine
Attn: New Accounts Department
1620 West 25th Street
New York, NY 10011

To whom it may concern:

Enclosed please find a check for $30.00 to cover one year's subscription to your magazine.

Sincerely,

Anthony Harris

---

6 de julio de 1995.

28 Avenida Electric
Apartamento 13
Berkeley, CA   94720

Revista "Nuevos Hobbies"
Atención: Departamento de nuevas cuentas
Calle 25 #1620 Oeste
Nueva York, NY 10011

Estimados señores:

Sírvanse encontrar adjunto un cheque por $30.00 por un año de subscripción a su revista.

Atentamente,

Anthony Harris

November 23, 1995

Huntington Chemicals Corp.
159 Culver Avenue
Salt Lake City, Utah   84119

Mr. Albert Hill
García and Associates
623 Wilshire Boulevard
Los Angeles, CA   90023

Dear Mr. Hill:

In reply to your letter of the 10th of this month, I wish to confirm that the merchandise you ordered was mailed to you parcel post on May 15th.

Very truly yours,

Fabiola Lafayette
Director of Public Relations
Huntington Chemicals Corp.

---

23 de noviembre de 1995.

Huntington Chemicals Corp.
159 Avenida Culver
Salt Lake City, Utah   84119

Sr. Albert Hill
García y Asociados
623 Bulevar Wilshire
Los Angeles, CA   90023

Estimado señor Hill:

En respuesta a su carta del 10 del presente mes, deseo confirmarle que la mercancía que ordenó ya le fue enviada como encomienda postal el 15 de mayo.

Atentamente,

Fabiola Lafayette
Directora de Relaciones Públicas
Huntington Chemicals Corp.

4. CARTAS INFORMALES. *INFORMAL LETTERS.*

February 23, 1995

Dear Victor,

I was happy to receive your letter. It was good to hear that you're feeling better after your stay in the hospital. I have some good news for you. I have finally decided to make the trip to New Mexico. I will probably spend at least three weeks there, starting on the first of August. Thanks so much for the invitation to stay with you. It'll be wonderful to see you.

Laura is going with me. She is excited about meeting the two of you. We'll finally have a chance to catch up. The business seems to be doing fine. I saw Albert the other day, and he asked me about you.

Write soon. Give my regards to Sandy.

Yours,

Michael

---

23 de febrero de 1995.
Querido Victor:

Me dio mucho gusto recibir tu carta. Me alegra saber que ya te sientes mejor después de tu estadía en el hospital. Te tengo buenas noticias. Por fin he decidido hacer el viaje a Nuevo México. Probablemente pasaré por lo menos tres semanas allí, a partir del primero de agosto. Muchas gracias por la invitación para quedarnos en tu casa. Será un gusto volver a verte.

Laura va a ir conmigo. Le encanta la idea de poder conocerlos. Finalmente tendremos oportunidad de ponernos al día.

El negocio parece que marcha bien. El otro día vi a Albert y me preguntó por ti.

Escríbeme pronto. Salúdame a Sandy.

Saludos,

Michael

5. FORMAS DE SALUDO Y DESPEDIDA.
GREETINGS AND CLOSINGS.

A. SALUDOS FORMALES

Sir:	Señor:
Madam:	Señora:
Dear Sir:	Muy señor nuestro:
Dear Sir or Madam:	Muy señores nuestros:
Dear Mr. McCurdy:	Estimado señor McCurdy:
Dear Mrs. McCurdy:	Estimada señora McCurdy:
Dear Miss McCurdy:	Estimada señorita McCurdy:
Dear Ms. Smith:[1]	Estimada Sa. Smith:
Dear Dr. Harris:	Estimado doctor Harris:
Dear Professor Araluce:	Estimado profesor Araluce:
Dear Colonel Kent:	Estimado coronel Kent:

B. SALUDOS INFORMALES:

Dear Mr. Gill,	Estimado señor Gill:
Dear Mrs. Gill,	Estimada señora Gill:
Dear Sandy,	Querida Sandy:
Dear Victor,	Querido Victor:
Dearest Robert,	Muy querido Robert:
My darling Maya,	Mi querida Maya:

C. DESPEDIDAS FORMALES

Very truly yours,	Su atento y seguro servidor,
Yours very truly,	Su atto. y S.S.,
Sincerely yours,	Atentamente,
Yours sincerely,	Sinceramente suyo,
Sincerely,	Sinceramente,
Cordially,	Cordialmente,
Very cordially,	Muy cordialmente,

D. DESPEDIDAS INFORMALES

Best (regards),	Nuestros mejores recuerdos,
With our very best regards,	Con nuestros mejores recuerdos,
Affectionately,	Afectuosamente,
Yours,	De quien te estima, Saludos
Love,	Cariños,
With love,	Cariñosamente,

[1] *Ms.* (miz) se usa para saludar a una mujer sin indicar su estado civil (como la nueva forma "Sa." en español).

6. FORMATO DEL SOBRE. *FORM OF THE ENVELOPE.*

Boxer & Hunter, Inc.
240 Main St., Suite 431
Santa Monica, CA   90404

                                     Mr. Matthew Morfin
                                     456 Franklin Avenue
                                     St. George, UT   84770

Or:

Boxer & Hunter, Inc.
240 Main St., Suite 431
Santa Monica, CA   90404

Mr. Matthew Morfin
456 Franklin Avenue
St. George, UT   84770

GLOSSARY (Glosario)

ENGLISH-SPANISH (Inglés-Español)

A

assist (to) *ayudar*
abdomen *abdomen*
above *arriba*
absolutely *absolutamente*
accept (to) *aceptar*
accident *accidente*
account *cuenta*
ache *dolor, doler*
achieve (to) *lograr*
activity *actividad*
actor *actor*
actually *por cierto*
additional *adicional, otro*
admit (to) *admitir*
adventure *aventura*
after *después*
after all *después de todo*
afternoon *tarde*
agree (to) *estar de acuerdo*
air conditioned *aire acondicionado*
airport *aeropuerto*
aisle *pasillo*
Algebra *álgebra*
almost *casi*
already *ya*
always *siempre*
amazing *fabuloso/a*
American dream *sueño americano*
an *uno, una*
and *y*
angry *enojado/a*
ankle *tobillo*
annoying *molesto/a, incómodo/a*
annual *anual*
anxious *ansioso/a*
anymore *no más*
anyway *de cualquier manera*
apartment *departamento, apartamento*
appear (to) *aparecer*
application *solicitud*
appointment *cita*
argument *discusión*

arm *brazo*
around *alrededor*
as *como*
at *en, a*
attitude *actitud*
aunt *tía*
auto shop *taller mecánico*
available *disponible*

B

baby *bebé*
bachelor party *despedida de soltero*
back *espalda*
bad *mal, malo/a*
badge *insignia*
bag *bolsa*
bake (to) *hornear*
balance *balance, equilibrio*
ball *pelota*
band *banda, grupo musical*
bank *banco*
barbecue *parrillada, asado, barbacoa*
bargain (to) *regatear*
baseball *béisbol*
basketball *baloncesto*
bathroom *baño*
bathtub *tina de baño, bañera*
battery *batería*
be (to) *ser, estar*
be allowed (to) *tener permiso*
be careful (to) *tener cuidado*
be hungry (to) *tener hambre*
be in charge (to) *estar, encargado/a*
be kidding (to) *bromear*
be late (to) *llegar tarde*
be proud (to) *estar orgulloso/a*
be supposed to (to) *suponerse que*
be worth it (to) *valer la pena*
beach *playa*
beautiful *hermoso/a*
because *porque*
because of *debido a*
become (to) *convertirse*

behind *detrás, atrás*
bedroom *habitación, recámara, dormitorio*
beef *carne de res*
beer *cerveza*
bet (to) *apostar*
better *mejor*
between *entre*
big *grande*
blinker *direccional*
blouse *blusa*
boat *barco*
book *libro*
borrow (to) *pedir prestado*
boss *jefe, patrón*
both *ambos/as*
bother (to) *molestar*
bottle *botella*
box *caja*
boxing *boxeo, box*
boy *chico, muchacho, niño*
branch *sucursal*
bread *pan*
break (to) *quebrar, descomponer*
break down (to) *descomponerse*
breakfast *desayuno*
breath *aliento*
bride *novia*
bring (to) *traer*
  bring back memories (to) *hacer recordar*
broadcast (to) *transmitir*
broccoli *brócoli*
broken *descompuesto/a*
brother *hermano*
brother-in-law *cuñado*
brush *brocha*
buck *dólar (informal)*
buddy *amigo, colega*
build (to) *construir*
bumper *defensa*
  bumper to bumper *tráfico muy lento*
burn (to) *quemar*
bus *autobús*
busy *ocupado/a*
but *pero*
buy (to) *comprar*
bye *adiós*

C

call *llamada*
call (to) *llamar*
camp *campamento*
campaign *campaña*
can *poder*
candidate *candidato*
capacity *capacidad*
capital *capital*
car *coche, carro*
car jacking *robo de coche*
career *carrera, profesión*
carefully *cuidadosamente*
careless *descuidado/a*
carrot *zanahoria*
carry (to) *cargar, llevar*
cash *dinero en efectivo*
  cash register *caja registradora*
cashier's check *cheque de caja*
casserole *cacerola*
cause *causa*
certainly *claro, seguro*
chair *silla*
chairperson *presidente, director*
channel *canal*
cheap *barato/a*
check *cheque*
check (to) *revisar*
  check in (to) *registrase (en un hotel)*
  check out (to) *salir y pagar (de un hotel)*
checking account *cuenta de cheques*
Cheers! *¡Salud!*
chest *pecho*
chicken *pollo*
choose (to) *escoger, seleccionar*
Christmas *Navidad*
  Christmas Eve *Nochebuena*
  Christmas card *tarjeta de Navidad*
  Christmas tree *árbol de Navidad*
cigarette *cigarrillo*
class *clase*
classical *clásico/a*
classified ad *anuncio clasificado*
climate *clima*
closet *armario*
clothes *ropa*
cloudy *nublado*
clover *trébol*
coach *entrenador*
coast *costa*
coat *abrigo*
coffee *café*

coincidence *coincidencia*
cold *frío*
colleague *colega*
collection *colección*
collision *accidente, choque*
come (to) *venir*
  come back (to) *regresar*
  come in (to) *entrar*
  Come on! Let's go! *¡Vamos!*
comedy *comedia*
company *empresa, compañía*
compare (to) *comparar*
complete *completo/a*
complicated *complicado/a*
complimentary *gratis, gratuito/a*
computer *computadora, ordenador*
condition *condición, estado*
confess (to) *confesar*
Congratulations! *¡Felicidades!*
consequently *por consecuencia*
conservative *conservador/a*
consider (to) *considerar*
continue (to) *continuar*
convince (to) *convencer*
convinced *convencido/a*
cookie *galleta, galletita*
cooking *cocinar*
correct (to) *corregir*
correctly *de manera correcta*
cost (to) *costar*
cough *tos*
counter *mostrador*
course *curso, clase*
cousin *primo, prima*
cream *crema*
crime *crimen, delito*
critic *crítico/a (persona)*
cruise *crucero*
cultural *cultural*
customer *cliente/a*
cut (to) *cortar*
  cut off (a car) (to) *atravesarse*

D

dad *papá*
dare (to) *atreverse*
date *cita*
daughter *hija*
deal *trato, oferta, ganga, negocio*
debate *debate*
decoration *decoración*
deep *profundo/a*

defeat (to) *vencer*
defeated *vencido/a*
delicious *delicioso/a*
demand (to) *demandar*
demanding *exigente*
Democrat *demócrata*
democratic *democrático/a*
den *cuarto de recreo*
deposit *depósito*
depressed *deprimido/a*
desk *escritorio*
dessert *postre*
diet *dieta*
different *diferente*
dinner *cena*
directly *directamente*
director *director/a*
disappointed *decepcionado/a*
discount *descuento*
dish *plato, platillo*
dizzy *mareado/a*
documentary *documental*
door *puerta*
doubt (to) *dudar*
downtown *centro de la cuidad*
drama *drama*
dress *vestido*
drink (to) *beber*
driver's license *licencia de conducir*
drop by (to) *pasar por un lugar*
drop off (to) *dejar, devolver*
dry (to) *secar*
drums *batería*
dust (to) *sacudir*
dye (to) *teñir, pintar (ropa, pelo)*

E

ear *oído, oreja*
early *temprano*
early riser *madrugador/a*
east *este*
economical *económico/a*
edge *borde*
educated *educado/a*
egg *huevo*
elbow *codo*
elect (to) *elegir*
electricity *electricidad*
emergency *emergencia*
emotional *emocionante*
employee *empleado/a*
end (to) *terminar, acabar, concluir*

end up (to) *terminar*
endurance *resistencia*
engaged *comprometido/a*
engineering *ingeniería*
enjoy (to) *disfrutar*
enjoy oneself (to) *divertirse*
enough *suficiente, bastante*
enthusiastic *entusiasmado/a*
equipment *equipo, material*
essential *esencial*
essentially *esencialmente*
even *incluso/a*
evening *noche*
event *evento*
exactly *exactamente*
excited *entusiasmado/a*
exciting *emocionante*
excuse *excusa*
excuse (to) *disculpar (perdón)*
exercise *ejercicio*
exercise (to) *hacer ejercicio*
exit *salida*
exit (to) *salir*
expense *gasto*
expensive *caro/a*
extra *adicional*
eye *ojo*

F

fall (to) *caer*
fall down (to) *caerse*
family *familia*
fascinating *fascinante*
fast *rápido/a*
father *padre, papá*
father-in-law *suegro*
faucet *llave, grifo*
favorite *favorito/a*
fear *miedo*
federal *federal*
fee *cuota, honorarios*
feel (to) *sentir*
field *campo*
fill (to) *llenar*
fill out (to) *llenar formularios*
film *película, filme, film*
finally *finalmente*
find (to) *encontrar*
finger *dedo de la mano*
finish (to) *terminar*
first *primero/a*
fish *pescado/pez*

fitting room *vestidor, probador*
fix (to) *arreglar, componer*
fixed *compuesto/a, arreglado/a*
flexibility *flexibilidad*
flip (to) (channels) *cambiar de canales*
flu *gripe*
fluid *líquido*
fly (to) *volar*
foggy *con neblina/brumoso*
follow (to) *seguir*
food *comida, alimentos*
foot *pie*
football *fútbol americano*
forbid (to) *prohibir*
forecast *pronóstico*
forget (to) *olvidar*
form *formulario*
former *anterior, previo*
free *gratis, gratuito/a*
freeway *autopista*
friend *amigo/a*
friendly *amigable, agradable, amable*
from *de*
frozen *congelado/a*
frustrating *frustrante*
fun *divertido/a*
furniture *muebles*

G

gain (to) *obtener, ganar*
  to gain weight *subir de peso*
gang *pandilla*
garage *garage, taller*
gardening *trabajar en jardín*
garlic *ajo*
gasoline *gasolina*
gelatin *gelatina*
general *general*
  general education *educación general*
gesture *señal (de mano), gesto*
get (to) *obtener, conseguir*
  get away (to) *escapar*
  get drunk (to) *emborracharse*
  get going (to) *moverse, apurarse*
  get married (to) *casarse*
  get off (to) *salir, irse*
  get something fixed (to) *hacer arreglar algo*
  get somewhere (to) *llegar a algún lugar*
  get up (to) *levantarse*
ghost *fantasma*

gift *regalo*
  gift exchange *intercambio de regalos*
girl *chica, muchacha, niña*
glad *alegre, feliz*
glove compartment *guantera*
good *bueno*
  Good morning. *Buenos días.*
  Good evening. *Buenas noches.*
go (to) *ir*
  go ahead (to) *andar/ir adelante*
  go away (to) *marcharse*
  go back (to) *regresar*
  go by (to) *pasar por*
  go down (to) *bajar*
  go in (to) *entrar*
  go out (to) *salir*
  go up (to) *subir*
gorgeous *precioso/a*
grandfather *abuelo*
grandmother *abuela*
grandma *abuela (de cariño)*
grandpa *abuelo (de cariño)*
grandparents *abuelos*
gravy *salsa*
great *excelente*
groceries *abarrotes, alimentos*
groom *novio*
guess (to) *adivinar*
guest *invitado/a*
guilty *culpable*
guitar *guitarra*
gun *pistola, arma*
  gun shot *balazo*
guys *muchachos, chicos, tipos*

H

half *medio/a*
ham *jamón*
handsome *guapo*
handyman *hombre que arregla de todo*
happy *feliz*
hardly *apenas, duramente*
hardware store *ferretería*
have (to) *tener*
  have doubts (to) *tener dudas*
  Have a good trip! *¡Buen viaje!*
have to, must (to) *tener que*
head *cabeza*
health *salud*
  health nut *obsesionado/a con la salud*
healthy *saludable*

heat *calor, calefacción*
heater *calefactor*
help (to) *ayudar*
  help oneself (to) *servirse*
here *aquí, acá*
hello *hola*
hi *hola (informal)*
hike (to) *caminar*
hit (to) *golpear*
hobby *pasatiempo*
hope *esperanza*
hors d'oeuvre *aperitivo*
hot *caliente*
hotel *hotel*
hour *hora*
house *casa*
how? *¿cómo?*
  How much? *¿cuánto/a?*
  How many? *¿cuántos/as?*
  How about . . . ? *¿qué te parece . . . ?*
  How are you? *¿Cómo estás?/¿Cómo está?*
  How's it coming along? *¿Cómo va todo?*
however *sin embargo*
humid *húmedo*
hurt (to) *doler*
husband *esposo*

I

I *yo*
  I see. *Ya veo. Qué bien.*
  I agree. *Estoy de acuerdo.*
  I'm sorry. *Lo siento.*
ice *hielo*
  ice cream *helado*
identification (ID) *identificación*
imagine (to) *imaginar*
immediately *inmediatamente*
impossible *imposible*
in *en*
include (to) *incluir*
inconvenience *inconveniencia, molestia*
individual account *cuenta individual/ personal*
inhibit (to) *inhibir*
insist (to) *insistir*
instrument *instrumento*
insurance *seguro*
interested *interesado/a*
international *internacional*
interesting *interesante*
interrupt (to) *interrumpir*
interview *entrevista*

into *en, dentro*
invite (to) *invitar*
invoice *factura, cuenta*
Ireland *Irlanda*
Irish *irlandés/irlandesa*
ironing board *mesa de planchar*
island *isla*
itinerary *itinerario*

J

jealous *celoso/a*
job *trabajo*
jog (to) *correr lentamente, trotar*
join (to) *unirse, juntarse*
joint *en conjunto*
   joint account *cuenta conjunta*
joy *alegría*
joyous *feliz, alegre*
jump *salto*
jump (to) *brincar, saltar*
jump start (to) *pasar corriente (a un coche)*
just *acabar de, sólo, justo*

K

keep up (to) *mantener el ritmo*
kick (to) *patear*
kill time (to) *matar el tiempo*
kilo *kilo*
kitchen *cocina*
key *llave*
know (to) *saber, conocer*
knowledge *conocimiento*
knee *rodilla*
knife *cuchillo*

L

lake *lago*
landlord/landlady *dueño/a (de una casa o edificio)*
lane *carril, línea*
lasagna *lasaña*
last *último/a*
   last name *apellido*
   last night *anoche*
late *tarde*
lately *últimamente*
laugh *risa*
laugh (to) *reír*
laundry *lavandería*

lead (actor) *actor principal*
leaf *hoja*
leak (to) *gotear*
leave (to) *dejar, marcharse*
lemon *limón*
lend (to) *prestar*
let go (to) *soltar*
let someone know (to) *avisar*
let me *déjame*
let's go *vamos, vámonos*
Let's see. *Vamos a ver.*
letter *carta*
liberal *liberal*
library *biblioteca*
light *luz*
   light bulb *bombillo, foco (de luz)*
liquid *líquido*
list *lista*
little/few *poco/a*
live *en vivo*
live (to) *vivir*
living room *sala*
lobby *recepción*
local *local*
lock *seguro, candado, cerradura*
long *largo/a*
lonely *solitario/a*
look (to) *parecer; mirar*
   look at (to) *revisar, mirar*
   look around (to) *echar un vistazo*
   look for (to) *buscar*
   look forward to (to) *estar entusiasmado, esperar con entusiasmo*
   look into (to) *investigar*
   look over (to) *revisar*
lose (to) *perder*
a lot of *mucho/a/os/as*
lovely *bonito/a, agradable*
lunch *almuerzo*
luxury *lujo*

M

magazine *revista*
make (to) *hacer*
   make a decision (to) *tomar una decisión*
   make a good impression (to) *dejar buena impresión*
   make an offer (to) *hacer una oferta*
   make sure (to) *asegurarse*
   make up one's mind (to) *decidir*
   make it (to) *lograr algo*
mail (to) *enviar (por correo)*

maintenance *mantenimiento*
major *especialidad*
mall *centro comercial*
manage (to) *lograr, manejar, administrar*
manager *gerente*
mandatory *mandatorio, obligatorio*
many *muchos/as*
marketing *mercadeo*
mashed potatoes *puré de papas*
match *juego, pelea (de box), partido*
match *fósforo, cerillo/a*
match (to) *combinar (colores, ropa)*
Mathematics *matemáticas*
mature *maduro/a*
may *quizás, es posible que*
maybe *tal vez*
meat *carne*
mechanic *mecánico*
meet (to) *conocer*
meeting *junta, reunión*
memories *recuerdos*
mention (to) *mencionar*
menu *menú*
Merry Christmas *Feliz Navidad*
mess (to) (up) *ensuciar*
mid-size *(coche) mediano*
midnight *medianoche*
might *quizás, es posible que*
mileage *millaje*
milk *leche*
minimum *mínimo*
minute *minuto*
miss (to) *perder, extrañar, echar de menos*
mistake *error, equivocación*
mom *mamá*
money order *giro postal*
monthly *mensual*
morning *mañana*
most *la mayoría*
mother *madre, mamá*
mother-in-law *suegra*
mouth *boca*
move (to) *mudarse, trasladarse*
    move up (to) (in the world) *progresar*
movie *película*
mug (to) *asaltar, atracar*
mugging *asalto, atraco*
muscle *músculo*
mushroom *champiñón, hongo*
music *música*
musician *músico/a*
mystery *misterio*

N

name *nombre*
near *cerca*
neck *cuello*
neighbor *vecino/a*
neighborhood *vecindario, barrio*
nephew *sobrino*
nervous *nervioso/a*
networking *funcionar en red*
never *nunca*
nevertheless *aún así, no obstante*
new *nuevo/a*
news *noticias*
newspaper *periódico*
nice *bonito/a, lindo/a*
    Nice to meet you. *Mucho gusto.*
niece *sobrina*
night *noche*
    night club *club nocturno*
nobody *nadie*
noise *ruido*
noisy *ruidoso/a*
noon *mediodía*
nose *nariz*
not *no*
notify (to) *notificar*
not yet *todavía no*
note *nota, recordatorio*
novel *novela*
now *ahora*
nurse *enfermera/o*

O

obviously *obviamente*
occasion *ocasión, evento*
occasionally *ocasionalmente*
occur (to) *ocurrir*
of course *por supuesto, claro*
offer *oferta*
office *oficina, consultorio*
often *a menudo*
old *viejo/a*
on *sobre, en*
    on the house (free) *gratis, gratuito/a*
operation *operación*
opinion *opinión*
option *opción*
orange juice *jugo de naranja*
order (to) *ordenar*
ornament *ornamento*
other *otro/a*

our *nuestro/a/os/as*
outstanding *fabuloso, formidable*
oven *horno*
over there *allá*
overpriced *demasiado caro/a*
own (to) *ser dueño/a*
owner *dueño/a, propietario/a*

P

package *paquete*
pain *dolor*
paint *pintura*
paint (to) *pintar*
pale *pálido*
pants *pantalones*
parade *desfile*
parents *padres*
park *parque*
parking *estacionamiento*
party *fiesta, partido político*
pass on (to) *pasar (tradición)*
passport *pasaporte*
past *pasado*
pasta *pasta*
peaceful *tranquilo/a*
pediatrician *pediatra*
performance *espectáculo*
permit (to) *permitir*
personnel *personal (en una empresa)*
to persuade *persuadir*
pharmacy *farmacia*
piano *piano*
pick up (to) *recoger*
picnic *picnic*
picture *pintura, fotografía, cuadro*
pie *pastel*
pig out (to) *comer demasiado*
pinch (to) *pelliscar*
pineapple *piña*
place *lugar*
plain *simple*
plan (to) *planear*
plane *avión*
play (to) *jugar, tocar instrumentos, actuar*
plumber *plomero*
plumbing *plomería*
pocket *bolsillo*
political *político/a*
   political party *partido político*
poll *encuesta*
popular *popular*
post office *oficina de correos, correo*

postcard *tarjeta postal*
potato *papa, patata*
pound *libra*
practice (to) *practicar*
practice *práctica, entrenamiento*
prairie *pradera*
prefer (to) *preferir*
preparation *preparación*
prepare (to) *preparar*
prescribe (to) *prescribir, recetar*
present (to) *presentar*
present *presente, regalo*
presidential *presidencial*
pretty *bonito/a*
preview *corto comercial*
previous *anterior, previo*
price *precio*
pride *orgullo*
print (to) *imprimir*
problem *problema*
produce *frutas y verduras*
professional *profesional*
professor *profesor/a*
program *programa*
programmer *programador/a*
project *proyecto*
promote (to) *promover, ascender*
propose (to) *proponer matrimonio*
proud *orgulloso/a*
publish (to) *publicar*
pumpkin *calabaza*
pursue (to) *seguir, tratar de lograr*

Q

quarter *cuarto*
question *pregunta*
quickly *rápidamente*
quit (to) *dejar algo, renunciar*

R

rainy *lluvioso*
rarely *raramente*
ready *listo/a*
really *de verdad, muy*
Really? *¿De veras?*
recall (to) *recordar*
recommend (to) *recomendar*
recently *recientemente*
reception *recepción*
receptionist *recepcionista*
recklessly *imprudentemente*

reclining chair *sillón reclinable*
redecorate (to) *redecorar*
refrigerator *refrigerador*
refuse (to) *rehusar*
regular *regular*
relatives *familiares*
relax (to) *relajarse, descansar*
relaxation *relajción, descanso*
reliable *confiable*
remember (to) *recordar*
remote control *control remoto*
renovate (to) *renovar*
rent (to) *rentar, alquilar*
rental agency *agencia de alquiler*
repair (to) *reparar, componer*
Republican *republicano*
reputation *reputación*
require (to) *requerir*
requirement *requisito*
respected *respetado/a*
rest (to) *descansar*
restaurant *restaurante*
résumé *resumé, currículum*
return (to) *devolver*
rice *arroz*
right *derecho, bien*
  right away *enseguida*
  right now *ahora mismo*
rise (to) *subir, aumentar*
rob (to) *robar*
robbery *robo*
rock and roll *rock and roll*
room *cuarto, habitación*
roommate *compañero/a (de cuarto)*
rose *rosa*
rumor *rumor*
ruin (to) *arruinar*
run into friends (to) *encuentro casual con amigos*
rush hour *hora de más tráfico*

S

safe *seguro, con seguridad*
salad *ensalada*
sale *venta especial, liquidación*
salmon *salmón*
same *mismo/a*
satellite *satélite*
sauce *salsa*
savings account *cuenta de ahorros*
saxophone *saxofón*
scandal *escándalo*

scare away (to) *asustar*
science *ciencia*
scrub (to) *fregar*
second *segundo/a*
section *sección*
sedan *sedán (de 4 puertas)*
see (to) *ver*
  See you later. *Hasta luego.*
seem (to) *parecer*
seldom *casi nunca*
select (to) *seleccionar*
sell (to) *vender*
senator *senador/a*
send (to) *enviar*
sensationalist *sensacionalista*
separate *separado/a*
serious *serio/a*
service *servicio*
set, ready *listo/a*
shape *forma, figura*
sharp *en punto (hora)*
shift *turno*
shirt *camisa*
shoe *zapato*
shop (to) *comprar*
short *corto/a*
shoulder *hombro*
shout (to) *gritar*
show (to) *mostrar, enseñar*
show *función, show*
shower *ducha, regadera*
sick *enfermo/a*
signal *señal*
signature *firma*
silk *seda*
since *ya que, desde*
sink *lavabo*
sir *señor*
sister *hermana*
sister-in-law *cuñada*
sign (to) *firmar*
sit (to) *sentarse*
sitcom *programa cómico*
size *talla, tamaño*
skill *habilidad*
skirt *falda*
sleep (to) *dormir*
slow *calmado/a, despacio, lento/a*
small *pequeño/a*
smile *sonrisa*
smile (to) *sonreír*
smoking *fumar*
sneakers *zapatos tenis*

snow *nieve*
so far so good *hasta ahora bien*
soap opera *telenovela*
soccer *fútbol*
solve (to) *resolver*
some *algo, algún*
sometimes *a veces*
son *hijo*
sound (to) *parecer, sonar*
sore *dolor, inflamación; inflamado/a*
sorry *lo siento*
source *fuente (de información)*
spacious *amplio/a*
speaker *orador/a*
special *especial*
speech *discurso*
speed *velocidad*
spend (to) *gastar, pasar en*
spinach *espinaca*
sports *deportes*
   sports bag *bolsa deportiva*
   sports car *coche deportivo*
St. Patrick *San Patricio*
stamp *estampilla, sello*
standard *regular, corriente, estándar*
station *estación*
stand (to) *soportar, estar/ponerse de pie*
start (to) *empezar, encender (coche)*
stay (to) *quedarse*
steady *estable*
still *todavía*
stomach *estómago*
stop (to) *parar*
stove *estufa, cocina*
stressed *ansioso/a, inquieto/a*
student *estudiante*
stuff *cosas (informal)*
stuffing *relleno*
successfully *con éxito*
such *tal*
sugar *azúcar*
suggest (to) *sugerir*
Suit yourself! *¡Allá usted!*
suite *suite*
summer *verano*
sunny *soleado*
supermarket *supermercado*
supervisor *supervisor*
suppose (to) *suponer*
sure *claro, seguro*
surprise *sorpresa*
surprised *sorprendido/a*
sweat *sudor*

sweet *dulce*
swim (to) *nadar*
swimming *natación*
switch (to) (lanes) *cambiar (de carril)*

T

table *mesa*
tabloids *prensa sensacionalista*
take (to) *tomar, llevar*
   take care of oneself (to) *cuidarse*
   take classes (to) *tomar clases*
   take a look (to) *revisar*
   take for granted (to) *no valorar*
tall *alto/a*
tape *cassette, cinta*
taste (to) *probar*
tavern *taberna, bar*
tea *té*
televise (to) *televisar, pasar por TV*
television *televisión*
tell (to) *decir, contar*
temperature *temperatura*
tenant *inquilino*
terrible *terrible*
terrific *excelente*
thank you *gracias*
Thanksgiving *Día de acción de gracias*
that *ese, tan, que*
   That's true. *Es cierto.*
the *el, la, los, las*
then *entonces*
therefore *por lo tanto*
thigh *muslo*
think (to) *pensar*
thinner *solvente*
this *este, esto, esta*
thought *pensamiento*
throat *garganta*
ticket *boleto, billete, entrada*
tip *propina, consejo*
toast *brindis*
tonight *esta noche*
too *demasiado, también*
   too expensive *demasiado caro/a*
tooth *diente*
tough *duro/a*
tow (to) *llevar con grúa, remolcar*
   tow away (to) *remolcar*
tow truck *grúa*
toy *juguete*
traditional *tradicional*
traffic *tráfico*

traffic jam *embotellamiento de tráfico*
train *tren*
transportation *transportación, transporte*
trash *basura*
travel (to) *viajar*
travel agency *agencia de viajes*
traveler's checks *cheques de viajero*
treat (to) *invitar/convidar a*
tricky *engañoso/a, no muy claro/a*
trip *viaje*
try (to) *tratar*
turkey *pavo*
try on (to) *probarse algo*
turn (to) *voltear, doblar*
turn (to) *in entregar*
  turn on (to) (radio, TV) *prender, encender*
twice *dos veces*

U

ugly *feo/a*
unacceptable *inaceptable*
uncle *tío*
under *abajo/debajo*
understanding *que sabe entender, comprensivo/a*
unexpected *inesperado/a/os/as*
unlimited *sin límite*
upcoming *cercano/a, próximo/a*
use (to) *usar*
usual *usual*
usually *normalmente/usualmente*
utilities *gas y electricidad*

V

vacation *vacaciones*
vacuum (to) *pasar la aspiradora*
vegetable *verdura, vegetal*
very *muy*
video *video*
violence *violencia*
virus *virus*
visit (to) *visitar*
vote (to) *votar*
voucher *cupón, boleto*

W

wait (to) *esperar*
wake up (to) *despertar*
walk (to) *caminar*

wall *pared*
want (to) *querer*
warm *caluroso/a, cálido/a*
warm up (to) *calentar*
watch (to) *ver/mirar*
  watch out (to) *tener cuidado*
watch *reloj*
water *agua*
wear (to) *vestir, usar*
weather *tiempo/clima*
wedding *boda*
  wedding reception *recepción/fiesta de boda*
weekend *fin de semana*
weight *peso*
welcome *bienvenido/a*
well *bien*
well-liked *apreciado/a*
west *oeste*
what? *¿qué?*
  What time is it? *¿Qué hora es?*
when? *¿cuándo?*
where? *¿dónde?*
which *¿cuál?*
who? *¿quién, quiénes?*
whom? (to) *¿a quién?*
whose *¿de quién?*
why? *¿por qué?*
why not? *¿por qué no?*
wife *esposa*
windy *con viento/ventoso*
wine *vino*
wish (to) *desear*
wonderful *maravilloso/a*
world *mundo*
work *trabajo*
work (to) *trabajar*
worried *preocupado/a*
worry (to) *preocuparse*
wrist *muñeca*
write checks (to) *girar cheques*

Y

yard sale/garage sale *venta frente a la casa, venta en el garage*
yesterday *ayer*
yet *ya, todavía*
You're right. *Tienes razón.*

Z

zero *cero*

SPANISH-ENGLISH (Español-Inglés)

A

a menudo *often*
¿a quién? *(to) whom?*
a veces *sometimes*
abajo/debajo *under*
abarrotes, alimentos *groceries*
abdomen *abdomen*
abrigo *coat*
absolutamente *absolutely*
abuela *grandmother*
abuela (de cariño) *grandma*
abuelo *grandfather*
abuelo (de cariño) *grandpa*
abuelos *grandparents*
acabar de *just*
accidente *collision, accident*
aceptar *to accept*
actitud *attitude*
actividad *activity*
actor *actor*
   actor principal *lead (actor)*
adicional *additional, extra*
adiós *bye*
adivinar *to guess*
admitir *to admit*
aeropuerto *airport*
agencia de alquiler *rental agency*
agencia de viajes *travel agency*
agradable *lovely*
agua *water*
ahora *now*
ahora mismo *right now*
aire acondicionado *air conditioned*
ajo *garlic*
alegre, feliz *glad, happy*
alegría *joy*
álgebra *Algebra*
algo, algún *some*
aliento *breath*
alimento *food*
almuerzo *lunch*
alquilar *to rent*
alrededor *around*
allá *over there*
   ¡Allá usted! *Suit yourself!*
ambos/as *both*
amigable, agradable, amable *friendly*
amigo, colega *buddy, friend*
amigo/a *friend*

amplio/a *spacious*
anoche *last night*
ansioso/a *anxious*
anterior/a *former, previous*
anual *annual*
anuncio clasificado *classified ad*
apartamento *apartment*
apellido *last name*
aparecer *to appear*
apenas *hardly*
aperitivo *hors d'oeuvre*
apostar *to bet*
apreciado/a *well-liked*
apurarse *to hurry*
aquí, acá *here*
árbol de Navidad *Christmas tree*
arma *weapon, gun*
armario *closet*
arreglar *to fix*
arriba *above*
arroz *rice*
arruinar *to ruin*
asaltar *to mug*
asalto *mugging*
asegurarse *to make sure*
asustar *to scare away*
atrás *behind*
atravesarse *to cut (a car) off*
atreverse *to dare*
aumentar *to rise, increase*
aún así *nevertheless*
autobús *bus*
autopista *freeway*
aventura *adventure*
avión *plane*
avisar *to let someone know*
ayer *yesterday*
ayudar *to help, to assist*
azúcar *sugar*

B

bajar *to go down*
balance *balance*
balazo *gun shot*
baloncesto *basketball*
banco *bank*
banda, grupo musical *band*
baño *bath*
barato/a *cheap*

barbacoa *barbecue*
barco *boat*
bastante *enough*
basura *trash*
batería *battery, drums*
bebé *baby*
beber *to drink*
béisbol *baseball*
biblioteca *library*
bien *well*
bienvenido/a *welcome*
billete *ticket*
blusa *blouse*
boca *mouth*
boda *wedding*
boleto *ticket*
bolsa *bag*
bolsa deportiva *sports bag*
bolsillo *pocket*
bonito/a *nice, pretty, lovely*
botella *bottle*
boxeo, box *boxing*
brazo *arm*
brindis *toast*
brocha *brush*
brócoli *broccoli*
bromear *to be kidding*
brumoso *foggy*
¡Buen viaje! *Have a good trip!*
Buenas noches. *Good evening.*
Buenos días. *Good morning.*
buscar *to look for*

C

cabeza *head*
cacerola *casserole*
caer *to fall*
caerse *to fall down*
café *coffee*
caja *box*
caja registradora *cash register*
calabaza *pumpkin*
calefacción *heat*
calentar *to warm up*
caliente *hot*
calmado *calm*
calor *heat*
calor, caluroso/a *warm*
cambiar *to change*
   cambiar (de línea o carril) *to switch (lanes)*
   cambiar (de canales) *to flip (channels)*

caminar *to walk*
camisa *shirt*
campamento *camp*
campaña *campaign*
campo *field*
canal *channel*
candado *lock*
candidato *candidate*
capacidad *capacity*
capital *capital*
cargar *to carry*
carne *meat*
carne de res *beef*
caro/a *expensive*
carrera *career*
carril *lane*
carro *car*
carta *letter*
casarse *to get married*
casi *almost*
casi nunca *seldom*
cassette *tape*
causa *cause*
celoso/a *jealous*
cena *dinner*
centro (de la cuidad) *downtown*
centro comercial *mall, shopping center*
cepillo *brush*
cerca *near*
cercano/a *upcoming, near, close by*
cerillo *match*
cerveza *beer*
champiñones *mushrooms*
cheque *check*
   cheques de caja *cashier's checks*
   cheques de viajero *traveler's checks*
chico *boy*
ciencia *science*
cigarrillo *cigarette*
cinta *tape, cassette*
cita *appointment, date*
claro *sure, certainly, of course*
clase *class*
clásico/a *classical*
cliente/a *customer*
clima *climate, weather*
club nocturno *night club*
coche *car*
   coche deportivo *sports car*
   coche mediano *mid-size (car)*
cocina *kitchen, stove*
cocinar *to cook*
codo *elbow*

coincidencia *coincidence*
colección *collection*
colega *colleague*
combinar (ropa, colores) *to match*
comedia *comedy*
comer demasiado *to pig out*
comida *food*
como *as*
   ¿Cómo estás?/¿Cómo está? *How are you?*
   ¿Cómo va todo? *How's it coming along?*
compañero/a (de cuarto) *roommate*
comparar *to compare*
completo/a *complete*
complicado/a *complicated*
componer *fix, put together*
comprar *to buy, to shop*
comprometido/a *engaged*
compuesto/a *fixed*
computadora *computer*
con neblina *foggy*
con éxito *successfully*
con viento *windy*
condición *condition*
confesar *to confess*
confiable *reliable*
congelado/a *frozen*
conocer *to meet, to know (someone)*
consejo *advice, tip*
conservador/a *conservative*
considerar *to consider*
construir *to build*
consultono *office*
continuar *to continue*
control remoto *remote control*
convencer *to convince*
convencido/a *convinced*
convertirse *to become*
corregir *to correct*
correr lentamente *to jog*
corriente *ordinary, current*
corto/a *short*
corto comercial *preview*
cosas *stuff*
costa *coast*
costar *to cost*
crema *cream*
crimen *crime*
crítico/a (persona) *critic*
crucero *cruise*
¿cuál? *which?*
¿cuándo? *when?*
¿cuánto/a? *how much?*

¿cuántos/as? *how many?*
cuarto *room, quarter*
cuchillo *knife*
cuello *neck*
cuenta *account*
   cuenta de ahorros *savings account*
   cuenta de cheques *checking account*
   cuenta conjunta *joint account*
   cuenta individual *individual account*
cuidadosamente *carefully*
cuidarse *to take care of oneself*
culpa *fault*
culpable *guilty*
cultural *cultural*
cuñada *sister-in-law*
cuñado *brother-in-law*
cuota *fee*
cupón *voucher*
curso *course*

D

de *from, of*
   de cualquier manera *anyway*
   de manera correcta *correctly*
   ¿de quién? *whose?*
   ¿de veras? *really?*
   de verdad *really*
debate *debate*
debido a *because of*
decepcionado/a *disappointed*
decidir *to make up one's mind*
decir *to tell*
decisión *decision*
decoración *decoration*
dedos de las manos *fingers*
dedos de los pies *toes*
defensa *bumper, defense*
déjame *let me*
dejar *to drop off, to leave*
   dejar algo *to quit*
   dejar buena impresión *to make a good impression*
delicioso/a *delicious*
demasiado *too*
   demasiado caro/a *overpriced*
demócrata *Democrat*
dentro *in, within*
departmento *apartment*
deporte *sport*
depósito *deposit*
deprimido/a *depressed*
derecho *right, law*

desayuno *breakfast*
descansar *to rest*
descomponerse *to break down*
descompuesto/a *broken*
descuento *discount*
descuidado/a *careless*
desde (que) *since*
desear *to wish*
desfile *parade*
despacio *slow*
despedida de soltero *bachelor party*
despertar *to wake up*
después *after*
   después de todo *after all*
devolver *to return, to drop off*
Día de acción de gracias *Thanksgiving*
diente *tooth*
dieta *diet*
diferente *different*
dinero *money*
   dinero en efectivo *cash*
direccional *blinker*
directamente *directly*
director *director*
disculpar (perdón) *to excuse*
discurso *speech*
discusión *argument*
disfrutar *to enjoy*
disponible *available*
divertido/a *fun*
divertirse *to enjoy oneself*
doblar *to turn*
documental *documentary*
dólares *dollars, bucks*
doler *to hurt, to ache*
dolor *pain, sore*
¿dónde? *where?*
dormir *to sleep*
dos veces *twice*
drama *drama*
ducha *shower*
dudar *to doubt*
dueño/a *owner*
   dueño/a (de una casa o edificio) *landlord/landlady*
duramente *hardly*
duro/a *tough*

E

económico/a *economical*
echar un vistazo *to look around*
educación general *general education*
educado/a *educated*
ejercicio *exercise*
el, los *the*
electricidad *electricity*
elegir *to elect*
emborracharse *to get drunk*
embotellamiento de tráfico *traffic jam*
emergencia *emergency*
emocionante *exciting*
empezar (coche) *to start (car)*
empleado/a *employee*
empresa, compañía *company*
en *in, into*
en, a *at*
   en conjunto *joint*
   en punto *sharp*
   en vivo *live*
encargados del edificio *managers, superintendents*
encender *to turn on, to light*
   encender (coche) *to start (car)*
encontrar *to find*
encuentro casual con amigos *to run into friends*
encuesta *poll*
enfermera/o *nurse*
enfermo/a *sick*
engañoso/a *tricky*
enojado/a *mad, upset*
ensalada *salad*
enseguida *right away*
ensuciar *to mess (up)*
entonces *then*
entrar *to come in, to go in*
entre *between*
entregar *to turn in*
entrenador *coach*
entrenamiento *training, practice*
entrevista *interview*
entusiasmado/a *enthusiastic, excited*
enviar *to send*
equipo *equipment*
equivocación *miserable*
error *mistake, error*
escalar *to hike*
escándalo *scandal*
escapar *to escape*
escoger *to choose*
escritorio *desk*
ese *that*
esencial *essential*
esencialmente *essentially*

espalda *back*
especial *special*
especialidad *major*
espectáculo *performance*
esperanza *hope*
esperar *to wait*
espinaca *spinach*
esposa *wife*
esposo *husband*
esta noche *tonight*
estable *steady*
estación *station*
estacionamiento *parking*
estado *state, condition*
estampilla *stamp*
estar *to be*
  Estoy de acuerdo. *I agree.*
  estar encargado/a *to be in charge*
  estar orgulloso/a *to be proud*
  estar de acuerdo *to agree*
  estar entusiasmado/a *to look forward to*
este, esto, esta *this*
este *east*
estómago *stomach*
estudiante *student*
estufa *stove*
evento *event*
exactamente *exactly*
excelente *terrific, great*
excusa *excuse*
exigente *demanding*
extrañar *to miss*

F

fabuloso/a *outstanding, amazing*
fascinante *fascinating*
factura *invoice*
falda *skirt*
familiares *relatives*
family *familia*
fantasma *ghost*
farmacia *pharmacy*
favorito/a *favorite*
federal *federal*
felicidades *congratulations*
feliz *happy, joyous*
  ¡Feliz Navidad! *Merry Christmas!*
feo/a *ugly*
ferretería *hardware store*
fiesta *party*
fiesta de boda *wedding reception*
figura *figure, shape*

fin de semana *weekend*
finalmente *finally*
firma *signature*
firmar *to sign*
flexibilidad *flexibility*
foco *light bulb*
forma *shape, form*
formidable *huge, terrific*
formulario *form*
fósforo/a *match*
fregar *to scrub*
frío/a *cold*
frustrante *frustrating*
frutas y verduras *produce*
fuente (de información) *source*
fumar *smoking*
función *show*
funcionar en red *networking*
fútbol *soccer;* americano *football*

G

galleta *cookie*
ganga *deal, bargain*
garage *garage*
garganta *throat*
gasolina *gasoline*
gastar *to spend*
gasto *expense*
gas y electricidad *utilities*
gelatina *gelatin*
general *general*
gerente *manager*
girar cheques *to write checks*
giro postal *money order*
golpear *to hit*
gotear *to leak*
gracias *thank you*
grande *big*
gratis *free, complimentary*
grifo *faucet*
gripe *flu*
gritar *to shout*
grúa *tow truck*
guantera *glove compartment*
guapo *handsome*
guitarra *guitar*

H

habilidades *skills*
habitación *bedroom*
hacer *to make*

hacer arreglar algo *to get something fixed*
hacer recordar *to bring back memories*
hacer ejercicio *to exercise*
hacer una oferta *to make an offer*
Hasta luego. *See you later.*
helado *ice cream*
hermana *sister*
hermano *brother*
hermoso/a *beautiful*
hielo *ice*
hija *daughter*
hijo *son*
hoja *leaf*
hola *hi, hello*
hombre que arregla de todo *handyman*
hombro *shoulder*
hongos *mushrooms*
hora de más tráfico *rush hour*
hora *hour*
hornear *to bake*
horno *oven*
hotel *hotel*
huevo *egg*
húmedo *humid*

I

identificación *identification (ID)*
imaginar *to imagine*
imposible *impossible*
imprimir *to print*
imprudentemente *recklessly*
inaceptable *unacceptable*
incluir *to include*
incluso/a *even*
incómodo/a *uncomfortable*
inconveniencia *inconvenience*
inesperado *unexpected*
ingeniería *Engineering*
inhibir *to inhibit*
inmediatamente *immediately*
inquilino *tenant*
insistir *to insist*
instrumento *instrument*
intercambio de regalos *gift exchange*
interesado/a *interested*
internacional *international*
interrumpir *to interrupt*
investigar *to look into*
invitado *guest*
invitar *to invite*
ir *to go*

Irlanda *Ireland*
irlandés/irlandesa *Irish*
isla *island*
itinerario *itinerary*

J

jamón *ham*
jefe *boss*
jugar *to play*
jugo de naranja *orange juice*
juguete *toy*
junta *meeting*

K

kilo *kilo*

L

la, las *the*
lago *lake*
largo/a *long*
lasaña *lasagna*
lavabo *sink*
lavandería *laundry*
leche *milk*
levantarse *to get up*
liberal *liberal*
libra *pound*
libro *book*
licencia de conducir *driver's license*
limón *lemon*
limpiar *to clean*
línea *lane*
líquido *liquid, fluid*
lista *list*
listo/a *set, ready*
llamada *call*
llamar *to call*
llave *key*
llave *faucet*
llegar *to arrive, to come*
llegar a algún lugar *to get somewhere*
llegar tarde *to be late*
llenar formularios *to fill out forms*
llevar *to carry, to take*
llevar con grúa *to tow*
lluvioso *rainy*
Lo siento. *I'm sorry.*
local *local*
lograr *to achieve*

lograr algo *to make it*
lograr *to achieve, to manage (to do something)*
lugar *place*
lujo *luxury*
luz *light*

M

madre, mamá *mother*
madrugador/a *early riser*
maduro/a *mature*
mal, malo/a *bad*
mandatorio/a *mandatory*
manejar *to manage*
mantener el ritmo *to keep up*
mantenimiento *maintenance*
mañana *morning*
maravilloso/a *wonderful*
marcharse *to go away*
mareado/a *dizzy*
matar el tiempo *to kill time*
matemáticas *Mathematics*
material *material, equipment*
mayoría *majority, most*
mecánico *mechanic*
medio/a *half*
medianoche *midnight*
mediodía *noon*
mejor *better*
mensual *monthly*
menú *menu*
mercadeo *marketing*
mesa de plancha *ironing board*
mesa *table*
miedo *fear*
millaje *mileage*
mínimo *minimum*
minuto *minute*
mirar *to look at, to watch*
mismo/a *same*
molestar *to bother*
molesto/a *annoying*
mostrador *counter*
mostrar *to show*
muchachos *guys*
mucho/a *a lot of*
    Mucho gusto. *Nice to meet you.*
muchos/as *many*
mudarse *to move*
muebles *furniture*
mundo *world*
muñeca *wrist*

músculo *muscle*
música *music*
músico/a *musician*
muslo *thigh*
muy *very, really*

N

nadar *to swim*
nadie *nobody*
nariz *nose*
natación *swimming*
Navidad *Christmas*
nervioso/a *nervous*
nieve *snow*
niño *boy*
no *not*
    no más *anymore*
    no valorar *to take for granted*
noche *evening*
    Nochebuena *Christmas Eve*
normalmente *normally*
nota *note*
noticias *news*
notificar *to notify*
novela *soap opera, novel*
novia *bride*
novio *groom*
nublado *cloudy*
nuestro/a *our*
nuevo/a *new*
nunca *never*

O

obsesionado/a con la salud *health nut*
obtener *to gain, to get*
obviamente *obviously*
ocasión, evento *occasion*
ocasionalmente *occasionally*
ocupado/a *busy*
ocurrir *to occur*
oeste *west*
oferta *offer*
oficina *office*
    oficina de correos *post office*
oído *ear*
ojo *eye*
olvidar *to forget*
opción *option*
operación *operation*
opinión *opinion*
orador/a *speaker*

ordenador *computer*
ordenar *to order*
orgullo *pride*
orgulloso/a *proud*
ornamento *ornament*
otro/a *other*

P

padre *father*
padres *parents*
pálido/a *pale*
pan *bread*
pandilla *gang*
pantalones *pants*
papá *dad, father*
papa *potato*
paquete *package*
parar *to stop*
parecer *to seem, to look, to sound*
pared *wall*
parque *park*
parrillada *barbecue*
partido político *political party*
pasado *past*
pasaporte *passport*
pasar (tradición) *to pass on*
   pasar la aspiradora *to vacuum*
   pasar por un lugar *to drop by*
   pasar por *to go by*
   pasar corriente (a un coche) *to jump start*
   pasar por TV *to televise*
pasatiempo *hobby*
pasillo *aisle, hall*
pasta *pasta*
patear *to kick*
pavo *turkey*
pecho *chest*
pediatra *pediatrician*
pedir prestado *to borrow*
pelea (de box) *match*
película *movie, film*
pelota *ball*
pellizcar *to pinch*
pensamientos *thoughts*
pensar *to think*
pequeño/a *small*
perder *to lose, to miss*
periódico *newspaper*
permitir *to permit*
pero *but*
personal *personal, personnel*

persuadir *to persuade*
pescado *fish*
peso *weight*
pez *fish*
piano *piano*
picnic *picnic*
pie *foot*
pastel *pie*
pintar *to paint*
pintura *paint, picture*
piña *pineapple*
pistola *gun*
planear *to plan*
plato, platillo *dish*
playa *beach*
plomería *plumbing*
plomero *plumber*
poco/a *little/few*
poder *can, power*
político/a *political*
pollo *chicken*
popular *popular*
por consecuencia *consequently*
por cierto *actually*
por supuesto *of course*
por lo tanto *therefore*
porque *because*
¿por qué? *why?*
   ¿por qué no? *why not?*
postre *dessert*
práctica *practice*
practicar *to practice*
pradera *prairie*
precio *price*
precioso/a *gorgeous*
preferir *to prefer*
pregunta *question*
prender *to turn on*
prensa sensacionalista *tabloids*
preocupado/a *worried*
preocuparse *to worry*
preparación *preparation*
preparar *to prepare*
prescribir *to prescribe*
presentar *to present*
presente *present*
presidencial *presidential*
prestar *to lend*
previo/a *previous*
primero/a *first*
primo, prima *cousin*
probar *to taste*
probarse algo *to try on*

problema *problem*
profesión *career, profession*
profesional *professional*
profesor/a *professor*
profundo/a *deep*
programa *program*
   programa cómico *sitcom*
programador/a *programmer*
progresar *to move up (in the world)*
prohibir *to forbid*
promover *to promote*
pronóstico *forecast*
propina *tip (money)*
proponer matrimonio *to propose*
proyecto *project*
próximo/a *upcoming, next*
publicar *to publish*
puerta *door*
puré de papas *mashed potatoes*

Q

¿qué? *what?*
   ¿Qué hora es? *What time is it?*
que *that*
quebrar *to break*
quedarse *to stay*
quemar *to burn*
querer *to want*
¿quién, quiénes? *who?*
que sabe entender *understanding*
¿qué te parece . . . ? *how about . . . ?*
quizás *might*

R

rápidamente *quickly*
rápido/a *fast*
raramente *rarely*
recámara *bedroom*
recepción *lobby, reception*
recepcionista *receptionist*
recientemente *recently*
recoger *to pick up*
recomendar *to recommend*
recordar *to recall/remember*
recordatorio *reminder, note*
recuerdos *memories*
refrigerador *refrigerator*
regadera *shower*
regalo *gift*
regatear *to bargain*
registrarse (en un hotel) *to check in*

regresar *to come back, to go back*
regular *standard*
rehusar *to refuse*
reír *to laugh*
relajarse *to relax*
relleno *stuffing*
reloj *watch*
remolcar *to tow away*
renovar *to renovate*
rentar *to rent*
renunciar *to quit*
reparar *to repair*
republicano *Republican, republican*
reputación *reputation*
requerir *to require*
requisito *requirement*
resistencia *endurance*
resolver *to solve*
respetado/a *respected*
restaurante *restaurant*
resumé *résumé*
reunión *meeting*
revisar *to check, to take a look at, to look over*
revista *magazine*
robar *to rob*
robo *robbery*
   robo de coche *car jacking*
rock and roll *rock and roll*
rodilla *knee*
ropa *clothes*
ruido *noise*
ruidoso/a *noisy*
rumor *rumor*

S

saber *to know (something)*
sacudir *to dust*
sala *living room, room*
salida *exit*
salir *to get off, to get out*
   salir y pagar (de un hotel) *to check out*
salmón *salmon*
salsa *sauce; gravy*
salud *health*
¡Salud! *Cheers!*
saludable *healthy*
San Patricio *St. Patrick*
satélite *satellite*
saxofón *saxophone*
secar *to dry*
sección *section*

seda *silk*
sedán (de 4 puertas) *sedan*
seguir *to follow; to pursue*
segundo/a *second*
seguro *safe, lock, sure, certainly*
  seguro de auto *car insurance*
seleccionar *to select*
sello *stamp*
senador/a *senator*
sentarse *to sit*
sentir *to feel*
seña *gesture (de mano)*
señal *signal, gesture*
señor *sir*
separado/a *separate*
ser *to be*
serio/a *serious*
servicio *service*
siempre *always*
silla *chair*
sillón reclinable *reclining chair*
simple *plain*
sin *without*
  sin embargo *however*
  sin límite *unlimited*
sobre, en *on*
sobrina *niece*
sobrino *nephew*
soleado/a *sunny*
solicitud *application*
solitario/a *lonely*
soltar *to let go*
solvente, *thinner, solvent*
sonar *to sound*
sonreír *to smile*
sonrisa *smile*
soportar *to stand/endure*
sorprendido/a *surprised*
sorpresa *surprise*
subir *to go up, to rise, gain*
  subir de peso *to gain (weight)*
sucursal *branch*
sudor *sweat*
suegra *mother-in-law*
suegro *father-in-law*
sueño americano *American dream*
suficiente *enough, sufficient*
sugerir *to suggest*
suite *suite*
supermercado *supermarket*
supervisor *supervisor*
suponer *to suppose*
  suponerse que *to be supposed to*

T

taberna *tavern*
tal *such*
  tal vez *maybe*
talla *size*
taller mecánico *auto shop*
tamaño *size*
también *too*
tan *so*
tarde *afternoon, late*
tarjeta de Navidad *Christmas card*
tarjeta postal *postcard*
té *tea*
televisión *television*
temperatura *temperature*
temprano *early*
tener *to have*
  tener cuidado *to be careful, to watch out*
  tener dudas *to have doubts*
  tener hambre *to be hungry*
  tener permiso *to be allowed*
  tener que *to have to, must*
  Tienes razón. *You're right.*
teñir *to dye*
terminar *to finish, to end up*
terrible *terrible*
tía *aunt*
tiempo *time, weather*
tina de baño *bathtub*
tío *uncle*
tobillo *ankle*
todavía *still*
todavía no *not yet*
tocar (instrumento) *to play (a musical instrument)*
tomar *to take*
  tomar clases *to take classes*
tormenta de nieve *snowstorm*
trabajar *to work*
  trabajar en jardín *gardening*
trabajo *job*
tradicional *traditional*
tráfico *traffic*
  tráfico muy lento *bumper to bumper*
tranquilo/a *peaceful*
transmisión (radio, TV) *broadcast*
transmitir *to broadcast*
transportación *transportation*
trasladarse *to move*
tratar *to try*
  tratar de lograr *to attempt, to pursue*
trato *deal*

trébol *clover*
tren *train*
trotar *to jog*
turno *shift*

U

últimamente *lately*
último/a *last*
uno, una *one, a, an*
usar *to use*
usual *usual*
usualmente *usually*

V

vacaciones *vacation*
valer la pena *to be worth it*
vamos, vámonos *let's go*
    Vamos a ver. *Let's see.*
vecindario *neighborhood*
vecino/a *neighbor*
velocidad *speed*
vencer *to defeat*
vencido/a *defeated*
vender *to sell*
venir *to come*
venta especial *sale*
venta frente a la casa/venta en el garage *yard sale/ garage sale*
ventoso *windy*

ver *to see*
ver/mirar *to watch*
verano *summer*
verduras *vegetables, greens*
vestido *dress*
vestidor *fitting room*
vestir, usar *to wear*
viajar *to travel*
viaje *trip*
video *video*
viejo/a *old*
vino *wine*
violencia *violence*
virus *virus*
visitar *to visit*
vivir *to live*
volar *to fly*
voltear *to turn*
votar *to vote*

Y

y *and*
ya *already; yet*
    ya que *since*
Ya veo. *I see.*

Z

zanahoria *carrot*
zapato *shoe*
    zapatos tenis *sneakers*

INDEX (Indice)

acciones habituales   255
adjetivos   45
  comparativos   244
  con preposición   228
  de emoción   210
  demostrativos   21
  irregulares (comparación)   247
  posesivos   20
  superlativos   246
adverbios   167
  de concordancia   234
  de frecuencia   83
all, whole, entire   177
artículos
  definidos   35
  indefinidos   34
because vs. *because of*   374
causativas, frases   348
cláusulas relativas   306
  alternativas   347
  con objetos   308
  con posesivos   309
  con pronombres interrogativos   313
  con sujetos   307
  no restrictivas   313
  puntuación   313
  restrictivas   313
colores   48
comparaciones
  con adjetivos   244
  con adverbios   264
  con sustantivos   265
  estructuras   247
  irregulares   247
condicional   353
  generalizaciones   353
  probabilidad   354
  condiciones hipotéticas   359
conjunciones
  coordinación   330
  de tiempo   332
  marcadores de discurso   332
  subordinación   331
contracciones
  con el verbo *to be*   12
cortesía   112, 272
días de la semana   60
dinero   49
estaciones   58

expresiones idiomáticas   374
  con el verbo *to go*   196
  con el verbo *to take*   203
  de acuerdo   221
  de cantidad   145, 146, 177
  de emergencia   256
  de opinión   236, 237
  de salud   124
  de tiempo   296
  de tiempo (presente, pasado, futuro)   73, 93, 157, 195
  en la oficina   179
  para eventos sociales   289
  para expresar deseos   361
  para mudarse   167
  para negociar   339
  para ofrecer ayuda   273
  para pedir explicaciones   288
for vs. *since*   280
gerundio vs. infinitivo   203
(la) hora   69
imperativo   127
infinitivo
  como objeto directo   208
  después de adjetivos   209
  después de palabras interrogativas   210
  después de sustantivos o pronombres   209
  después de verbos de "sentido"   210
just y *recently*   287
let's   186
meses   59
much, many, a lot of   145
negación
  con el verbo *to be*   12
  con *must*   266
  con verbos principales   80, 153
números   25, 49, 95
  ordinales   126
objeto
  directo   175, 177
  indirecto   184
orden de palabras   13, 361
participio pasado   279
participio presente   201
  como sujeto   202
  como objeto   202, 203
pasivas   346
  con *get*   346

preguntas	
con el verbo *to be*	22
con *how*	83
con presente continuo	91
con *which*	136
how long?	282
indirectas	368
"*tag*"	218
wh	23, 82
what about/how about?	267
what time/	72
when?	72
yes/no con verbos principales	81
preposiciones	187
de lugar	32
de tiempo	71
pronombres	
demostrativos	21
interrogativo *whose*	135
objeto directo	176, 177
objeto indirecto	185, 186
one	243
posesivos	134
recíprocos	228
reflexivos	226, 228
relativos	306
sujeto	10
reportar	366
respuestas completas y cartas	81
so	237
some y *any*	143, 165
subjuntivo	
con expresiones impersonales	373
con verbos de influencia	373
superlativo	246
sustantivos	
compuestos	220
contables	141
no contables	141
plural	35, 46
posesivos	133
there + *to be*	123
(el) tiempo	56

tiempos verbales	
condicional	353
futuro	192, 193, 194, 195
futuro continuo	338
futuro perfecto	338
futuro perfecto continuo	339
pasado continuo	253
pasado perfecto	328, 329
pasado perfecto continuo	329
pasado simple	
72, 152, 155, 156, 163, 287, 329	
presente continuo	91, 93, 94, 296
presente perfecto	279, 287, 295
presente perfecto continuo	294, 295, 296
presente simple	37, 47, 93
to, too, two	314
usos de *right*	127
verbos	
been vs. *being*	354
can	101, 103
conjugación	37
con preposiciones	274
de influencia	373
de "sentido"	210
irregulares	47, 163
modales	101, 102, 320
reflexivos	226
to be	11, 72
to have	19
to have to vs. *don't have to*	266
to like, would like, want	113
to know how to	103
to like, to need, to want	110
must vs. *mustn't*	266
to play	104
to rain	57
to snow	57
supposed to, have got to, had better	323
to take	203
to want, to need, should	111
would like	112
would rather	322